国家社科基金后期资助项目

浙江省社科基金项目：新中国国债研究——兼论浙江省的地方债务(09CGLS002YB)

新中国国债研究

Research of Government Loan in the People's Republic of China

潘国旗 柳文 著

经济科学出版社
Economic Science Press

目　　录

导　　论

一、研究意义

　　国债即国家公债，是以中央政府为债务主体、利用国家信用而形成的一种特殊的债权债务关系。在现代社会中，国债不但是筹措建设资金、平衡财政收支的重要手段，也是国家对国民经济进行宏观调控的重要经济机制。

　　新中国成立不久，中央人民政府即于1950年发行了人民胜利折实公债，随后于50年代连续多次发行过国家经济建设公债，对于"一五"时期及其后的建设事业起到了巨大的作用。1968～1978年，中国是一个既无内债又无外债的国家。自1981年中国恢复发行国内国债以来，特别是1998年以国债投资促进经济增长为主要标志的积极财政政策实施以来，无论是国债年发行规模还是国债余额都有了突飞猛进的发展，由20世纪80年代初每年发行几十亿元，至2008年发行规模达到8558.21亿元，2009年的发行规模更是达到1.62万亿元[1]，比上一年几乎翻了一番。国债发行量激增主要源于为应对2008年底爆发的全球金融危机，中国实施了新一轮的扩张性财政政策。2009～2012年连续四年国债发行规模超过1.4万亿元。2013年，国债发行额再创历史新高，达到1.67万亿元（不含在香港发行的人民币国债，下同），较2012年的1.43万亿元增加0.24万亿元。[2] 截至2013年底，国内国债余额已达95471.00亿元。[3] 一方面，

---

[1]　中国国债协会编：《2010年中国国债市场年报》，北京，中国财政经济出版社，2011年，第1版，第134、136页。另据《中国证券期货统计年鉴2011》（上海，学林出版社，2011年，第1版，第13页）披露：2009年的国债发行额为17927.24亿元。

[2]　中国国债协会编：《2013年中国国债市场年报》，北京，中国财政经济出版社，2014年，第1版，第21页。

[3]　该数字包括地方政府债，参见《中国期货证券统计年鉴（2014）》北京，中国统计出版社，2014年，第1版，第84页。另据《中国统计年鉴（2014）》（北京，中国统计出版社，2014年，第1页，第200页）披露：截至2013年底的国债余额为85836.05亿元。

国债经济在对宏观经济运行调控如增加对基础设施建设投资、创造更多的就业机会、拉动内需等方面发挥着重要的作用，成为中央政府实施积极财政政策的重要工具，对调节经济总量与结构发挥了重要作用；另一方面，中央政府在利用国债筹集大量资金的同时，也为证券市场提供了安全性、流动性和收益性平衡的主权级债券产品，成为各类投资者的基本投资工具，特别是为中央银行进行公开市场操作、调控货币供应量提供了基本手段。随着国债交易日渐广泛，国债交易模式不断创新，国债流通市场持续壮大，尤其是1997年银行间债券市场成立以后，功能互补的、多层次的国债流通市场体系初步形成，成为在金融业分业经营条件下联结货币市场与资本市场的唯一的合法通道，促进了货币资金在货币市场与资本市场之间的合理流动。近年来，国债市场初步形成了反映市场基准利率的收益率曲线，为包括国债在内的各类金融产品，特别是固定收益类产品的定价竖立了标杆，在金融市场中起着不可替代的作用，国债市场已逐步发展成为证券市场的重要组成部分，国债经济呈现出新的运行格局。①

随着中国国债规模的日趋膨胀，国债风险问题开始受到国人的关注。因为国债是一把双刃剑，运用得当可以促进经济增长，造福民生，促进金融稳定与发展，管理不当就会影响宏观经济调控，危及国家财政、金融体系的稳定和安全。因此，系统、科学地总结新中国60多年来国债发行的经验教训，提出今后国债发行的对策与发展方向，对于更好地利用国债为经济建设服务无疑有其十分重要的理论和现实意义。正如西方经济学家西泽·佩利所说的：“只有很好地了解过去，才能以最坚定和最清晰的步伐走向未来。”②

从全球范围看，当20世纪80年代发生的拉美债务危机逐渐被人们淡忘时，90年代又相继爆发了墨西哥金融危机、东南亚金融危机和俄罗斯金融危机，且无一例外地表现为债务危机。国际经验表明，发展中国家经历的几次金融危机，暴露出的政府决策重大的失误就在于：在依靠高负债发展模式的同时，没有对债务进行有效管理和监管。尤其在本国金融市场逐步开放而金融体系还不健全的情况下，发展中国家薄弱的金融和货币体系很容易受到国际资本流动冲击。不仅如此，债务问题也已经成为西方发达国家的梦魇，目前，日本国债占GDP的比重达200%左右，欧盟这一数

---

① 武振荣:《国债经济运行研究》，北京，经济科学出版社，2009年，第1版，“序言”第2页。

② 转引自周成跃、周子康:《当代国债风险问题研究概况述评》，北京，中国财政经济出版社，2004年，第1版，“前言”第7页。

据平均为 80% 以上①。2009 年 11 月，迪拜爆发主权债务危机，昔日沙漠神话破灭。2009 年 12 月，希腊债务危机爆发，局部危机迅速蔓延至整个欧盟并逐渐演化成欧债危机，葡萄牙赤字高涨，西班牙陷入债务危机，意大利同样是债务缠身。更为严重的是，作为世界头号经济体的美国最近也爆发了债务危机，对全世界经济造成了巨大冲击。美国的债务问题由来已久，第二次世界大战以来，美国经济迅速繁荣，消费信贷由此兴盛，国民储蓄率极低；在美元霸权下，美国国债成为全球投资首选，美政府也长期推行赤字政策，以赤字驱动经济增长；美国在全球大肆实施的霸权行动加重了赤字包袱。这些都使得美国长期以来养成了寅吃卯粮的习惯，造成财政状况的长期松懈，债务规模极其庞大。1962 年以来，美国已 74 次提高了债务上限，最近一次是在 2010 年 2 月。2011 年 5 月 16 日美国债务再次达到法定的 14.29 万亿美元上限，必须尽快修改立法提高，以免对经济造成 "灾难性影响"。美国国会中的共和、民主两党围绕债务上限问题进行了 "白热化" 的斗争。经过激烈的较量，2011 年 8 月 2 日两党就提高债务上限达成协议，分两次将债务上限调高 2.4 万亿美元，在最后时刻避免了偿债违约的发生。虽然眼前的危机得到了缓解，但美国债务问题日积月累，早已十分严重。截至 2011 年 6 月底，美国国债余额达到了 14.34 万亿美元，约占 GDP 的 95.6%。② 预计未来十年美国财政赤字总额将超过 9 万亿美元，如果通过发债弥补再加上现在的 14 万亿余额，保守估计 2020 年美国国债规模将达到 24 万亿美元。以 2009 年美国国内生产总值 14 万亿美元为起点，乐观估计美国经济会迅速复苏且未来十年保持 5% 增速，到 2020 年国内生产总值为 24 万亿美元，恰好等于那时美国国债规模。所以，据此推算，2020 年美国全年收入只够用来偿还全部债务而没有剩余，偿债能力不足蕴含巨大违约风险。③ 正因为如此，国际评级机构美国标准普尔公司在美国的债务危机得到缓解后，仍于 8 月 5 日把美国长期主权信用评级从顶级的 AAA 级下调至 AA + 级。与美国的次贷危机息息相关，2011 年欧洲主权债务并未缓解，反而有愈演愈烈之势。全球股市一片风声鹤唳，世界经济面临二次探底的危险。美债危机和欧债危机再次给世人

---

① 张幼文等：《金融危机后的世界：重大主题与发展趋势》，北京，人民出版社，2011 年，第 1 版，第 133 页。

② 何帆等：《发达经济体主权债务问题的前景及影响》，载王洛林、张宇燕主编：《2012 年世界经济形势分析与预测》，北京，社会科学文献出版社，2012 年，第 1 版，第 270 页。

③ 王浩：《国债融资风险模拟、测度与预警研究》，首都经济贸易大学博士学位论文，2010 年 5 月，第 26 ~ 27 页。

敲响了警钟：国债所具有的巨大经济能量，只有在合理驾驭的情况下，才能促进经济增长；反之，将可能招致财政、金融风险，导致经济危机。

二、研究范畴——国债概念的界定

为了更好地把握本书的研究对象，有必要对与国债有关的几个概念加以阐述。在较长的一段时间内，中国学者并未对国债和公债加以严格的区分。如1987年出版的《社会主义财政学》认为："国家以债务人身份向国内和国外筹借的借款，称为公债，或称国债。"[①] 1990年出版的《财经大词典》将公债解释为"国家公债，亦简称国债"。《辞海（经济分册）》将公债定义为："国债即国家公债，作为国家举借的债，是国家以信用方式吸收资金的方式。"著名财政学家陈共也认为："政府举借的债务称为国债或公债。通常中央债称为国债，地方债称为公债。"[②] 之所以产生这样的认识，主要缘于中国长期实行高度集中统一的预算管理体制。在这种体制下，地方政府并无发行地方公债的权力，国家政权（即中央政府）是唯一合法的整体债务人，发行国债的收入必须纳入中央预算。因此，中国的国债成了公债的唯一形式。直至2015年1月1日起施行的修订后的《预算法》，才赋予地方适度举债权。[③] 所以中国财政理论界在过去相当长的时间内，对国债和公债两个概念不加区分也就在情理之中了。但在全面推进依法治国的新形势下，有必要将"国债"与"公债"科学地加以区分。从严格的意义上讲，国债与公债并不完全相同，它们是既相互联系又相互区别的两个概念。其联系表现在两者都是政府的债务；其区别表现在

---

① 《社会主义财政学》编写组：《社会主义财政学》，北京，中国财政经济出版社，1980年，第2版，第145页。

② 陈共编著：《财政学》，北京，中国人民大学出版社，2003年，第4版，第308页。

③ 自从1994年分税制财政体制改革以来，赋予地方政府发债权的呼吁一直没有停止过。中央政府出于地方发债失控的担心，一直对地方发债制度的推行持保留态度，采取了较为谨慎的做法，地方债启动的步伐一直较慢。1998年实行积极财政政策时采取的是国债转贷政策。2009年为落实新一轮积极财政政策中地方政府的资金来源问题，财政部代地方发债2000亿元，可谓是地方债发行的"破冰"之举。2011年10月17日，国务院批准上海市、浙江省、广东省、深圳市开展地方政府自行发债试点。试点省市可发行的政府债券期限为3年和5年，其中上海市发行债券规模为71亿元、广东省69亿元（不含深圳），深圳市22亿元，浙江省89亿元。2014年8月底修改后的《预算法》，明确了地方债的举债主体为经国务院批准的省、自治区、直辖市；对举债的方式、用途、偿债资金等做出了规定，明确地方政府不得在法律规定之外以其他任何方式举借债务，以及为他人债务提供担保。至此，地方政府从法律层面获得了发债权。

两者的范围不同，公债包括中央政府的债务和地方政府的债务两个方面，而国债专指中央政府的债务。

此外，国债还有国内国债（简称内债）和国外国债（简称外债）之分。内债是中央政府向本国居民（包括个人、企业和社会事业单位）举借的债务，而外债是中央政府向外国居民或政府举借的债务，包括发行债券和向国外借款两种形式。中国的一些学者按国债的发行地域对国债进行分类，认为在国内发行的国（公）债是内债，在国外发行的国（公）债是外债。[①] 西方财政学则将外债定义为政府欠外国居民和政府的债务，将内债定义为欠本国居民的债务。我们可以将国内学者的分类标准称为"属地"标准，将西方财政学的分类标准称为"属人"标准。在货币不能自由兑换、资本项目没有开放的封闭经济的背景下，按照属地标准划分内外债具有一定的合理性。但是在经济全球化的背景下，特别是国际资本流动全球化的背景下，按照"属人"标准划分内债和外债，则更加合理，也能更有效地满足经济分析的目的（如债务负担等）。因为从本质上看，一国政府举借外债意味着本国从国外获得资源，增加了该国一定时期内可利用资源的总量；当偿还外债时资源从国内流出，减少了该国可利用的资源总量。[②]

从某种意义上讲，前文所定义的国债还只是狭义的国债。广义的国债还应该包括中央政府的预算外负债。这些预算外债务主要包括隐性债务（intangible obligations）和或有债务（contingent liabilities）等。从20世纪80年代起，随着对财政风险问题研究的深入，政府的预算外负债问题得到了日益关注，有学者提出了"准国债"的概念（刘尚希，1996），还有的学者提出了"国家综合负债"的概念，认为国家综合负债包括政府债务（国债）、银行坏债和全部外债（樊纲，1999年）。之后，随着世界银行经济学家汉娜·波拉科娃（Hana Polackova）提出的财政风险矩阵引进到国内有关公共债务的分析中来，"隐性负债"和"或有负债"的概念也广泛流传开来。根据波拉科娃的财政风险矩阵，公共债务可划分直接显性债务、直接隐性债务、或有显性债务和或有隐性债务四种类型。直接显性负债是在任何时候都必须承担的责任，并且已得到法律或合同的认定，主要指传统意义上的国债（即中央政府借款和发行的债券）、法律规定的长

---

① 参见邓子基等：《公债经济学——公债历史、现状与理论分析》，北京，中国财政经济出版社，1990年，第1版，第320~321页。

② 类承曜：《国债的理论分析》，北京，中国人民大学出版社，2002年，第1版，第16页。

期性支出（公务员工资和养老金）等；直接隐性负债主要包括公共养老基金、保健医疗筹资、公共项目投资的未来运行成本等内容；或有显性债务主要是中央政府对非主权借款、地方政府、公共部门和私人部门实体等债务的担保可能产生的负债，这些负债受法律或合同的约束；或有隐性负债则是政府面对未来某个时间发生的一些重大事件或灾难，出于社会稳定等原因，必须承担相应支付责任的债务，如对银行、养老基金等破产须承担的支出。① 公共债务概念外延的拓展，如政府担保、承诺以及"财政兜底"② 等都被纳入公共债务的范畴，也大大丰富了人们对国债的认识。对世界银行等国际金融组织将政府隐性债务和或有债务等归入国债之列，笔者深表赞同。虽然本书研究的主题是中央政府发行的国内国债（为了叙述的方便，以下简称国债），但由于研究的必要，也涉及国外国债、地方公债、政府公共部门债务等。

三、研究综述

国债是一个古老而又常新的话题。根据文献记载，公元前 4 世纪，古希腊和罗马就出现了国家向商人、高利贷者和寺院举债的事例。③ 不过，在奴隶社会和封建社会，国债的出现只是少量的和偶然的现象。因为国债的产生和发展，必须具备一定的经济条件和政治条件。首先，随着社会生产力的发展，物质资料的生产出现了剩余产品，除了使国家凭借政治权力以税收方式无偿参与一部分社会产品的分配与再分配外，日渐增多的剩余产品促使更多的社会产品转为商品货币，从而使商品货币经济得以发展。在这个过程中，国家有可能根据需要，对已经分配和再分配的剩余产品以有偿形式进行分配，取得一定财政收入，因而闲置剩余产品这一经济条件是国债产生的首要和根本条件。其次，国家职能的扩展又使国债产生与存在成为必要。国家为了实现其职能，集中了一部分社会产品。但当以捐税等一般财政形式集中的收入不足以满足其职能扩展之需时，就如恩格斯所

---

① 转引自马骏等：《公共预算：比较研究》，北京，中央编译出版社，2011 年，第 1 版，第 258～261 页。

② 财政兜底是指国家财政作为"最终责任人"，承揽其他经济主体无法化解的剩余的公共风险。现阶段中国财政所承担的风险是无限的，涉及金融、社保、外债等方面，这些风险最终都可能转嫁给国家，由财政进行"兜底"。

③ 《苏联大百科全书选译——国家公债》，北京，人民出版社，1954 年，第 1 版。转引自邓子基等：《公债经济学》，北京，中国财政经济出版社，1990 年，第 1 版，第 4 页。

指出的"国家就发行期票，借债，即发行公债"①。所以，只有当具备一定的经济条件并有国家的政治需要时，国债的产生才具有现实性。因此，现代意义的国债制度是在封建社会末期随着资本主义生产关系的产生、发展而产生、发展的。最早出现资本主义生产关系的意大利地区产生了近现代意义上的国债。马克思指出："公共信用制度即国债制度，在中世纪的热那亚和威尼斯就已产生，到工场手工业时期流行于整个欧洲，殖民地制度以及它的海外贸易和商业战争是公共信用制度的温室。所以，它首先在荷兰确立起来。国债，即国家的让渡，不论是在专制国家、立宪国家还是共和国，总是给资本主义时代打上自己的烙印。"② 这就深刻地揭示了现代国债制度是以资本主义生产关系的产生和发展为经济条件的。

在自由资本主义阶段，国债制度有很大的发展。从 17 世纪末到 19 世纪，荷兰、英国、法国、德国和美国相继成为资本主义强国。资本主义的发展要求进一步拓展海外市场，这就需要扩充军事实力；在国内，资产阶级要镇压无产阶级和其他被剥削者的反抗。这样，资本主义国家的对内对外职能使得政府的财政支出急剧膨胀，只能通过大量发行国债，筹集资金，以弥补财政赤字。到 19 世纪末 20 世纪初，资本主义从自由竞争阶段进入垄断阶段——帝国主义阶段，国家的职能空前扩大，国内外战争和经济危机频繁发生，财政危机接踵而至，因而国债进入了一个新的发展时期，国债规模越来越大，国债制度日趋健全。在整个 19 世纪，资本主义国家的国债总共约增长 5 倍，而从第一次世界大战爆发以前到 70 年代中期的 60 年间，各主要资本主义国家的国债都是几十倍几百倍地增长。③随着第一次世界大战后经济的复杂化，资本主义的表面繁荣掩盖着过分投机和基本矛盾，终于导致了 20 年代末开始的经济危机。在凯恩斯主义经济学的指导下，西方各国政府为治理危机均实行了扩张性财政政策。这集中体现在美国总统罗斯福的"新政"之中。于是，赤字日益增大，国债累积余额相应增加。例如，英国在 1913～1974 年间国债由 6 亿英镑增加到 401 亿英镑，增长 66 倍，国债占国民生产总值的比例由 2.5% 增加为66%。美国在 1916～1976 年间，国债由 12 亿美元增加到 6218 亿美元，④

① 马克思：《马克思恩格斯全集》（第 21 卷），北京，人民出版社，1965 年，第 1 版，第195 页。

② 马克思：《马克思恩格斯全集》（第 23 卷），北京，人民出版社 1972 年，第 1 版，第822 页。

③ 周泽民：《论公债的性质和作用》，《财政研究》1982 年第 3 期。

④ 〔美〕萨缪尔森：《经济学》（下册），北京，商务印书馆，1979 年，第 1 版，第 524页。

增长 517 倍，国债占国民生产总值的比例由 3% 增加为 40%。在国债数额与日俱增的同时，有关的制度安排也逐渐完善。更为重要的是，国债已越来越成为各国政府干预经济生活的重要工具。

中国现代意义上的第一笔国内国债是光绪二十年（1894 年）的"息借商款"①，接着，清朝政府又在光绪二十四年（1898 年）和宣统三年（1911 年）发行了"昭信股票"和"爱国公债"。在晚清政府的国债中，主要是外债，内债是次要的（仅有上述三次，而且收效甚微）。到了北洋政府时期，财政依旧十分拮据，其主要收入，像关税、盐税的绝大部分已被扣抵赔款和外债的还本付息，关余、盐余、印花、烟酒诸税又相继为地方截留。在这种财源枯竭的境况下，不得不依赖借债维持其统治。北洋政府初期主要是依靠外债来维持，但自 1914 年第一次世界大战爆发后，外债来源减少，就不得不乞求于内债，内债逐渐增加。自 1912 年到 1926 年，北洋政府财政、交通两部举借内债总额达 992725449.868 元。② 南京国民政府成立后，一方面要进行所谓"剿共"的反人民战争，另一方面又要和异己派系的军阀不断作战，军费开支十分庞大，致使收支不符，出现了巨额赤字，弥补赤字主要靠发行内债和向外国借款。1927～1937 年，由于 30 年代的世界经济大危机，以及中国本身的债信低下等因素，国民政府仅获得为数有限的外国贷款，而发行国内公债在国民政府财政运用上所占的地位日益突出。在这十年间，南京国民政府共发行内债 55 种，总额为法币 255900 万元、英金 420 万镑、美金 200 万元，成为国民政府财政的重要支柱。抗战爆发后，因上海、天津等沿海重要城市的陷落，关税、盐税、统税等三大税收急剧减少，而军费等支出激增，内外债仍然是弥补财政赤字的重要手段。仅就国内公债而言，整个抗战时期国民政府共发行公债法币 1602200 万元、关金 1 亿单位、英金 2000 万镑、美金 21000 万元，另有谷麦等粮食库券 81240339 市石，在抗战财政中发挥了一定的作用。③

抗战胜利后不久，蒋介石挑起了全面内战，军费浩繁，国民党政府的收入与支出一直处于不平衡的状态，财政赤字十分惊人。为弥补赤字，又

① 1878 年左宗棠西征时第五次借款中的华商部分，可视作近代中国国债的萌芽形态。参见潘国琪：《近代中国国内公债研究（1840～1926）》，北京，经济科学出版社，2007 年，第 1 版，第 77～79 页。

② 潘国旗：《近代中国国内公债研究（1840～1926）》，北京，经济科学出版社，2007 年，第 1 版，第 261 页。

③ 关于国民政府在抗战前十年和抗战时期所发国内公债总额，参见潘国琪：《国民政府 1927～1949 年的国内公债研究》，北京，经济科学出版社，2003 年，第 1 版，第 5 页。

不得不大量举借内外债。当然，在这一时期国民政府的财政收入中内债已不占重要地位，它对外依靠美国的援助，对内靠发行天文数字的法币与金圆券，实行恶性通货膨胀政策，最终导致财政经济的总崩溃。

随着国债的问世，资产阶级学者对它的研究也开始出现。从英国古典经济学家休谟（Hume）提出"公债亡国论"至今的200多年间，学术界关于国债研究的文献可谓是汗牛充栋、卷帙浩繁，要对所有的这些国债理论进行详细的考察和分析，非笔者个人所能及。此处仅以历史进程为线索，对不同学派的国债理论进行简要的回顾，重点梳理学者对新中国国债的研究。

古典经济学代表性人物亚当·斯密（Adam Smith）认为，公债意味着借贷资金由资本机能向收入机能的转化，侵蚀了生产资本的财富创造功能，具有非生产性，因此对经济是有害的。他说："举债的方策，曾使采用此方策的一切国家，都趋于衰弱，首先采用这方法的，似为意大利各共和国。热那亚及威尼斯，是意大利各共和国中仅存的两个保有独立局面的共和国，它们都因举债而衰弱。……由举债而衰微而荒废的国家，所在皆是。"① 此外，斯密认为产生公债的根源在于政府或君主的非节俭性、奢侈浪费以及战争的存在。总体上，斯密坚持"廉价政府"的经济学理念，反对公债的存在和发行。这些公债思想和观点奠定了古典学派公债理论的基石，此后，李嘉图（Ricardo）对古典公债理论进行了重要的补充并有所发展。李嘉图认为国家举债的弊病，除了非生产性以外，还会促使人民不知节约，陷国家于困境。资产阶级庸俗学派反对古典学派关于国债是将生产性资本用于非生产性支出的理论，他们认为国家活动，财政支出也具有生产性。因而鼓吹国家干预经济生活，扩大财政支出，主张大量发行公债以增加财政收入，弥补财政赤字。英国资产阶级庸俗学派最早的代表马尔萨斯（Malthus）就竭力反对亚当·斯密关于国债会招致国家破产的论断，认为斯密的错误在于没有看到国债增长同生产力发展的关系，他说："当休谟和亚当·斯密预言如果国债增加到稍稍超过当时的总额，就会招致破产，他们的错误是自然的，且主要在于他们不能看到战争结束后，国家的生产力会得到巨大的发展，一种在1770年会绝对使国家垮台的支出，在1816年可能正是激发它的巨大生产力所需要的支出。"②

---

① 〔英〕亚当·斯密著，郭大力、王亚南译：《国民财富的性质和原因的研究》（下卷），北京，商务印书馆，1974年，第1版，第492页。

② 〔英〕马尔萨斯：《政治经济学原理》，北京，商务印书馆，1962年，第1版，第356页。转引自周泽民：《论公债的性质和作用》，《财政研究》1982年第3期。

20 世纪 20 年代末到 30 年代初，西方资本主义世界发生了一场空前的经济危机，客观上要求资本主义国家放弃传统的自由放任的健全财政政策，要求政府干预经济以尽快摆脱危机，以凯恩斯理论为代表的国家干预主义应运而生。凯恩斯（Keynes）认为在有效需求不足的情况下，政府可以通过扩大财政支出和收入之间的差额向经济体系中注入额外的购买力，从而增加产量和就业。凯恩斯认识到在特定的条件下，如果运用得好，政府发行国债不但无害，还具有提高国家的经济福利的积极作用。凯恩斯的这一观点被后来的经济学家汉森（Hansen）和"功能财政"的创始人勒纳（Lerner）等发扬光大。他们强调，国债政策作为宏观经济政策的重要组成部分可以被政府用来作为管理总需求的有效工具。直到 20 世纪 70 年代，凯恩斯主义的国债理论一直是经济学家的主流看法。美国"罗斯福新政"首开运用国债政策扩大就业、拉动经济和稳定社会的先河。

20 世纪 70 年代以后的主要工业化国家和一些发展中国家出现了巨额预算赤字，导致国债负担率迅猛增加，许多国家发生了滞胀现象，凯恩斯学派的公债理论和政策被认为是罪魁祸首，反对国债和赤字政策的声音重又出现。公共选择学派的"国债引发通货膨胀论"、货币学派的"国债排挤私人部门投资论"、理性预期学派的"国债无效论"和供给学派的"国债重税论"等分别从各自不同的角度，对国债的负面效应从理论和实证方面进行了充分论证。他们认为政府过多地发行国债会给经济运行带来灾难性的影响：国债规模扩大会提高利率，这会挤出私人投资（挤出效应），从而降低国民储蓄率，削弱了一个国家经济增长能力；为偿还国债本息征收的税收会造成额外的经济损失；国债的还本付息有可能导致债务负担的代际转移以及加剧贫富差距①；巨额的国债会诱发通货膨胀、债务危机并造成贸易收支逆差等等。

1974 年，罗伯特·巴罗（Robert Barro）在他的经典文章《政府债券是净财富吗?》中，发展了李嘉图在其著名的代表作《政治经济学及赋税原理》中的一个重要但引起广泛争论的论点：财政支出是通过目前征税还是通过发行国债筹资，没有任何区别，即国债无非是延迟的税收，在具有完全理性的消费者眼中，债务和税收是等价的。对此，布坎南（Buchanan）指出，巴罗的这个观点毫无新意，李嘉图早就提出过类似的

---

① 这主要取决于国债持有人的结构和税收结构，如果国债主要被富裕阶层持有，为偿还国债本息征收的税收主要由低收入阶层承担，那么国债就会加剧贫富差距。

观点。布坎南将这个观点命名为李嘉图等价定理。其实，李嘉图只是作为一种理论可能性提出这一思想的，但由于他怀疑其理论前提，因而否定它的任何实际意义。诺贝尔经济学奖得主托宾（Tobin，1980）甚至宣称，将李嘉图的上述思想冠名为李嘉图等价定理实在是一个误解，恰当的说法应该是"李嘉图不等价"定理。围绕李嘉图等价定理，经济学家展开了激烈的争论，令人遗憾的是，支持和反对该定理的人都不在少数，经济学家在李嘉图等价定理是否成立这个问题上无法达成共识。李嘉图等价定理虽然存在理论缺憾，但它的贡献在于阐明了国债的中性本质：通过国债为财政赤字融资虽然不会影响总需求的水平（没有作用），但也没什么危害。根据李嘉图等价定理，政府发行国债并不提高利率，对私人投资不会产生挤出效应，也不会增加通货膨胀的压力。因此，为国债规模的增加而忧心忡忡实在是杞人忧天。① 总之，西方经济学家关于国债的理论可谓源远流长，各种观点众说纷纭、争议颇多，不同的社会经济时代背景诱发了不同的国债理论学说。

中国的国债理论随着新中国国债实践的演进而不断发展。与国债在中国的历史沿革相适应，中国的国债研究大体上可以分为两个阶段：一是新中国成立初期至20世纪50年代末期计划经济体制下的国债理论；二是改革开放以来以市场经济为导向的国债理论。下面分别论述。

在第一个阶段，人民政府为尽快恢复国民经济和完成第一个五年计划，分别发行了"人民胜利折实公债"和经济建设公债。围绕这一时期的公债实践，当时的经济学家千家驹、马寅初等纷纷撰文著书，论述折实公债和经济建设公债发行的合理性，号召社会各界积极行动起来购买公债。主要的论著有：千家驹《为什么要发行胜利公债》（载1949年12月8日《人民日报》）、贺笠《动员起来购买公债》（载1949年12月22日《人民日报》）、孙晓村《为什么要发行人民胜利折实公债》（载1949年12月29日《人民日报》）、王新元《谁是胜利公债的负担者》（载1949年12月29日《人民日报》）、马寅初《折实公债与人民的公责》（载1950年1月26日《解放日报》）、王企之《发展经济与发行公债》（载1950年3月13日《东北日报》）、王传纶《不同社会制度下国家公债的本质和作用》（载《教学与研究》1955年第5期）、邓子基《两种社会制度下的国家》（上海，上海人民出版社，1956年，第1版）等。中国这一时

---

① 类承曜：《国债的理论分析》，北京，中国人民大学出版社，2002年，第1版，第6~7页。

期的国债理论明显受苏联国债理论的影响，上述论著的主要观点可归纳为：一是论述社会主义国债的本质及其与资本主义国家国债的区别，如中国国债的用途是生产性的，是建设社会主义的手段，这与资本主义国债的非生产性和剥削性有根本的区别；二是认为发行国债是人民政府弥补财政赤字、有益于经济建设的好办法，购买公债，既有益于政府，也有益于个人，是公民义不容辞的义务，尤其是工商界义不容辞的责任；三是强调国债的非流通性和认购国债的自愿性。可见，这一时期中国的国债理论带有很强的计划经济色彩，强调的是国债的直接筹资功能。随后的60年代和70年代，中国停止发行国债，相关的国债理论研究也基本处于停滞状态。

中共十一届三中全会以后，中国开始恢复国债发行，将国债作为重要的政策工具加以运用，引起了学术界对国债问题的极大兴趣，有关的研究成果如雨后春笋般纷纷出现。与前一阶段对国债的研究不同，这一时期中国的国债理论是在国家经济体制改革的大背景下进行的，无论是在研究的广度还是深度上都有了很大发展。

在20世纪的80年代初至90年代，当时中国经济学界主要是从理论上正本清源，重新认识发行国债的必要性。以邓子基、陈共、高坚、高培勇、李俊生、许廷星、杨大楷、袁东、龚仰树、赵志耘等人为代表的一批学者都认为社会主义国家应该利用国家信用的形式（国债），为发展社会主义建设事业服务，主要表现在以下方面[①]：一是在国家财政由于某些原因出现缺口时，为减少赤字，可以适量发行国债，以达到财政收支的平衡。二是国债对国民收入的再分配可以起到补充作用。国债的还本付息主要依靠以后年度的税收，而税收是社会剩余产品价值的一部分。通过国债的发行和清偿可以对已形成的国民收入在国家、集体和个人之间的分配比例进行适当调整，促使其更为合理。三是国债对提高效益具有开发作用。国债发行不仅不会造成负担的后移，而且通过效益的改善为以后年度带来明显的利益。四是初步认识到国债是国家实现宏观调控的重要工具，而国债市场是国债调控功能的实现形式。

---

① 有关的著作有：邓子基等：《公债经济学》，北京，中国财政经济出版社，1990年，第1版；袁东：《国债市场相关问题分析》，北京，经济管理出版社，1995年，第1版；陈共主编：《财政学》，成都，四川人民出版社，1994年，第1版；李俊生主编：《公债管理》，北京，中国财政经济出版社，1994年，第1版；许廷星：《财政学原理》，重庆，重庆大学出版社，1986年，第1版；高坚：《中国国债》，北京，经济科学出版社，1995年，第1版；高培勇：《国债运行机制研究》，北京，商务印书馆，1995年，第1版；杨大楷：《国债论》，上海，上海三联书店，1995年，第1版；龚仰树：《国内国债：经济分析与政策选择》，上海，上海财经大学出版社，1998年，第1版；赵志耘：《公债经济效应论》，北京，中国财政经济出版社，1997年，第1版。

1998 年，为应对亚洲金融危机对中国的影响，中央政府首次实行了以增发国债为主要内容的积极财政政策；2008 年底，为应对全球金融危机，中国实施了新一轮积极财政政策。随着中国国债实践的不断发展，经济理论界对国债问题的探讨也进入了更深的层次、更广泛的领域。这一时期除了进一步讨论国债的作用、国债的规模问题外，对国债的负担、国债的经济效应、国债与经济增长和产业升级的关系、国债与财政风险、国债政策的可持续性、建设高效安全稳定运行的国债市场，以充分发挥国债作为财政政策和货币政策的最佳结合点等问题进行了深入研究，形成了一系列颇有见地的观点和有较高价值的理论成果。[1]

　　从上述国内已有的研究文献来看，对新中国成立以来各个时期的国债研究已有众多的理论成果，研究在向纵深推进。但大部分研究都是分段进行、彼此分开的，缺乏对新中国 60 多年来的国债实践和国债政策进行系统、全面的研究，迄今尚无共和国国债史的专著。笔者长期从事中国近现代公债史研究，在公（国）债史研究方面取得了一定成果，但相比之下，新中国国债的研究要困难得多，它涉及面广（涉及新中国成立 60 多年来的政治、经济和财政）、资料浩如烟海、现实性强，实非个人能力所及。但鉴于该课题研究的重大意义，笔者不揣浅陋，尝试从历史的角度对新中国国债进行系统梳理和科学总结，以对中国目前和今后的国债发行、管理提供重要的借鉴。

---

　　① 参见曾军：《中国国债问题研究》，四川大学博士学位论文，2003 年 3 月，第 24 页。这一时期相关的研究成果，除不计其数的论文外，主要的著作有：肖宇：《中国国债市场——发展、比较与前瞻》，北京，社会科学文献出版社，1999 年，第 1 版；杨大楷：《国债综合管理》，上海，上海财经大学出版社，2000 年，第 1 版；于颖、李建军：《中国拒绝债务危机》，北京，中国经济出版社，1999 年，第 1 版；袁东：《公共债务与经济增长》，北京，中国发展出版社，2000 年，第 1 版；冯建身：《公共债务》，北京，中国财政经济出版社，2000 年，第 1 版；陈时兴：《中国转型期国债的金融分析》，北京，中国社会科学出版社，2001 年，第 1 版；刘立峰等：《国债政策的可持续性和财政风险研究》，北京，中国计划出版社，2002 年，第 1 版；李新：《中国国债市场机制及效率研究》，北京，中国人民大学出版社，2002 年，第 1 版；类承曜：《国债的理论分析》，北京，中国人民大学出版社，2002 年，第 1 版；高培勇：《公共债务管理》，北京，经济科学出版社，2004 年，第 1 版；高坚：《中国债券资本市场》，北京，经济科学出版社，2009 年，第 1 版；刘尚希：《公共风险视角下的公共财政》，北京，经济科学出版社，2010 年，第 1 版。

四、研究方法与基本框架

（一）研究方法

本课题以 1949 年新中国成立以来的国债实践为主要研究对象，从研究的思路来说，将注意三个结合：一是把新中国 60 年来的国债实践和国债政策与当时政治、经济背景的研究有机结合，以此展示在 1949～2013 年中国取得举世瞩目的伟大成就过程中国债经济所发挥的不可或缺的作用。回顾 60 多年来，中国的国债事业与共和国同呼吸、共命运所经受的时代洗礼与考验，形成了今天的国债经济和社会主义市场经济体制建设的良性互动新局面。二是把新中国历史上的国债实践和国债政策研究和中国当前实施的积极财政研究有机结合。通过对新中国 60 多来国债活动基本轨迹的系统梳理，科学总结其历史经验，阐明国债运行的基本规律，辨别其中的利弊得失，以对中国当前的国债政策提供有益的借鉴。2008 年世界金融危机爆发后，中国政府适时启动适度宽松的货币政策和积极的（即扩张性的）财政政策，两年多 4 万亿元的经济刺激计划取得明显成效，2009 年度 GDP 增速达到 8.7%[①]，2010 年后中国经济继续保持较高速的增长。但扩张性财政政策也带来了国债规模的明显上升和债务风险的增加，导致金融系统风险和通货膨胀压力加大，2011 年 6 月的 CPI 指数达到 6.1%，创近年来的新高，引起了各有关方面的高度重视。国债发行与通货膨胀之间的关系问题成为当前国债研究中不可回避的课题。三是把对中国的国债研究与对世界上其他国家的国债研究有机结合。鉴于经济全球化使目前世界各国财政行为和决策不断越过国家主权的界限，国债规模的全球化对中国经济的影响巨大，如在最近几年的美国债务危机中，由于中国持有 1.15 万亿美元美国国债以及其他上万亿美元资产而被严重"绑架"，中国的外汇资产因美国主权债务评级下调而缩水。因此，国债规模的全球化研究是一个崭新的课题，也是一个势在必行的研究课题。

课题研究的主题决定研究的方法。新中国国债研究属于经济史范畴，而跨学科是经济史学的最大特点，它要求既必须运用历史学科的方法，还

---

① 中国国债协会编：《2010 年中国国债市场年报》，北京，中国财政经济出版社，2011 年，第 1 版，第 12 页。

要具备运用经济学科方法的能力。为此，本课题的研究主要遵循以下思路和方法：

首先，运用马克思主义历史唯物论的方法，全面、系统地分析新中国国债及与国债有关的历史事实，根据历史事实，探讨国债运行的基本规律。对新中国成立至今的每次国债的发行背景、过程、偿还等情况进行详细考证，以对中华人民共和国成立后国债政策演变的深层原因和规律做出合理说明。

其次，采用经济学研究所需的实证分析方法，通过对国债有关概念、范畴、图表和数据的运用，比较全面地刻画中国国债规模、结构及国债在整个债券市场的比重。分析国债市场的各种动态关系，反映中国宏观经济动态的现状和发展趋势，使研究具有较强的时效性。本书力图将理论分析和实证研究进行有机结合，既注重对国债一般理论的考察，又注意结合新中国60多年不同发展阶段的实际情况，对每一阶段的国债进行实证分析，以得出具有指导意义的规范性结论。

最后，运用比较研究法，一方面，在把研究的立足点放在新中国国债历史与现实的基础上，另一方面，把中国的国债与当今主要发达国家（欧洲、美国、日本）的国债进行比较，以期在金融危机的大背景下，对国债规模的全球化研究作一点尝试。

（二）基本框架

根据上述研究思路，本书的研究内容设计为正文八章，外加导论和结语。

导论，首先对本书的选题背景进行了阐述，对国债及相关概念进行了界定；对本课题研究的理论与现实意义进行了阐述，对国债研究的学术史进行了回顾；在厘清本书的研究方法和思路的基础上，构建了研究框架。

第一章在追溯革命根据地公债的基础上，详细论述了20世纪50年代的国债，阐述"人民胜利折实公债"和经济建设公债发行的背景、过程及其作用。这两次国债为国民经济的恢复和经济建设的展开，发挥了极其重要的作用。与当时高度集中的计划经济体制相联系，公债的发行没有采取市场推销的方式，而是采用了政治动员与自愿认购相结合的方法，取得了较好的效果。

第二章论述改革开放新时期的国债。1978年中共十一届三中全会的召开标志着中国进入了社会主义建设的新时期，国债也以全新的姿态登上历史舞台。这一时期的国债以1998年积极财政政策的实施为标志，可分为前后两个阶段：此前发行的国债主要是用于弥补财政赤字和筹措建设资金，而1998年之后发行的国债开始以筹资和调控的双重身份登上宏观调控舞台，成为积极财政政策的主角。随着改革开放战略的整体推进，这一时期的国债取得了巨大成就，逐步建立起了与社会主义市场经济相适应的国债一级市场和二级市场，为国民经济的健康快速发展和各项社会事业的进步做出重要贡献。

第三章对当前中国国债规模的现状做了梳理，通过对一些能够体现国债规模的经济指标的统计计算，对当前的国债存量加以分析，并在此基础上对未来的发债前景做出了简要分析。

第四章以经济学理论为基础，对国债政策产生的宏观经济效应做出分析，并总结了1998年亚洲金融危机以来国债工具在宏观调控中发挥的作用。

第五章说明国债资金使用方向与国债政策可持续性之间的辩证关系，并对1998年以来中国国债使用方向的调整加以考察。

第六章提出当前中国国债管理及国债市场运行过程中存在的几方面问题。

第七章对中国国债政策及国债市场运行应当做出的调整提出政策建议。

第八章对中国各级政府的隐性债务和或有债务的现状、成因及其对国债政策的影响做了归纳分析。在此基础上，提出防范和化解中国隐性债务、或有债务的对策建议。

结语，在前面几章论述的基础上，对60多年来的新中国国债进行综合性评述，总结经验；对后危机时代如何创新中国的国债制度进行论述。

第一章　革命根据地公债和新中国初期的国债

新中国国债 60 多年的发展历史，以 1978 年中共十一届三中全会召开为标志，可分为 20 世纪 50 年代的国债（"人民胜利折实公债"与经济建设公债）和改革开放以来的国债两个时期。而在改革开放时期，中国的经济体制逐步由计划体制转向社会主义市场体制，财政政策也日益成为宏观经济运行的重要调节工具，于是，国债也以全新的姿态重新登上了历史舞台。这一时期国债的发展以 1998 年积极财政的实施为标志，又可分为前后两个阶段：此前发行的国债主要是用于弥补财政赤字和筹措建设资金，而 1998 年之后发行的国债开始以筹资和调控的双重身份登上宏观调控舞台，成为积极财政政策的主角。

虽然新中国的第一笔国债是 1950 年发行的"人民胜利折实公债"，但中国共产党在夺取政权之前的新民主主义革命斗争中，为了解决财政困难，保证革命战争的供给，早已开始了革命根据地的公债发行活动，可以说它是新中国国债的一次伟大预演，有追溯的必要。

第一节　革命根据地公债回顾

中国共产党领导的新民主主义革命经历了土地革命战争、抗日战争和解放战争三个历史阶段，革命根据地经历了从无到有，从小到大，直至最后胜利的过程。在革命根据地内，摧毁了以国民党为代表的反动统治和旧的经济制度，及时建立了人民民主政权和新民主主义的经济制度，与此相适应的财政制度也逐步建立起来。为巩固革命根据地和保证革命战争的供给，各根据地人民政府除了征税、筹款和向爱国人士募捐外，还先后发行了数十种公债以弥补财政收入的不足。公债在支援革命战争、发展根据地的建设事业、赈济灾荒和开展公益事业等方面都起了重大作用。

一、土地革命时期的根据地公债

在土地革命时期，根据地的财政经济工作和其他各种建设一样，处于初创时期，一切都没现成的章制可循，一切皆在摸索之中。然而，根据地军民在中国共产党的领导下，为了根据地和自己的生存进行了艰苦的斗争，经过许多挫折和失败，取得了初步的成就和一些宝贵的经验。随着土地革命的逐步开展，在一些地区废除了地主封建土地所有制，动摇了帝国主义和封建主义的经济基础，促进了农民个体经济的发展。与此同时，涉及财政收入、支出和管理的一整套财政体系也逐步建立起来。但由于当时革命根据地处于白色势力的封锁包围之中，斗争环境异常艰苦，无论是支持革命斗争和发展生产，仅靠当时的经济水平所提供的财政收入显然难以保证财政支出的需要，必须通过向群众发行公债的办法，以缓解当时根据地政府面临的财政困难。

根据现有资料的初步统计，在土地革命战争时期，各革命根据地共发行17种公债，其中最早发行的是湘鄂西根据地先后于1930年和1931年两次发行的公债。第一次是在1930年为解决军费困难，以鹤峰县苏维埃政府名义发行了一次公债，发行额为两万串（合1万银元），于1931年全部偿还。[1] 第二次是湘鄂西省苏维埃政府于1931年底发行的"水利借券"。这一年，湘鄂西根据地，特别是洪湖地区，发生特大水灾，受灾群众占根据地人口70%以上。为了整修堤坝，救济灾民，必须筹措较多的经费。为此，湘鄂西工农民主政府发行了30多万元水利借券[2]，分配给县、乡，作为整修堤坝的经费。此外，这一时期中央苏区发行了六种公债，湘赣省苏区发行了三种公债，湘鄂赣省苏区发行了两种公债，闽浙赣省苏区发行了三种公债，闽西南军政委发行了一种公债。[3] 下面主要论述中央苏区发行的公债。

1930年12月至1931年9月，毛泽东、朱德领导红一方面军连续取得了三次反"围剿"的胜利，正式形成了以江西瑞金为中心、拥有21座县城、面积5万平方公里、人口250万的全国最大的革命根据地。1931年

---

① 项怀诚主编，冯田夫、李炜光著：《中国财政通史（革命根据地卷）》，北京，中国财政经济出版社，2006年，第1版，第43页。

② 唐滔默编著：《中国革命根据地财政史（1927～1937）》，北京，中国财政经济出版社，1987年，第1版，第131页。另据冯田夫、李炜光的《中国财政通史（革命根据地卷）》（北京，中国财政经济出版社，2006年，第1版，第43页）所载，该项借券发行额为80万元。

③ 财政部财政科学研究所、财政部国债金融司合编：《中国革命根据地债券文物集》，北京，中国档案出版社，1999年，第1版，第30～50页。

11月7日至20日，中华苏维埃第一次全国代表大会在瑞金叶坪村举行。大会产生了中华苏维埃共和国临时中央政府，设立政府机构九部一局，其中财政人民委员部的职能是筹集战争经费，保障红军各项供给及苏维埃政府各项费用供给，由邓子恢担任财政人民委员（部长）。

苏维埃政权建立后，先后颁布了《中华苏维埃共和国暂行税则》和《中华苏维埃共和国暂行财政条例》，在中央根据地全面实行了统一的税收制度和统一的财政制度，并取消了主力红军的筹款任务，红军需用粮款改由政府负责供给。当时苏区的财政工作面临十分严峻的形势和挑战：三次反"围剿"斗争消耗了极大的财力，国民党的军事包围和经济封锁对苏区的经济造成了极大破坏，"左"倾路线的危害使中央苏区的工业、农业、商业受到了极大损伤。在这异乎寻常的艰苦条件下，苏维埃政府及中央财政部积极采取正确有效的战争经济动员措施，多方筹集资金，努力增加收入，同时合理分配有限的财力和物力，从而保证了革命战争的供给和苏维埃政府的支出以及公共社会事业费用。其中一项重要而具体的措施就是发行两期革命战争公债和一期经济建设公债，即1932年6月发行的短期战争公债60万元、10月发行的第二期革命战争公债120万元和1933年8月发行的经济建设公债300万元。

（一）中华苏维埃共和国革命战争公债

这是为发展革命战争、充裕战争经费而募集的，故名"革命战争"公债。1932年6月25日中华苏维埃临时中央政府第9号文告指出："现在革命大大的发展，革命战争在全国各方面继续获取伟大的胜利，现本政府为了充裕战争的经费，以保证革命战争的继续胜利与发展，特举行募集短期的'革命战争'公债60万元，专为充裕战争的用费。"[①]并公布了临时中央政府主席毛泽东和副主席项英、张国焘署名的《中华苏维埃共和国发行"革命战争"短期公债条例》。该公债利率为周年一分，债券面额分"五角"、"一元"、"五元"三种，正面印有面额及"中华苏维埃共和国临时中央政府财政人民委员部"印章和财政人民委员邓子恢名章，背面附印公债条例全文，共十条。条例公布后，中华苏维埃共和国临时中央政府执行委员会为发行"革命战争"短期公债问题发布了第13号训令，规定了具体发行办法，要求各级政府立即向广大群众作宣传动员，使每个工农都踊跃地来买公债。该公债发行及还本付息工作由各级政府财政机

---

① 《中华苏维埃共和国临时中央政府执行委员会训令执字第十三号——为发行革命战争短期公债券事》（1932年6月23日），《红色中华》第24期。

关、红军经理部、国家银行以及政府委托的各地工农银行分行、合作社等分别办理，半年以后还本付息。由于这次公债受到广大群众的热烈拥护和支持，很快超额完成了任务。

（二）中华苏维埃共和国革命战争公债（第二期）

1932年10月21日，中华苏维埃共和国临时中央政府执行委员会为发行第二期"革命战争"公债发出第17号训令："因为革命发展，特别是苏维埃与红军胜利的开展，敌人正倾全力加紧布置对于中央苏区的大举进攻。中央政府除已下战争紧急动员令，来领导苏区群众去彻底粉碎敌人的大举进攻外，更迅速完成这一准备，中央政府特再发行第二期革命战争短期公债120万元，专为充裕战争的用费。"本期公债利率、期限等有关规定都与第一期相同，但由于第一期"革命战争"公债允许代现金交纳租税，导致到10月份已几乎提前回收完毕。中央在发行第二期革命战争公债时吸取教训，明确规定债券"于期满后准予完纳一切租税，十足通用，期未满前不准抵纳租税"。该期债券分两种情况：一种是新印制的债券，和第一期发行的债券面额、种类、颜色相同，但正面加印了"第二期"和"1933年6月1日还本付息"、"在6月1日以前不准抵缴租税"的说明，背面则未印本公债的条例全文；另一种是旧券新用，为节省印刷费用，将已兑付的第一期"革命战争"公债券背面加盖"中华苏维埃共和国第二期革命战争公债券"印章，再次使用。

为了保证公债推销工作的顺利进行，中央执行委员会发出训令，强调宣传鼓动工作的重要性，各级政府发动群众，开展竞赛，迅速完成了发行。第二期公债由于认购踊跃，共发行128万元，比原定数目超额8万余元。为了充实红军军费，保证革命战争顺利进行，很多工农群众和团体将公债券无偿交还政府，作为支援战争的捐献，不再向政府领取本息。如中国店员手艺工人工会在举行的筹备会议中提出"退还二期公债不要还本"的要求。《红色中华》号召"立即开始节省一个铜板，退还公债、减少伙食费的运动"，得到了中央根据地广大群众的热烈响应，纷纷将该期公债票退还给工农民主政府，到5月份已退还了90余万元。

对于红色革命根据地来说，在革命艰苦的时候，完全靠以前的打土豪、筹款子以及税收已无法满足正常的开支。如何渡过难关、为红军作战提供足够的物质基础是非常重要的大事。"发展大规模的革命战争，对红军作战经费经常供给与接济，是决定战争胜利重要条件之一，这是目前苏维埃临时中央政府发行革命战争公债的重大意义。"① 这两期"革命战争"公债的顺利发行，体现了苏区群众对红色政权的支持和信任，对充裕红军给养提供了保障，是决定革命战争胜利的重要条件之一。

（三）中华苏维埃共国经济建设公债

中华苏维埃共和国经济建设公债是中央苏区政府于1933年7月22日发行的。当时国民党军队对中央根据地的第四次"围剿"已被彻底粉碎，继而开始酝酿更大规模的第五次"围剿"，而此时也正是退还二期公债的高潮。发行这期公债除了为红军筹集军费外，另一个重要目的是解决粮食问题。苏区政府的文告与训令经常提及粮荒："许多地方发生粮荒，米价飞涨，有钱无市。"②"红军发生了严重的粮食问题，中央政府各机关每天也要吃一半稀饭。米价很贵，又买不到，真正成了困难问题。"③发行第二次公债时，中央革命根据地采取的另一重大经济措施就是"借谷运动"，号召"革命群众借二十万担谷子给红军"④。1933年6月17日到21日，中央政府召开瑞金、会昌、于都、胜利、博生、石城、宁化、长汀八县区以上苏维埃负责人参加的查田运动大会。根据参加大会的负责人建议，大会对筹款问题做出指示："抵制投机商人对广大群众的残酷剥削，发展整个苏区经济以抵制敌人的经济封锁，是当前重大的任务之一。为了迅速而且大规模地进行这一经济战线上的战争，需要有苏维埃与群众的伟大组织力量与大数目的资本。因此建议到中央政府请求发行经济建设公债三百万元，用粮食交付，好迅速进行这一工作。"⑤ 1933年7月，中央执行委员会做出《发行经济建设公债的决议》，同时颁布了《经济建设公债条例》。决议指出："从经济建设这一方面把广大群众组织起来，普遍发展合作社，调剂粮食与一切产品的产销，发展对外贸易，这样去打破敌人的封锁，抵制奸商的残酷剥削，使群众生活得到进一步的改良，使革命得到更加充实的物质上的力量，是当前的重大战斗任务。为了有力地进行经济建设工作，中央委员会特批准瑞金、会昌、于都、胜利、博生、石城、宁化、长汀八县苏维埃工作人员查田运动大会及贫农团代表大会的建议，发

---

① 伯钊：《怎样发动群众热烈的来购买"革命战争"公债》（1932年6月23日），《红色中华》第24期。

② 《中央执行委员会关于发行经济建设公债的决议》（1933年7月26日），《红色中华》第96期。

③ 《红色中华》第53期（1933年2月1日）。

④ 《红色中华》第83期（1933年6月4日）。

⑤ 《八县区以上苏维埃负责人员查田运动大会所通过的结论》，转引自许毅主编：《中央革命根据地财政经济史长编》下册，北京，人民出版社，1982年，第1版，第491页。

行经济建设公债300万元，并准购买者以粮食或金钱自愿交付。"①

8月，中央政府秘书处发布宣传大纲指出："这次发行公债与前两次公债不同，这次经济建设公债主要目的是为了发展苏区经济，建立革命战争的物质基础。"②1934年1月，第二次全国苏维埃代表大会报告中重申经济建设公债的意义，指出："经过经济建设公债及银行招股存款方式，把群众资本吸收到建设国家企业，发展对外贸易，与帮助合作社事等方面来，同样是要紧的办法。"③在1933年中央工农民主政府发行的300万元经济建设公债中，政府将其中的很大一部分用在合作社的发展方面。中央政府决定用300万经济建设公债中的200万元来大力支持出入口贸易的发展和粮食调剂工作，同时用小部分资金发展各种合作社，包括信用合作社的事业。

经济建设公债在江西、福建、粤赣三省发行。由于发行数量太大，这一期公债只说"自1933年8月1日"发行，没有说明截止日期。但在1934年1月16日《完成推销经济建设公债作为献给二苏大会的礼物》一文中写道："原来计划，是要在去年十二月底，完成推销的数目。但就最近检查的结果到前月底止，江西只做到三分之一，福建五分之一，粤赣省有四分之一。"显然，第三次公债的推销较前两次困难。自1934年初开始，购买第三期公债和交土地税提倡交付谷物，不要现款。之所以如此，是由于第五次反"围剿"战争日益激烈残酷，这时中央苏区正大力开展"扩大红军"运动和"收集粮食"运动，以及与此相关的"优待红属"、"节约三升米"等运动。这时召开的"中央粮食会议"指出："谷价到处高涨，已涨到七八元一担。应该收集的土地税和公债谷子还差着很大的数目，即在江西一省和瑞金直属县就有三十七万担谷子没有收清。"④会议决定："（一）集中土地税一律征收谷子，倘无特别情形不得以现款替代。集中公债款也应以收谷为原则。（二）各地征收谷子，应照中央规定的价格，不能任意增加。"并决定"由中央派出特派员领导收集粮食的突击运

① 《中央执行委员会关于发行经济建设公债的决议》（1933年7月26日），《红色中华》第96期。

② 中央政府秘书处：《关于推销三百万经济建设公债宣传大纲》（1933年8月28日），转引自许毅主编：《中央革命根据地财政经济史长编》下册，北京，人民出版社，1982年，第1版，第492页。

③ 毛泽东：《中华苏维埃共和国中央执行委员会与人民委员会对第二次全国苏维埃代表大会的报告》，《红色中华》（第二次全苏大会特刊）第3期（1934年1月26日）。

④ 《粮食会议》（1934年2月6日），《红色中华》第146期。

动，在各地组织突击队，限期完成规定的数目"。① 中央粮食会议规定二月底收清公债和土地税，据三月中旬的"粮食突击运动总结"报告："根据江西福建粤赣三省共二十五个县的统计材料，这是我们四十五天中在党与苏维埃中央政府正确领导之下努力得来的果实。但是我们还有大约八十万元的公债和三万担土地税没有收集，要用极大的努力把收集的计划全部完成，并收到全部的谷子。"② 在推销公债的过程中，一些地方也发生了强迫命令和硬性摊派的偏向，影响了这项工作的顺利进行。这次发行的经济建设公债，原计划以三分之二作为发展对外贸易，调剂粮食，发展合作社及农业与工业生产之用，以三分之一作为仅是费用。实际上，随着第五次反"围剿"战争的日益残酷，大部分都用于军需。"扩大红军""为创建一百万铁的红军而斗争"成为最迫切的任务，而军粮的筹集则主要依靠"群众节约、没收征发、群众借谷"来解决，第三次公债的发行无形中也就结束了。

除了上述三次货币公债外，中央苏区还发行了三次实物公债。

（四）中华苏维埃共和国临时中央政府临时借谷证

继 1932 年发动对鄂豫皖、湘鄂西革命根据地的第四次"围剿"后，蒋介石于 1933 年集中 50 万兵力发动了对中央苏区的第四次"围剿"，中央红军的反"围剿"战争激烈展开，红军迅速增加，以农业税征收的粮食，远不能满足红军的需要，军粮供应发生了很大困难。为了保障军粮供给，1933 年 3 月 1 日，临时中央政府发布了第二十号训令，决定向群众借谷 20 万担，发行"中华苏维埃共和国临时中央政府临时借谷证"，期限为 4～5 个月。

（五）中央苏区群众借谷证收据

国民党政府对苏区的第四次"围剿"失败后，又于 1933 年 10 月调集 100 万军队，向革命根据地发动了规模空前的第五次"围剿"，其中以 50 万兵力重点进攻中央苏区。1934 年夏，为了粉碎敌人的第五次"围剿"，保障军粮供给，中共中央和临时中央政府于 6 月 2 日联合发出《为紧急动员二十四万担粮食供给红军致各级党部及苏维埃的信》，要求各级党组织和政府"发动群众借十万担谷给红军"，并限于"七月十日前完成"。

（六）中华苏维埃共和国借谷票

同样是为了粉碎国民党军队的第五次"围剿"，1934 年 7 月 22 日中

① 《粮食会议》（1934 年 2 月 6 日），《红色中华》第 146 期。
② 《红色中华》第 104 期，1933 年 8 月 22 日。

共中央和临时中央政府决定，在秋收中向群众借谷60万担，提出"一般的要在九月十五日前完成，只有早禾占少数、晚禾占多数的乡村才可以略为推迟时间完成那里的数目"。苏区人民尽了最大努力，完成了这次借粮任务。[①]

中央苏区政府发行的上述三次"期票"和"凭票"，作为政府向群众延期偿还谷子价款的凭证，实质上都是公债的一种形式，它解决了当时红军面临的军粮困难，效果是很好的。

土地革命时期发行的公债有效地缓解了各根据地面临的财政困难，为支援战争和发展根据地各项经济事业做出了积极的贡献。

二、抗日战争时期的根据地公债

抗战八年中，共产党领导的抗日根据地的财政经济发展情况是和当时敌我军事斗争形势变化的情况密切相关的。与抗日战争的三个发展阶段——战略防御、战略相持和战略反攻基本相适应，抗日根据地的财政经济情况和公债发行也经历了三个时期：抗日根据地建立初期（1937～1940年底）、抗日根据地严重困难时期（1941～1942年底）、抗日根据地恢复和大发展时期（1943～1945年），下面分别论述。

抗战时期中国共产党建立的革命根据地，大都是在敌人统治薄弱、交通不便和经济落后的地区建立起来的。敌人占据着根据地周围乃至我根据地内部的大小城市和交通要道，以及由点和线组成的网和一些小的面，根据地则拥有广大的农村组成的面，拥有丰富的物产、众多的农民和广阔的土地。根据地的经济是以分散的、落后的小农经济为主体的自然经济，只有少数种植经济作物、家庭手工业和小商品经济比较发达的地区。在根据地的广大农村里，封建的土地占有制，严重束缚农村生产力的发展，加以抗战前连年的军阀混战，天灾频繁，使农业生产长期处于衰落状态，人民生活困难。在这样经济落后地区建立起来的革命根据地，又经常遭受凶残的日本侵略者的摧残和蹂躏，人民的生产和生活上的困难日益加重。革命根据地的财政就是在这个基础上建立和发展起来的。

面对抗日根据地人民穷困、经济凋敝的状况，代表人民根本利益的中国共产党在抗战初期实行了"力争外援，休养民力"的财政方针，即共产党领导的武装力量和民主政府抗日经费的取得，除取之于敌（即在战

---

① 项怀诚主编，冯田夫、李炜光著：《中国财政通史（革命根据地卷）》，北京，中国财政经济出版社，2006年，第1版，第45页。

争中夺取敌人的辎重、粮秣和资财，没收汉奸卖国贼的财产以充实抗战经费）外，主要是依靠外援与捐献、国民政府拨款。

抗战爆发后，共产党领导的敌后战场得到了海内外广大爱国和进步人士的大力支持。在陕甘宁边区，1938 年 11～12 月，香港汇款 50 万元法币，孙夫人宋庆龄汇款 6 万元法币，重庆转来汇款 8 万元法币，西安 1939 年 1～2 月汇款 59.0948 万元法币，其他汇款 7 万元法币，5 个月之间，捐款达到 130 万元法币。[①] 从 1937 年至 1940 年，陕甘宁边区共收到国内外进步人士的捐款法币 8120234.39 元。[②] 华南抗日根据地的东江游击队在 1939 年一次就收到孙夫人转交的海外捐款 20 万元港币[③]，除此以外，国内一般的富有者（主要是农村的大地主和城市的商人）也响应共产党的号召，为抗日军队捐献钱物。如山东根据地范明枢先生捐助 200 万元法币；在淮南抗日根据地，安徽省爱国人士朱蕴山曾为新四军募集食盐 100 包，大米 700 包。[④] 同时，还有广大人民群众的捐献，捐献的数量也是相当可观的，就山东抗日根据地来看，1938 年，胶东区捐款占财政收入的比重为 71.39%，1939 年也达到 66.13%。[⑤] 由此可知，在抗日根据地的初创时期，外援与捐献是一项重要的财政来源。另外，根据国共两党达成的协议，中国工农红军改编为国民革命军第八路军（后改称第十八集团军）和新编第四军，军费由国民政府统一供给。国民政府每月发给八路军军饷 60 万元，发给新四军军饷 6.6 万元。因此，国民政府拨发的经费在抗日根据地的财政收入中也占有一定的比重。从 1937 年 7 月到 1940 年 10 月，陕甘宁边区收到国民政府发给八路军军饷 16405340 元（法币），[⑥] 平均每年在 400 万元法币左右。这一收入对于抗日根据地来说，是非常重要的，因为这批收入不仅数量大，而且比较固定。但有些抗日根据地因处于初创阶段，条件不如陕甘宁边区优越，财政经济比较困

---

① 贾康、赵云旗：《论抗日战争初期的财政政策与方针》，《预算管理与会计》2005 年第 8 期。

② 陈俊岐：《延安时期财会工作的回顾》，北京，中国财政经济出版社，1987 年，第 1 版，第 25 页。

③ 刘磊：《试论华南抗日根据地财政工作特征》，载财政部财政科学研究所编：《抗日根据地的财政经济》，北京，中国财政经济出版社，1987 年，第 1 版，第 337 页。

④ 贾康、赵云旗：《论抗日战争初期的财政政策与方针》，《预算管理与会计》2005 年第 8 期。

⑤ 卢世川：《山东抗日根据地的财政工作》，载财政部财政科学研究所编：《抗日根据地的财政经济》，北京，中国财政经济出版社，1987 年，第 1 版，第 235 页。

⑥ 张扬：《陕甘宁边区是怎样"休养民力"的》，载财政部财政科学研究所编：《抗日根据地的财政经济》，北京，中国财政经济出版社，1987 年，第 1 版，第 91 页。

难，只能采取发行公债的办法，来解决根据地（或部队）当时所面临的财政不足的棘手问题。这一阶段共有闽西南军政委员会、晋察冀边区行政委员会、冀鲁豫边区、华中抗日根据地等四个抗日根据地（或部队）发行了七种公债（或借款），分述如下。

1934年10月，中央苏区红军开始长征后，留在闽西南苏区的红军，继续在闽粤边界一带坚持游击战争。1936年12月西安事变后，国共两党达成协议，停止内战，并就联合抗日的问题进行谈判。在此期间，中共闽粤边区特委亦接到中共中央南委的指示，开始和福建省国民党地方当局及驻军代表，就合作抗日的问题进行谈判，并达成合作抗日的原则协议。根据协议，红军游击队接受改编后，由国民党当局负责供给军费。但在以后执行中，国民党当局总是企图以"收编"的办法来破坏协议，并以停付和少付军费的办法，来压红军游击队屈服，致使红军被改编后的经费得不到保证。在这种经费无着的情况下，闽西南军政委员会于1937年8月向所在地的商会和民众进行了筹粮筹款。对于被借款的民众，闽西南军政委均发给借款凭票，以俟国民党当局拨付的军费到达后，即行通知借款人，按照借款凭票所借数额偿还借款。此次闽西南军政委的借款总额究竟有多少，已无从考察。发出的借款凭票有1元、5元和10元三种。①

晋察冀边区是中国共产党在敌后创建的第一块抗日根据地，1938年1月晋察冀边区临时行政委员会成立后面临的一个急迫问题就是财政问题。当时边区的抗日武装迅猛发展，边区政府征收的合理负担和田赋税收，远不能满足战费的需要。1938年1月5日边区军政民代表大会曾研讨过筹措办法，有趋向于发行爱国公债的意向。1938年5月10日晋东北（第一区）各县县长联席会议议决：征筹2万石粮，发行200万元公债。随后，冀西各县县长联席会议亦做出发行100万元公债的决定。并依照国民政府募集救国公债的原则，报请国民政府批准后，于6、7月份开始发行。这次晋察冀边区发行的救国公债，原定发行总额200万元，后增发了100万元，共发行300万元。公债票面分100元、50元、10元、5元、1元五种。规定年息4厘，自1939年起还息，每年6月底付给，1942年起还本，每年抽签还本一次。公债的募集办法，采取边区行政委员会向各县分配任务，各县县政府和群众团体及士绅组成救国公债征募委员会，依靠群众团体的赞助，依靠政治上的动员，严格执行劝募方式，绝不强迫，运用各种

---

① 财政部财政科学研究所、财政部国债金融司合编：《中国革命根据地债券文物集》，北京，中国档案出版社，1999年，第1版，第30页。

形式，宣传救国公债的性质与意义，借助有利时机和场合，如庙会、演戏时及村民大会等积极推销。为便于群众购买，规定不限于现金，凡粮食、布匹、棉花均可折价购买，深得民众赞成。人们认识到民族的利益即个人的利益，"有国然后有家"，"多买一份救国公债就是增加一份抗日力量"，认购公债的爱国行动遍及全边区，有钱的慷慨解囊，没有钱的夜以继日地劳动，把仅有的所得购为公债，许多妇女变卖结婚首饰。更值得一提的是，敌占区民众闻听边区发行公债，暗地自动认购，当时定县、峄县一些地方被敌人占领，备遭蹂躏，时刻盼望驱逐日军，遇此时机，纷纷行动，以表爱国之心。还有民众将自己的贮粮偷偷运至劝售公债委员会，折价购买公债的。① 由于采取了正确的劝募方式，这次爱国公债的发行得到了边区各界民众的热烈拥护，超额完成了原定的公债任务。

晋冀鲁豫边区抗日根据地，在抗战初期，分属于晋冀豫和冀鲁豫两个战略区，从 1938 年到 1940 年，两区各地先后建立了抗日民主政权。1940 年春，冀鲁豫边区开始统一两区的抗日民主政权，财政情况十分困难。由于当时边区财政枯竭，市场货币紊乱，积极整理亦须若干时日，故决定举行一次整理财政借款。开始决定借款 150 万元，但工作刚布置下去，敌人即开始大扫荡，接着顽军又北犯，边区缩小，1940 年 7 月 20 日即决定将整财借款减为 98 万元，并将借款任务下达各县，其中，南乐县 25 万元，清丰县 30 万元，濮阳县 25 万元，滑县 15 万元，内黄县 3 万元。这次整理财政借款的原则与方法是：第一，以政府名义，用政治动员方式向富有者借款，不向中农以下阶层借款，由县政府出给正式借据；第二，根据财力大小，在公开会议上决定借款数目；第三，借款以田赋及政府收入作担保；第四，借款一律不付利息，分八期归还，每期三个月。整理财政借款，原定 1940 年 7 月 10 日完成，实际到 9 月 10 日才结束，仅完成借款 53 万余元。② 没有完成预定任务的主要原因是，在这次整理财政借款中，由于政治动员与宣传解释工作进行不够，执行工作中的方式、方法不妥善，调查工作不确实，还有极少数下级干部徇私，导致分配不公平，敌人即以"反对借款"作为反对边区民主政府口号之一，甚至后来一些会道门也利用这一口号来反对边区抗日民主政府。因此这次借款失败的教训是深刻的。

---

① 魏宏运主编：《晋察冀抗日根据地财政经济史稿》，北京，中国档案出版社，1990 年，第 1 版，第 49 页。

② 财政部财政科学研究所、财政部国债金融司合编：《中国革命根据地债券文物集》，北京，中国档案出版社，1999 年，第 1 版，第 30 页。

此外，在晋冀鲁豫边区政权统一之前，冀南行政主任公署曾发行了一次救灾公债。因为从 1939 年夏天以来，冀南区大雨连绵，山洪暴发，被灾区域房屋倾倒，田禾淹没，民众流离失所。据调查，被淹村庄 3183 个，被淹土地 55110 顷，灾民达 1718717 人。灾情是相当严重的。为了救济灾民，冀南行政主任公署，除采取减免田赋，各县设粥场妥为收容等措施外，公署行政扩大会议及冀南参议会决议募集救灾公债，借资救济。这次救灾公债自 11 月 10 日起，以政治动员方式开始劝募。因印制正式公债票需要较长的时间，而救灾刻不容缓，故采取收款后先发给临时收据，俟劝募齐全再换发正式收据的办法。分配到各县募集救灾公债的任务，冀南行政主任公署要求各地于 1940 年 3 月底扫数完成。由于措施及时、工作得力，这次冀南行政主任公署发行的救灾公债，共募得 50 万元，分别用于治河、恢复农业生产和调剂民粮、安置灾民生活等方面。[①]

华中抗日根据地，位于中国最富饶的中部，按照当时军事斗争形势，划分为苏南、苏中、苏北、淮南、淮北、皖江、鄂豫、浙东等相互联系又各自独立的八个战略区。从 1940 年开始各地先后建立了抗日民主政权，当时面临着对日和对顽固派的复杂斗争，财政情况十分困难，为了筹措抗日经费、救济受灾群众和发展根据地的经济建设事业，各地抗日民主政府曾多次发行公债，以济急需。

1940 年安徽省定远、凤阳、滁县一带发生灾荒，群众的生活和生产发生了很大困难，为了救济受灾群众，定凤滁三县抗日民主政府于 1940 年 5 月发行赈灾公债 2 万元，债票面额一律 5 元，公债年利 4 厘，以三县粮赋为担保。三县的分配任务为定远 12500 元、凤阳 2500 元、滁县 5000 元。这次发行的公债期限一年，于 1941 年 5 月一次还本付息。[②]

1940 年秋，盱眙县面临日寇的进攻，在这危急关头，为紧急筹措抗日经费，经报请八县联防办事处同意，决定由县财委会发行救国公债 3 万元，公债面额分 3 元、5 元、10 元、50 元四种，每元年息 6 厘，自 1941 年 7 月 1 日起，抽签一次清偿五分之一，5 年还清。[③]

另据《新华日报》（华中版）1946 年 4 月 23 日报道，华中抗日根据地苏皖边区七专署（原淮北路东专署），曾于 1940 年发行救国公债 10 万

---

① 参见《新华日报》（华北版），1940 年 5 月 13 日。

② 财政部财政科学研究所、财政部国债金融司合编：《中国革命根据地债券文物集》，北京，中国档案出版社，1999 年，第 1 版，第 37 页。

③ 中国人民银行金融研究所、财政部财政科学研究所编：《中国革命根据地货币》（下册），北京，文物出版社，1982 年，第 1 版，第 141 页。

元（法币），期限五年，1946 年已到归还期限，拟照票面金额，加 49 倍利息归还。

1941 年到 1942 年是抗日根据地对敌斗争最严酷的时期，也是财政经济工作最困难的时期。导致这一情况的原因是，抗日战争进入相持阶段以后，中国的政治、军事形势发生了重大变化。首先是日本帝国主义改变了对华的政策重点，逐渐将其侵华的主要兵力，从正面战场转移到敌后战场，妄图迅速消灭八路军、新四军，摧毁敌后抗日根据地。为此，对抗日根据地，疯狂地进行"扫荡"，实行"三光政策"，妄图一举消灭共产党领导的抗日民主政权。从国民党蒋介石方面讲，他们看到抗战初期共产党军事力量的壮大和自己军事力量的削弱，便十分害怕起来。于是，在武汉失守之后，蒋介石集团便逐渐把斗争矛头，由抗日转向反共反人民，派遣数十万军队积极配合日伪军包围、封锁抗日根据地。特别是 1941 年"皖南事变"以后，完全停发了八路军、新四军的军饷，抗日根据地财政失去了一项重要的收入来源。而且国民党对抗日根据地的"围剿"和"封锁"，完全截断了海外进步人士以及国内广大人民群众对抗日根据地的捐献，有关国际上对中国抗日的援助国民党更不再分给共产党。至此，抗日根据地的外援完全断绝。与此同时，从 1940 年起不断发生严重的灾荒，这对财政困难的抗日根据地财政无疑是雪上加霜。以陕甘宁边区为例，1941 年，受灾面积 603558 亩，损失粮食 79720 石，受灾人口 90470 人；1942 年，受灾面积 856185 亩，损失粮食 79720 石，受灾人口 352922 人。[①] 附近战区的灾民不断逃入边区，前后达 170176 人，以致 1941 年春夏，青黄不接，群众啼饥号寒，遍地皆是，各县呈报灾情要求救济的告急文电如雪片飞来。再如山东革命根据地，1941 年水旱灾交替，夏秋歉收，粮食极感困难，军民没有粮食吃，树皮被剥光。1942 年春荒夏旱严重，鲁南、泰山、淄河敌占区人民大饥荒，几万户难民流入根据地，给根据地造成了巨大压力。此外，随着根据地的发展，抗日武装不断扩大，机关、团体增多，脱产人员增加，财粮需求量越来越大。其他抗日根据地的情况也大致相似。外援断绝，加上灾荒，根据地的财政进入了极度困难期。

为克服严重困难，坚持长期抗战，争取最后胜利，中共中央和毛泽东同志为抗日根据地制定了一系列正确的政策与措施。在经济方面，毛泽东指出党必须努力领导人民发展农业生产和其他生产事业，并号召根据地的

---

① 贾康、赵云旗：《论抗日战争初期的财政政策与方针》，《预算管理与会计》2005 年第 8 期。

机关、学校、部队尽可能地实行生产自给，以便克服财政和经济的困难。在《抗日战争时期的经济问题与财政问题》一文中，毛泽东提出了"发展经济，保障供给"的财政经济工作总方针。他指出："财政政策的好坏固然足以影响经济，但是决定财政的却是经济。未有经济无基础而可以解决财政困难的，未有经济不发展而可以使财政充裕的。……财政困难，只有从切切实实的有效的经济发展上才能解决。"① 针对有些同志不顾战争的需要，单纯地强调政府应施"仁政"的错误观点，毛泽东指出，如果抗日战争不胜利，"所谓'仁政'不过是施在日本帝国主义身上，于人民是不相干的。反过来，人民负担虽然一时有些重，但是战胜了政府和军队的难关，支持了抗日战争，打败了敌人，人民就有好日子过，这个才是革命政府的大仁政。"但与此同时，毛泽东又指出，"不顾人民的困难，只顾政府和军队的需要，竭泽而渔，诛求无已"的做法，同样是错误的。② 根据毛泽东的这一指示精神，在外援断绝的情况下，抗日根据地的军队和政府工作人员的粮食和经费的取得主要依靠"取之于己"和"取之于民"。"取之于己"即抗日根据地的军队和工作人员发展以减轻民负为目标的生产自给。从1941年开始，中共中央和陕甘宁边区政府倡导了大生产运动和精兵简政，使各抗日根据地经济日益繁荣，开辟了财政源，节约了开支。"取之于民"是向人民征收赋税、募捐和发行公债等。如陕甘宁边区1941年、1942年的公粮（农业税）征收额，分别为20万石、16万石，③ 比1940年增加了一倍左右。再如山东抗日根据地，随着外援的断绝，全省税收（农业税除外）在财政收入中所占比例逐年提高，1940年为9%，1941年达到19%，1942年更是达到了41%；田赋（农业税）占财政收入的比例，1940年为32%，1941年升至54%，1942年略降为51%。④ 可见税收已成为财政收入的主要来源。除了税收外，公债也成为这一阶段"取之于民"的重要手段，共有陕甘宁边区、豫鄂边区、华中抗日根据地、晋冀鲁豫边区、华南抗日根据地等五个根据地发行了九种公债，详情如下。

为弥补财政之急需，1941年2月陕甘宁边区政府开始发行建设救国公债。公债总额定为500万元（法币），债券面额分5元、10元、50元三

---

① 毛泽东：《毛泽东选集》（第3卷），北京，人民出版社，1991年，第2版，第891页。
② 毛泽东：《毛泽东选集》（第3卷），北京，人民出版社，1991年，第2版，第894页。
③ 毛泽东：《毛泽东选集》（第3卷），北京，人民出版社，1991年，第2版，第893页。
④ 朱玉湘主编：《山东革命根据地财政史稿》，济南，山东人民出版社，1989年，第1版，第138~139页。

种，年利 7.5%，自 1942 年起偿还本息，每年还 10%，10 年还清。此项公债由边区的盐税及商业税担保，由边区财政厅按照公债每年还本付息数目表，拨交边区银行专款储存备付。为鼓励群众购买，公债条例还规定，除法币外，凡民间持有银元、边钞、白银（元宝）、首饰和各项货物之有市价而易于变卖者，均可换购公债。公债的募收原则与经收办法，规定为用政治动员与政府法令相配合，由人民自愿认购，禁止强迫摊派；各部队机关学校团体工作人员，应尽先购买，以作倡导，并帮助动员宣传。为如期、足额完成公债的推销任务，建设救国公债实施细则还规定了购募公债奖励办法，凡团体承购公债 1 万元以上者或劝募公债 20 万元以上至 30 万元者，给予明令褒奖并颁给荣誉旗一面或颁给匾额；凡个人承购公债 5000 元以上至 1 万元或劝募公债 5 万元以上至 20 万元者，予以明令褒奖并给奖章；凡个人承购公债 1000 元至 5000 元或劝募 1 万元以上至 5 万元者，给予颁给奖状或登报表扬的奖励。由于边区人民对抗日民主政府的热烈拥护，加上推销公债的各项措施得当，群众认购公债踊跃，超额完成公债的定额，实际发行 618 万元，此项债款当年发放经济建设投资 500 万元，其余 118 万元作抗战经费开支。①

豫鄂边区 1940 年开始建立抗日民主政权，以后随着抗日根据地的扩大，财政亦与日俱增，必须独立自主地进行根据地经济建设，才能冲破敌人的经济封锁，坚持敌后的抗日战争。为筹集建设资金和救济灾民，豫鄂边区各地抗日民主政府曾先后多次发行了公债。襄西区建设公债委员会，于 1941 年 7 月发行了襄西区建设公债 10 万元（法币），债票分 50 元、10元、5 元三种。此项公债以襄西区 1940 年、1941 年之田赋、地契税为担保，两年还清。②

为了解决根据地经济困难，发展生产，繁荣经济，鄂豫边区建设银行于 1941 年 10 月发行公债 100 万元（法币），利率为年息 5 厘。公债面额分为 10 元、50 元、100 元、500 元四种。公债的还本付息，以边区税收为基金，按还本付息表到期本息，拨交建设银行专储备付，并指定建设银行及各县分行为经理支付本息机关。此项公债期限七年，自 1943 年 10 月

① 财政部财政科学研究所、财政部国债金融司合编：《中国革命根据地债券文物集》，北京，中国档案出版社，1999 年，第 1 版，第 39~41 页。
② 财政部财政科学研究所、财政部国债金融司合编：《中国革命根据地债券文物集》，北京，中国档案出版社，1999 年，第 1 版，第 43~44 页。

1 日起，分五次付还本息，每次偿还总额五分之一。①

此前，鄂豫边区为创办边区建设银行，曾于 1941 年 4 月以边区税收为基金，发行救国公债 50 万元，充作边区建设银行的资本。此项公债面额分为 10 元、50 元、100 元、1000 元四种，公债年息 6 厘，每年还本付息十分之一，以 10 年偿清。②

1941 年，鄂豫边区的孝感县发生严重自然灾害，为救济灾民，孝感县发行了一期赈灾公债。发行总额为 5 万元法币。此项公债月息 5 厘，以孝感县 1941 年、1942 年两年度之田赋作为抵押，自 1942 年元月份起分 20 批偿还（每月一批）。按照孝感县赈灾公债条例的规定，本公债可以作一切商务契约及法律上之保证、抵押或买卖，但不得作完粮纳税之用。③

华中抗日根据地的阜宁县东临黄海，经常受到海潮侵袭，1939 年 8 月 30 日发生大海啸，旧堤被冲垮，滨海群众受灾严重，流离失所，沦为乞丐以行讨度日，群众切望复堤，1940 年秋八路军到达阜宁，成立了抗日民主县政府，宋乃德任县长。在当年 10 月召开的阜宁县参议会上，参议员提出了修复海堤的要求，得到了苏北党政军委员会的同意，并组成以宋乃德为主席的修堤委员会，负责完成修堤事宜。修堤决定做出后，首先遇到的是修堤经费问题，经参议会讨论决定：该项修堤费用不由阜宁人民负担，以盐税作抵押，发行建设公债 100 万元（法币），由政府负责偿还④。该项公债的推销标准是：每纳公粮 1 斤，应购公债 3 角 5 分。在公债发行中，挫败了反动派多次的谣言破坏，共发行建设公债 60 万元，已保证了修堤的需要。修堤工程结束后，宋乃德又向参议会、民众公布了整个修堤的费用，实际支付的修堤费用为法币 516986.85 元，行政费用只占极少部分。由于发售的建设公债 60 万元已足够支付，余下的 40 万元实际并未发行。这项公债，到了 1942 年即由阜宁县政府全数偿还⑤。阜宁县修复的防潮海堤，全长 95 华里，该堤竣工后，防潮效益显著，受到了群众的一致赞扬。为表彰宋乃德在领导修堤工作中的业绩，曾将该堤命名为

① 刘跃光等主编：《华中抗日根据地鄂豫边区财政经济史》，武汉，武汉大学出版社，1987 年，第 1 版，第 70 页。

② 刘跃光等主编：《华中抗日根据地鄂豫边区财政经济史》，武汉，武汉大学出版社，1987 年，第 1 版，第 61 页。

③ 财政部财政科学研究所、财政部国债金融司合编：《中国革命根据地债券文物集》，北京，中国档案出版社，1999 年、第 1 版，第 44 页。

④ 《苏北伟大的水利工程——宋公堤》，《新知识》1943 年 10 月 1 日第一、二期合刊。

⑤ 财政部财政科学研究所、财政部国债金融司合编：《中国革命根据地债券文物集》，北京，中国档案出版社，1999 年，第 1 版，第 39～41 页。

"宋公堤"，并树立《宋公堤碑文》，历数宋乃德的功绩。

淮南抗日根据地在财政困难时期，为补财政收入，保障抗日军队的供给，促进根据地的生产发展，曾发行过战时公债。以路西为例，由于连年旱灾歉收，又处于激烈的同日、伪、顽三角斗争环境，遭受日伪军和顽固派军队的夹攻，财政比路东困难。1941 年 9 月至 1942 年 5 月，津浦路西联防办事处发行了战时公债 20 万元（法币）。①

晋冀鲁豫边区为发展边区各种建设事业，并紧缩冀钞流通，以稳定金融，平抑物价，改善人民生活，并密切人民与政府的联系，在 1941 年 7 月召开的晋冀鲁豫边区临时参议会上，决定发行生产建设公债 600 万元，由晋冀鲁豫边区于同年 10 月份公布，在冀南、太行、太岳三区发行。后因冀鲁豫区并入晋冀鲁豫边区，同年 12 月 25 日，冀鲁豫区军政民亦要求边区政府增发生产建设公债 150 万元，供冀鲁豫区推销，发行总额遂增至750 万元。这项生产建设公债，原定 1941 年 10 月发行，实际上到 1941 年底或 1942 年初才发行。此项公债本息，由边区已办及新办公营事业收入及建设余利担保，由冀南银行专户储存。有不足时，由金库如数拨补足额。公债年息 5 厘，照票面十足发行，自 1944 年起还本，每年 9 月 15 日抽签还 75 万元，10 年还清。②

晋冀鲁豫边区生产建设公债发行后，1942 年边区的形势发生了很大的变化，一是敌人的空前大扫荡，根据地受到敌人的严重摧残，特别是在冀南地区尤为严重。二是边区各地普遍发生了严重灾荒，群众生活陷于困境。在这种形势下，生产建设公债的推销工作，就遇到了很大困难。太行区是推销公债完成最好的地区，也只完成任务的 42%。其他各行政区推销公债的任务就完成的更少了。根据这种不利形势，边区政府不久即发出指示，停止了推销生产建设公债的工作，故晋冀鲁豫边区发行的生产建设公债未能按计划完成原定的推销任务。

抗日战争爆发后，中共华南各地方党组织领导的抗日武装，积极开展敌后的抗日游击战争，并根据国共第二次合作后出现的抗日民族统一战线的新形势，和所在地的国民党地方当局，达成了合作抗日的协议。但为时不久，由于国民政府执行反共政策，致使华南敌后两党合作抗战的局面遭到破坏。于是中共在华南各地敌后开辟的游击战场，被迫走了上独立自主

① 龚意农主编：《淮南抗日根据地财经史》，合肥，安徽人民出版社 1991 年版，第 76 页。
② 财政部财政科学研究所、财政部国债金融司合编：《中国革命根据地债券文物集》，北京，中国档案出版社，1999 年，第 1 版，第 36 页。

地进行抗日游击战争的道路。从 1942 年以后先后建立了抗日民主政权，开展根据地的建设，自筹给养，保障敌后抗日游击战争的供给。在这期间，为了解决根据地的财政困难，有些地区发行公债，以弥补财政之不足。文献伟公债就是其中的一种。"文献伟"是中共文昌县委的谐音，因为在海南的国共合作抗战破裂后，中共在海南尚未建立抗日民主政权，中共地方党组织尚未公开，这次公债是在中共文昌县委的领导下组织发行的，故以"文献伟"这个名义来发行。发行时间约在 1942 年初，发行总额为 1 万元（银元），债券面额有 10 元、50 元、100 元等三种。①

从 1943 年开始，国际反法西斯阵营取得节节胜利，法西斯阵营即将走向灭亡。在中国战场，中国共产党领导的敌后解放区战场开始摆脱严重困难的局面，华北的山东、冀东、太行、太岳、晋西北、冀鲁豫等根据地军民粉碎了敌人的残酷"扫荡"，对日伪军展开了猛烈的进攻，1940 ~ 1942 年被敌人侵占的地区，开始得到恢复，有的还扩大了新的根据地。华中的敌后抗日根据地，由于日军加紧"扫荡"、"清乡"和"蚕食"，这时仍处于严重的困难局面。与此同时，国民党军队进一步掀起反共高潮，企图独占抗日战争的胜利果实，中国共产党既要对日抗战，又要积极准备打垮国民党的"围剿"，解放全中国。为了完成这两项重大任务，抗日根据地的财政需要进一步改善和加强。

抗日根据地的财政经济进入第三阶段以后，从总的来看，经过第一阶段的恢复和第二阶段的发展，一步步走向好转，为大反攻打下了基础。以陕甘宁边区为例：1943 年的财政总收入为 32.01 亿元，总支出是 31.85 亿元，盈余 0.16 亿元 。1944 年的总收入和总支出均为 5.08 亿元，收支平衡。② 与陕甘宁边区的财政状况相比，其他抗日根据地的情况仍十分困难。一方面是长期遭受战争破坏的根据地经济需要恢复，沉重的战时财政负担已经到了极限，人民要求休养生息，以舒民力。特别是那些刚从敌人蹂躏下新解放的地区，在敌人的长期统治下，已完全陷于破产的境地，更需要有一个喘息的机会。另一方面，共产党领导的抗日部队在迅猛增加，向敌人的进攻一天天在扩大，投降的部队和反正的敌伪人员的生活又需安置，这需要大量的粮款。因此，财政上入不敷出的情况非常严重。以晋察冀抗日根据地为例，1945 年 8 月，冀晋、冀察两区合计收入 105 万元，

---

① 中国人民银行金融研究所、财政部财政科学研究所编：《中国革命根据地货币》（下册），北京，文物出版社，1982 年，第 1 版，第 160 页。

② 贾康、赵云旗：《论抗日战争初期的财政政策与方针》，《预算管理与会计》2005 年第 8 期。

而支出却达 162.7 万元,亏空 57.7 万元,收入仅当支出之 64.5%。在冀中,"从一九四四年下半年开始,随着大反攻的开始,脱产军政人员也随之大增,从一九四四年下半年的三万六千人,到一九四五年四月达到六万五千九百人,人数增加近一倍,部队扩大后地方工作人员也要相应增加,而收入增加不过四分之一到三分之一"①,远不能满足人员增长的速度。冀热辽区的财政情况好一些,但由于过境部队干部的开支为数很大,财政困难也不小。面对上述情况,当时各抗日根据地除了注意节约和增加银行的军事发行外,在财政收入上采取了发行公债的办法,以解决各根据地大反攻时期的财政困难。在这一阶段,共有晋西北抗日根据地、山东抗日根据地、豫鄂边区、晋察冀边区、东江纵队和皖中抗日根据地等六个根据地和部队发行了公债,兹略述如下。

晋西北是个经济状况十分落后的地区,抗日民主政权建立后,财政经济状况十分困难。为了发展根据地经济,促进物资交流,晋绥边区政府遂决定以原兴县农民银行为基础,成立了晋西北农民银行,开始发行西北农民银行币。在西北农民银行开始发行的时候,由于缺乏金融货币工作的经验,对于如何保证农币的信用,缺乏明确的规定和适当的措施,出现了农币大幅贬值的情况。加上边区经济十分落后,对外贸易长期处于入超的状况,而敌占区拒收农币,这就更影响到农币在市场上的信用。1943 年初,晋西北行政公署决定募集金融公债,以增加实物储备、巩固西北农民币的币值,使西北农民银行币和银元之比,稳定在一定比价上。

晋西北巩固农币公债,经晋西北临时参议会通过,于 1943 年 1 月正式公布发行。公债发行总额为 30 万元(银元)。此项公债的一个显著特点是,认购人必须用银元购买,目的是为了增强晋西北农民银行币的基金储备,以利稳定物价和巩固晋西北农民银行币的币值。公债的付息还本由晋西北行政公署完全负责,并指定田赋、出入口税、田房契税为担保。公债年利 5 厘,一年付息一次;自抗战胜利后第二年开始还本,每年还五分之一,五年还清。②

山东抗日根据地胶东区行政公署,在抗日战争后期,因准备反攻,向群众借用军需物资,由于当时物价飞涨,如按价发给群众债券分期偿还,群众的经济利益将会受到很大损失。为了保护群众利益,胶东行政公署遂

———————————

① 魏宏运主编:《晋察冀抗日根据地财政经济史稿》,北京,中国档案出版社,1990 年,第 1 版,第 391 页。

② 财政部财政科学研究所、财政部国债金融司合编:《中国革命根据地债券文物集》,北京,中国档案出版社,1999 年,第 1 版,第 48~49 页。

于 1944 年 10 月决定发行战时借用物品偿还券，将战时借用群众的物资，一律按时价折成苞米（玉米）发给群众债券，分五期偿还。[①] 所以，这种借用物品偿还券实际上是一种实物公债。

豫鄂边区从 1944 年下半年开始，财政情况日渐困难，曾于 1944 年 12 月 4 日，以郑位三、李先念、任质斌三人联名致电中央，要求财政上给予支援，并提出了拟发行公债的计划。中共中央在复电中指出，由中央或华中局拨款帮助五师，均是临时办法，恐仍无补大局，一切仍靠你们就地自筹，党政军应协同一致为解决供给困难而奋斗。并指示应准备明年的大生产运动，部队和机关均应参加生产，敌后经济供给的重心，应放在发展生产上面，财政问题才能得到充分解决。因此，豫鄂边区行政公署为克服边区面临的财政困难，于 1945 年为迎接反攻和新中国成立的财政急需，决定发行建国公债 5 亿元至 10 亿元（边币），以边区之田赋及关税收入为担保。此项公债年息 5 厘，自购买之日起，每逾一年付息一次，由原购买地县政府凭息票付给。公债还本自购买之日起，满三年后分三期还本，每年一次各为票面额的三分之一，由原购买地县政府凭还本证付给。法币、银元及一切杂钞持有者购买时均按使用时之当地市价折合。为避免债券购买人或债券持有人因货币跌价受损失，本公债票面钱数一律按当地当时谷价折实物，以樊斗计算，还本时付谷或依照还本时之当地谷价折成钱偿还。[②]

公债发行工作是一项政策性很强的工作。除需要制定、颁布公债条例，拟定实施计划，以保证公债发行工作有章可循外，还必须有正确的政策。此次边区发行的建国公债明确规定：推销公债的对象为边区商富，以及沦陷区和大后方的商富。其标准应不拘土地之多少而以生产力之大小、资本之多少、生活之有余与不足、丰厚与节约为正比例。还规定：劝销方式，以说服为主，避免行政命令，但对个别不开明的商富对象，采取民主评议方式，使其认购达到相当数量，这样既维护了广大贫苦群众的利益，在方式上又注意争取和团结了富商中的大多数，因而赢得了边区各界群众的积极支持与踊跃认购。[③]

---

① 财政部财政科学研究所、财政部国债金融司合编：《中国革命根据地债券文物集》，北京，中国档案出版社，1999 年，第 1 版，第 50 页。

② 财政部财政科学研究所、财政部国债金融司合编：《中国革命根据地债券文物集》，北京，中国档案出版社，1999 年，第 1 版，第 45 页。

③ 刘跃光等主编：《华中抗日根据地鄂豫边区财政经济史》，武汉，武汉大学出版社，1987 年，第 1 版，第 71 页。

大反攻时期，财政需要大幅度增加，为了动员人民集中财力、物力、加强支援前线，并大量收回边币，猛烈打击伪钞以活跃城市贸易金融，开展各种建设事业起见，晋察冀边委会于1945年8月发行胜利建设公债20亿元（边币），以边区统一累进税作担保，期限一年，本利一次付清，年利1分，票面额分500元、1000元、5000元、1万元四种。不论干部群众、个人团体，均得以边币或金、银、布匹、粮食等购买之。晋察冀边区行政委员会《关于发行胜利建设公债的指示》中具体规定了各区的分配任务：冀晋区7亿元，冀中区8亿元，冀察区5亿元，由各行署具体分配各县政府，商同抗联商店、合作社经募之。这次边区发行的胜利建设公债，没有在平北和冀热辽区推销。公债发行后，边区政府要求各地进行广泛深入的宣传发行胜利建设公债的意义。首先在机关部队中动员，干部带头购买，推动广大群众踊跃购买，形成购买公债的热潮。

此次胜利公债的发行，对解决晋察冀边区大反攻时的财政困难曾起到了应急的作用。但也出现了一些问题，对市场物价发生了一定的影响。解放战争期间曾任晋察冀边区财政处长的南汉宸在1947年指出："一九四五年秋反攻后，由于地区扩大，加上为准备进城发行胜利建设公债，紧缩了一批货币；致使物价大跌，谷贱伤农。"[1] 这是一个教训，主要是对于迅速扩大的解放区市场所需货币筹码，缺乏正确的判断所造成的。

为了发展根据地生产，争取抗日战争早日胜利，东江纵队第二支队于1945年4月，在广东省东江抗日根据地发行了"生产建设公债"7000万元（法币）[2]。公债周息1分5厘，每半年付息一次。公债期限两年，定于1947年4月1日全部清偿。该项生产建设公债的还本付息，概由东江纵队第二支队及路东各区政府负责担保。公债发行后不能当作通货使用，但可转让、抵押、出卖，唯必须向公债管理委员会声明和登记。因需款甚急，在债券发行之前，对于收到的公债款，先行发给了"临时收据"。

皖中抗日根据地湖东行政区（在江苏、安徽交界），于1945年7月发行了"湖东行政办事处（民国）三十四年保卫秋收公债"107160元（大江银行币），按月利2分付息，债券分为1000元、3000元、5000元、10000元4种，每种债券背面都印有发行本公债的说明，规定秋收后偿

① 魏宏运主编：《晋察冀抗日根据地财政经济史稿》，北京，中国档案出版社，1999年，第1版，第390页。

② 刘磊：《试论华南抗日根据地财政工作特征》，载财政部财政科学研究所编：《抗日根据地的财政经济》，北京，中国财政经济出版社，1987年，第1版，第337页。

还，决不拖欠。①

总之，抗战时期，各抗日根据地民主政府为筹措抗日经费、开展经济建设和赈灾救灾发行了 20 余种公债，对巩固抗日根据地、发展抗日根据地的经济与财政、坚持持久抗战起了重要作用。

三、解放战争时期的根据地公债

1946 年 6 月至 1949 年 10 月的人民解放战争，是中国共产党领导的人民武装力量和中国人民，同国民党所代表的大地主、大资产阶级势力之间进行的一场决定中国前途和命运的空前规模的大决战。

在解放战争时期，随着革命根据地的日益扩大，财政收入有所增加，如接收了一部分敌伪资产，开征了城市工商业税，有了一部分公营企业的盈利收入等。但这一时期的财政支出更浩大。由于战争规模空前，消耗惊人，受战争影响的铁路、公路交通急需恢复，许多新收复的地区遭受战争破坏的经济也需恢复，一部分受灾地区的群众需要给予救济，接收的大批敌军政人员需要养活，所有这些，都增加了财政的负担。根据地的财政承受着巨大压力，经受了重大的历史性考验。

造成这一时期财政困难的主要原因是军费和行政费大幅度增加。解放战争的头两年即 1946 年 7 月至 1948 年 6 月，人民解放军由 120 万人猛增至 280 余万人，及至辽沈战役结束，又增至 300 余万人。震惊中外的三大战役投入的兵力是古今中外历史上罕见的，战争消耗数量惊人。战争期间，大批随军行动的民兵、民夫的口粮也要由财政负担。在行政费方面，由于解放区不断扩大，新解放区需要由老解放区派去一大批干部，老解放区又需要提拔一批新干部，如山东解放区 1946 年上半年仅地方干部就增加了 2 ~ 3 倍，达到 18 万人。行政人员猛增，财政支出迅速增加。据 1947 年 12 月的统计，晋冀鲁豫、晋察冀、山东、晋绥、陕甘宁等五个解放区的脱产人员达到 160 万人，比日本投降前夕高出 77.8%；脱产人员的供给标准，以晋冀鲁豫边区为例，抗日战争最艰苦的 1942 年、1943 年为每人折合小米 7 石（每石 160 市斤），1946 年增至 14 石，1947 年达到 28 石。而当时解放区农民的收入水平是相当低的。据 1947 年的调查，华北解放区每个农民年平均收入折合小米 2.5 石，西北解放区则只有 2

① 中国人民银行金融研究所、财政部财政科学研究所编：《中国革命根据地货币》（下册），北京，文物出版社，1982 年，第 1 版，第 143 页。

石。① 而在大兵团运动作战的军事形势下，军队又不能像在陕甘宁边区那样从事大规模的生产活动，这样，解放区的农民（特别是老解放区）就必须独自承担起比过去重得多的公粮和战勤负担。

为应对空前规模的战争、获得空前雄厚的财政资源基础，解放战争时期中国共产党确定的经济工作指导方针是：自力更生，发展生产，艰苦奋斗，军民兼顾，节约人力和物质资源，力戒浪费。在加强解放区政权建设的同时，中国共产党利用其强大的政治资源和群众动员能力，发动了轰轰烈烈的土地改革运动，并把它确定为解放区财政经济工作的中心任务。土改将亿万农民群众的切身利益与人民解放战争融合在一起，极大地鼓舞了农民的生产积极性，迅速地取得了战争的主动权和战略优势。在土地改革取得突破性进展的基础上，中国共产党及时进行农村基层权力结构的调整和整顿乡村财政，把财政征收体制延伸到每个村庄，建立了以军事财政动员为基本特征的农村基层权力结构，充分动员农民群众参与和支持人民解放战争，将战时财政动员推进到具体操作层面，由此获得了战争所必需的物质资源和人力资源。在解放战争的新形势下，中国共产党继续坚持发展生产，保障供给，集中领导，分散经营，军民兼顾，公私兼顾，生产和节约并重的财政工作方针，并对解放区税制进行改革，将抗战时期按累进税率征收的救国公粮，改为按常年产量比例税率征收的农业税；在新、老解放区实行有区别的财政税收政策;② 统一全国各解放区的财政经济工作，统筹各解放区之间的物资调配，为战争的后勤供应提供了组织保障。但由于战争费用十分巨大，这一时期各解放区的财政还是出现了巨额赤字，不得不采取向银行透支和发行公债的办法，以克服财政困难。

解放战争时期最早发行公债的是苏皖边区。1946 年初华东苏皖地区发生了严重的自然灾害，边区政府为救济灾荒于 1946 年春发行了一期"苏皖边区政府救灾公债" 9000 万元（华中银行币），月息 2 分。这期公债是由各专署分区发行的。③ 在东北解放区，为克服财政困难，1946 年上半年至 1949 年，北满一部分地、市、县发行了公债，主要有：1946 年松江省第一行政专员公署发行了胜利公债券（年息 1 分、1～2 年）、1946

---

① 项怀诚主编，冯田夫、李炜光著：《中国财政通史（革命根据地卷）》，北京，中国财政经济出版社，2006 年，第 1 版，第 181～182 页。

② 项怀诚主编，冯田夫、李炜光著：《中国财政通史（革命根据地卷）》，北京，中国财政经济出版社，2006 年，第 1 版，第 165 页。

③ 项怀诚主编，冯田夫、李炜光著：《中国财政通史（革命根据地卷）》，北京，中国财政经济出版社，2006 年，第 1 版，第 164 页。

年 10 月东安地区行政专员公署发行建设公债 500 万元（年息 1 分、3 年）、1946 年和 1947 年哈尔滨市分别发行建设复兴公债券 8000 万元和 5245.1 万元、1946 年呼兰县政府发行建国公债券 500 万元（年息 1 分、2 年）、1947 年齐齐哈尔市发行市政建设有奖公债券 1 亿元（年息 5 厘、1～5 年）、1949 年东北行政委员会发行生产建设实物有奖公债券 1200 万分（年息 4 厘、1～3 年，分上、下两期发行）等等，这些公债主要用于市政建设和经济建设以及治安支出方面的急需。

此外，其他各根据地也因财政的需要发行了一部分公债，如 1947 年 9 月山东省胶东区行政公署发行了爱国自卫公债券、1949 年初皖南人民解放军长江纵队发行了救国公债、1949 年广东省东北江人民行政委员会、潮梅人民行政委员会发行胜利公债券 1000 万元（期限 2 年，年息 6 厘）。另外，还有 1949 年的华南根据地胜利公债（期限 2 年，年息 6 厘）、粤桂边胜利公债券（期限 1 年、年息 2 分）、云南人民革命公债券、1950 年的琼崖临时人民政府琼崖人民解放公债等。

综上，在土地革命、抗日战争和解放战争三个历史时期，各革命根据地先后发行的公债约有 59 种（见表 1－1），由于革命战争年代的复杂性和多变性，这一统计可能有待于更正，但这一数字已清楚地表明了公债在新民主主义革命中所发挥的重要作用。

表 1－1 革命根据地公债一览

序号	债券名称	发行时间	发行定额	利 率	偿还期限	备注
1	湘鄂西省鹤峰县苏维埃政府公债	1930 年	1 万元	—	1 年	银元
2	湘鄂西省苏维埃政府水利借券	1931 年	80 万元	无息	—	
3	中华苏维埃共和国革命战争公债券	1932 年 6 月	60 万元	年息 1 分	6 个月	
4	中华苏维埃共和国革命战争公债券（第二期）	1932 年 10 月	120 万元	年息 1 分	6 个月	
5	中华苏维埃共和国临时中央政府临时借谷证	1933 年 3 月	20 万担	无息	4～5 个月	
6	中华苏维埃共国经济建设公债券	1933 年 7 月	300 万元	年息 5 厘	3～7 年	
7	中央苏区群众借谷证收据	1934 年 6 月	10 万担	无息	—	

序号	债券名称	发行时间	发行定额	利率	偿还期限	备注
8	中华苏维埃共和国借谷票	1934年7月	60万担	无息	1～2年	
9	中华苏维埃共和国湘赣省革命战争公债券	1932年12月	8万元	年息1分	6个月	
10	中华苏维埃共和国湘赣省革命战争公债券（第二期）	1933年7月	15万元	年息1分	1年	
11	中华苏维埃共和国湘省革命战争公债券（补发第二期）	1933年11月	20万元	年息5厘	4～6年	
12	中华苏维埃共和国湘赣省收买谷子期票	1934年4月	4万元	无息	4个月	
13	湘鄂赣省短期公债	1932年12月	5万元	年息1分	1年	
14	湘鄂赣省二期革命战争公债券	1933年10月	8万元	年息6厘	1年	
15	浏阳县工农民主政府公债	1932年	少量	—	—	
16	平江县工农民主政府"国防建设"公债	1932～1933年	少量	—	—	
17	闽浙赣省苏维埃政府粉碎敌人五次围攻决战公债	1934年7月	10万元	年息1分	1年	
18	闽西南军政委员会借款凭票	1937年8月	不详	无息	不定期	
19	晋察冀边区行政委员会救国公债票	1938年7月	200万元	年息4厘	30年	
20	冀南行政主任公署救灾公债	1939年11月	50万元	不详	不详	
21	定凤滁三县赈灾公债	1940年5月	2万元	年息4厘	1年	
22	冀鲁豫边区整理财政借款	1940年7月	98万元	无息	2年	鲁西银行币
23	盱眙县县政府财委会救国公债	1940年秋	3万元	年息6厘	5年	
24	淮北路东专署救国公债	1940年	10万元	不详	5年	

序号	债券名称	发行时间	发行定额	利 率	偿还期限	备注
25	陕甘宁边区政府建设救国公债	1941 年 2 月	500 万元	年息 7.5 厘	10 年	边币
26	阜宁县政府建设公债	1941 年 4 月	100 万元	不详	1 年	
27	豫鄂边区救国公债	1941 年 4 月	50 万元	年息 6 厘	10 年	
28	豫鄂边区襄西区建设公债	1941 年 7 月	10 万元	月息 6 厘	2 年	
29	淮南津浦路西联防办事处战时公债	1941 年 9 月 1942 年 5 月	20 万元	不详	不详	
30	豫鄂边区建设公债	1941 年 10 月	100 万元	年息 5 厘	7 年	
31	豫鄂边区孝感县赈灾公债	1941 年 10 月	5 万元	月息 5 厘	32 个月	
32	晋冀鲁豫边区生产建设公债	1941 年底	750 万元	年息 5 厘	10 年	冀南银行币
33	文献伟公债	1942 年	1 万元	不详	不详	银元，党内发行
34	晋西北巩固农币公债	1943 年 1 月	30 万元	年息 5 厘	7 年	银元
35	山东抗日根据地胶东区战时借用物品偿还券	1944 年 10 月	—	无息	4 年	
36	豫鄂边区行政公署建国公债	1945 年	50000 万~100000 万元	年息 5 厘	6 年	边币
37	晋察冀边区胜利建设公债	1945 年 8 月	200000 万元	年息 1 分	1 年	边币
38	东江纵队第二支队生产建设公债券	1945 年 4 月	7000 万元	周息 1.5 分	2 年	
39	皖中抗日根据地湖东行政办事处保卫秋收公债	1945 年 7 月	10 余万元	月息 2 分	3 个月	大江银行币
40	苏皖边政府救灾公债券	1946 年	9000 万元	月息 2 分	—	
41	山东省胶东区行政公署爱国自卫公债券	1947 年 9 月	—	月息 1 分 5 厘	—	
42	皖南人民解放军长江纵队救国公债券	1949 年初	—	年息 1.5 厘	1 年	

序号	债券名称	发行时间	发行定额	利 率	偿还期限	备注
43	粤赣湘边纵队政治部公粮债券	1949 年 6 月	—	每担月息谷 2 斤	—	
44	北江第一支队胜利公债	1949 年	—	年息 2 分	6 个月	
45	广东省东北江人民行政委员会、潮梅人民行政委员会胜利公债券	1949 年	1000 万元	年息 6 厘	2 年	
46	华南根据地胜利公债	1949 年	—	年息 6 厘	2 年	
47	粤桂边胜利公债券	1949 年	—	年息 2 分	1 年	
48	粤桂边区公粮债券	1949 年	—	年息 1 分	1 年	
49	云南人民革命公债券	1949 年	—	—	—	
50	琼崖临时民主政府支援前线借粮收据	1949 年	—	无息	2 年	
51	琼崖临时人民政府琼崖人民解放公债	1950 年				
52	双城县治安保民公债	1946 年 1 月	500 万元	无息	不定期	
53	松江省第一行政专员公署胜利公债券	1946 年	—	年息 1 分	1 ~ 2 年	
54	东安地区行政专员公署建设公债	1946 年 10 月	500 万元	年息 1 分	3 年	
55	齐齐哈尔市市政建设有奖公债券	1947 年	1 亿元	年息 5 厘	1 ~ 5 年	
56	哈尔滨市建设复兴公债券	1946 年	8000 万元	年息 8 厘	7 年	
57	呼兰县政府建国公债券	1946 年	500 万元	年息 1 分	2 年	
58	哈尔滨市建设复兴公债券（第二期）	1947 年	5245.1 万元	—	2 年	
59	东北行政委员会生产建设实物有奖公债券	1949 年	1200 万分	年息 4 厘	1 ~ 3 年	分上、下两期发行

资料来源：根据以下资料整理所得：唐滔默编著：《中国革命根据地财政史（1927 ~ 1937）》，北京，中国财政经济出版社，1987 年，第 1 版，第 131 ~ 138 页；朱建华主编：《东北解放区财政经济史稿》，哈尔滨，黑龙江人民出版社，1987 年，第 1 版，第 464 ~ 467 页；许毅主编：《中央革命根据地财政经济史长编》（下册），北京，人民出版社，1982 年，第 1 版，第 486 ~ 493 页；中国人民银行金融研究所、财政部财政科学研究所编：《中国革命根据地货币》（下册），北京，文物出版社，1982 年，第 1 版，第 103 ~ 144 页；财政部财政科学研究所、财政部国债金融司合编：《中国革命根据地债券文物集》，北京，中国档案出版社，1999 年，第 1 版，第 30 ~ 50 页；魏宏运主编：《晋察冀抗日根据地财政经济史稿》，北京，中国档案出版社，1990 年，第 1 版；财政部财政科学研究所编：《抗日根据地的财政经济》，北京，中国财政经济出版社，1987 年，第 1 版；刘跃光等主编：《华中抗日根据地鄂豫边区财政经济史》，北京，武汉大学出版社，1987 年，第 1 版。

四、革命根据地公债的作用与特点

中国共产党领导的新民主主义革命的首要任务，是推翻帝国主义和封建主义在中国的统治，"革命的中心任务和最高形式是武装夺取政权"。因此，在中国共产党领导下广大工农群众在长期武装斗争中建立起来的各个革命根据地发行国债的首要目的，是为革命战争筹款筹粮。在中央革命根据地，中华苏维埃共和国临时中央政府于 1932 年 6 月 25 日、1932 年 10 月 21 日、1933 年 3 月 1 日、1934 年 6 月、1934 年 7 月 22 日等先后发行的公债都是为红军筹措战费和补充军粮；在井冈山根据地，湘赣省工农民主政府于 1933 年 1 月、7 月发行"革命战争公债"23 万元，以粉碎国民党政府的第四次"围剿"；在平江根据地，湘鄂赣省工农民主政府于 1932 年 12 月、1933 年 10 月发行二期"革命战争公债"13 万元，用以充裕战费；在闽北根据地，1934 年 7 月闽浙赣省工农民主政府也发行了"粉碎敌人五次围攻决战公债"10 万元，作为红军的作战经费。

革命根据地发行公债的另一重要目的，是为了开展根据地的经济建设。经济斗争历来是革命斗争的一个重要组成部分，革命政权必须动员一切力量有计划地开展经济建设活动，从经济建设方面把广大群众组织起来。经济建设公债的发行，为普遍发展合作社，调剂粮食与一切生产品的产销，发展对外贸易，打破敌人的经济封锁，抵制奸商的残酷剥削，使广大群众生活得到改善等提供了一定的财力来源，因而是具有积极意义的。如 1933 年 7 月临时中央政府颁布的《发行经济建设公债条例》就规定，"为发展苏区的经济事业，改良群众生活，充实战争力量，特发行经济建设公债，以三分之二作为发展对外贸易，调剂粮食，发展合作社及农业与工业的生产之用，以三分之一作为军事经费。""公债定额为国币三百万元。"同年 11 月，湘赣省工农民主政府也发行了 20 万元经济建设公债，主要用于对外贸易、粮食调剂、创办合作社、抵制奸商盘剥等事业上；解放战争时期，东北行政委员会于 1949 年 3 月分上、下两期发行了 1200 万分"生产建设实物有奖公债"，用以解决城市基础设施的扩建和维护费用，支持解放区的土地改革，发展生产事业。革命根据地的建设公债有的还是直接为了开展、安排某项经济事业和经济活动而发行的公债，如晋西北巩固农币公债，是晋西北行政公署为巩固农民银行货币、稳定金融和发展国民经济而发行的；哈尔滨市建设复兴公债，是哈尔滨市政府为解决下水道、马路、桥梁、自来水、医院的扩建、修缮等所需的经费而发行的公债。

根据地发行公债的另一重要目的是为了赈灾救灾，如苏皖边区政府救灾公债、定凤滁三县赈灾券等等。此外，还有一种罕见的在党内发行的公债，即文献伟公债，它是抗日战争时期琼崖根据地的中共文昌县委于1942年在党内发行的一种债券，总额只有10000元。这些都反映了当时公债发挥的多方面作用。

革命根据地的公债，是中国特定历史条件下的产物。由于各革命根据地长期处于敌人的分割、包围和封锁之下，因而各根据地都是在中国共产党的方针政策统一指导下各自分散进行斗争的。因此各根据地只能是根据各地革命形势发展的需要，因地制宜地发行各种不同的公债。这些公债，除了土地革命时期，以中华苏维埃共和国临时中央政府的名义发行的两种革命战争公债、一种经济建设公债和三次借谷外，其余的各种公债，都是由各根据地以省、边区政府、行政公署的名义发行的。还有一部分县、市为了解决本身的某些需要，也以县、市名义发行了少数的公债。此外，还有某些尚未建立政权的根据地，也有不少以当地所在部队的名义发行了公债。所以，新民主主义时期发行的公债具有种类较多，名称不一，公债面额、单位各异，用途、利率、偿还期限等也各不相同的特点。而这种差异性较大的特点，能较好地因时、因地制宜地解决各根据地所面临的财政困难。

从公债面额单位看，革命根据地发行的公债，主要是以各根据地发行的货币作为公债面额单位的，它反映了根据地公债独立自主的特征。当然，各个时期也不尽相同，土地革命时期，各根据地都以本根据地发行的货币作为公债的面额单位；抗日战争初期发行的公债，则以国民政府的法币为各根据地发行公债的面额单位；皖南事变以后和解放战争时期，各根据地发行的公债，又以各根据地发行的货币为公债的面额单位。虽然有一些根据地是以当地通用的法币作为公债面额单位的，但那是在特殊经济状况下采取的权宜措施，从根本上看是无损于根据地公债独立自主特征的。从公债票面金额看，不同根据地的债券，面值就不同，不同时间发行的债券，面值相差悬殊。如中华苏维埃临时中央政府1933年发行的公债分5角、1元、2元、3元、5元五种面额，而同时期湘鄂赣省民主政府发行的公债面额只有5角和1元两种。一般而言，土地革命时期各根据地发行的公债，面值都比较小。在当时革命根据地经济比较落后，广大群众手持现金数量极少的情况下，公债面额愈小，愈能最广泛地吸收群众手中的货币，更好地完成推销任务。但到1946年东北解放区哈尔滨市发行公债时，面额就比较大了，它分为5000元、1万元、5万元、10万元四种。这种差别，固然有战争年代币值变动的因素，也反映了各根据地经济实力的差别。

从公债利率看，革命根据地公债的年利大多为 5 厘至 1 分。年度之间，利率调整幅度较大。如临时中央政府 1932 年发行的两期"短期革命战争公债"，年利率均为 1 分；而在 1933 年发行的"经济建设公债"，年利率则为 5 厘。湘鄂赣省民主政府发行的公债也反映了这种情况：1932年发行的"湘鄂赣省短期公债"年利率为 1 分，而 1933 年发行的"湘鄂赣省二期革命战争公债"，年利率则为 6 厘。总的来看，各革命根据地公债的利率是比较低的，且无折扣，不少公债还是无息的。如中华苏维埃共和国临时中央政府向群众进行的三次借谷和湘赣省苏维埃政府发行的"收买谷子期票"，都是如此。这反映了革命根据地公债的推销主要是依靠广大人民群众的革命热情来完成的。比如在中央根据地第一次发行公债时，中央执行委员会曾发出训令，强调宣传鼓动工作的重要性，"用宣传鼓动的方法来鼓动工农群众自愿来买公债，切不能用命令强迫，但对于富农、大中商人可以责令购买"。"我们只有从政治上去动员群众，才能使群众对苏维埃发行的公债有明确的认识，而自动的，热烈的购买公债。"正是由于对工农群众贯彻了自愿购买原则，改正了在许多地方一度发生的严重的命令主义、进行摊派的错误，从而避免了在公债推销中的脱离群众的做法，保持了广大群众对公债进而对革命政权的信任，这样，革命公债的发行，受到了广大群众的热烈拥护。在广大工农兵群众的支持下，中央苏区的两期革命战争公债和经济建设公债都超额完成。晋察冀边区救国公债的销售也出现了类似的情景，前文已述，此处不赘。群众的这种革命热情，还表现在对公债券的退还上。中央苏区的革命战争公债推销计划完成后，"中国店员手艺工人工会举行筹备会上，号召会员退还前所购买的第二期公债票，不要政府还本，将这笔款项去充实革命战争的经费。"由此引起了一阵退还公债票的热潮。群众退还公债券和借谷票，充分反映了广大群众拥护革命、热爱红军的高度革命热情，它对政府的财政有很大的帮助。但应当指出，这是特殊情况下不得已的做法，在一般情况，这种做法是不可取的。因为它增加了群众的额外负担，易于引起他们的不满。

在各革命根据地发行的公债中，有货币公债、实物公债、期票和凭票四种。其中，实物公债占有一定的比重。如土地革命时期，临时中央政府在 1933 年和 1934 年先后三次向群众借谷，以供红军给养；1934 年湘赣省苏维埃政府发行的"收买谷子期票"和抗日战争时期山东省胶东行署发行的"战时借用物品偿还券",以及解放战争时期东北解放区发行的"生产建设实物有奖公债"等等,都是实物公债的继续和发展。根据《1949年东北产建设实物有奖公债（上期）条例》规定,"公债发行额以实物为标准,本期发行600万分,每分的值以沈阳市高粱米5市斤、五福布1尺、粒盐5市斤、原煤34市斤的市价总和计算。还本付息给奖办法也按当日沈阳市的上述五种实物的市价总和计算,付给现金。"这就较好地解决了战争时期货币不稳而引起的公债实值下降的问题。同时,也为新中国成立以后,中央人民政府于1950年初发行的"人民胜利折实公债"积累了经验。在革命根据地,政府发行的少量的"期票"和"凭票",作为政府向群众延期偿还谷子价款和作为向群众借款的凭证,实质上也都是公债的一种形式。

革命根据地公债的偿还期限,一般是短期的和中期的,多为半年至五年不等,也有少数的长达30年,个别还采取了不定期的形式。如闽西南军政委员会于1937年发行的借债"凭票",由于当时处于极度艰苦的游击战争环境中,财政来源极其困难,此时的借债"凭票"就无法规定明确的偿还期限,而只能以"俟后款到再行通知照票付还"的规定代之。这是当时特殊环境的产物。

尽管各种公债在发行时存在差异,但在偿还上各根据地民主政府都坚持有借有还的原则,采取了极为认真负责的态度。例如土地革命时期,临时中央政府发行的两期"革命战争短期公债"和"经济建设公债"都有明文规定,"公债准许买卖、抵押及代其他种现款的担保品之用";抗日战争时期,晋察冀边区政府发行的"救国公债"和解放战争时期哈尔滨市人民政府发行的"建设复兴公债"都允许随意买卖抵押。对于一部分由于战事变化或根据地变迁未能按期偿还的公债,新中国成立后,都由国家财政部根据当时当地的物价情况和公债货币面额的实际价值,定出合理比价——用人民币清偿。如临时中央政府1932~1933年间发行的"革命战争短期公债"、"经济建设公债",湘赣省发行的"革命战争公债"、"建设公债",闽浙赣省发行的"粉碎敌人五次围攻决战公债",晋察冀边区发行的"救国公债"等等,都按1元公债券兑付1.25元人民币的比例进行了清偿,保证了公债持有者的利益。这与国民党政府在抗战后以几乎等于废纸的法币清偿战前积欠的各种公债的做法形成了鲜明的对照。

由于根据地大多处于山区,经济、文化比较落后,即使处于经济、文化条件较好的沿海、平原地区,也由于敌人的封锁破坏,印制债券的设备、纸张、油墨等来源都极为困难，所以，根据地发行的公债券的制造和印刷的技术条件都比较差。有些必需的物资，虽然可以千方百计地从敌占区取得，但数量不多，质量也不尽合乎要求。在这种情况下，根据地债券的印制，大多采取因陋就简的办法，或蜡纸油印，或木版刷印，或石印，等等，这是根据地政府和人民艰苦奋斗精神在财政工作中的真实反映，它在中国的公债发行史上写下了特别光辉灿烂的一页。根据地公债不但为新民主主义革命的胜利做出了积极的贡献，而且为我们今天社会主义市场经济条件下的国债经济积累了极其宝贵的经验和教训。

第二节　新中国 20 世纪 50 年代的国债

1949 年 10 月中华人民共和国的成立，开启了中国历史的新纪元。从新中国成立到第一个五年计划完成，在短短七年多的时间里，中国人民在中国共产党领导下初步建成了自己的工业体系，打下了走向国民经济现代化的坚实基础，取得了举世瞩目的成就。与此相适应，中国的国债也进入了一个新的历史发展时期。这一时期中央人民政府分别发行了"人民胜利折实公债"和经济建设公债，为国民经济的恢复和经济建设的展开，发挥了极其重要的作用。

一、人民胜利折实公债

（一）人民胜利折实公债发行的历史背景

1949 年，随着三大战役的相继告捷，人民革命战争已胜利在望。但是在财政经济战线上却面临着日益严重的困难，形势险恶。财政经济困难主要来自以下几个方面。

1. 新中国面临的财政经济困难

（1）国民党政府留下来的是一个千疮百孔的烂摊子

旧中国的半殖民地半封建经济本来就很落后，经过国民党当政时期帝国主义、封建地主和官僚资本的巧取豪夺，加上连年战争的破坏，国民经济支离破碎、全面萎缩；蒋介石退据台湾时，把大陆银行库存的 395 万两黄金、1136 万两白银[①]，以及大量的银元、美钞全部运往台湾。新中国成

---

① 武力主编：《中华人民共和国经济史（1949～1999）》（下册），北京，中国经济出版社，1999 年，第 1 版，第 1447 页。

立前后，美帝国主义对新生的人民政权采取敌视态度。一方面，美国操纵联合国一再否决中华人民共和国在联合国的合法席位，依靠其太平洋军事基地和控制台湾，对中国大陆进行军事包围；另一方面美国又在经济上对我实行"封锁""禁运"，禁止一切在美注册的船只开往中国大陆，并管制中华人民共和国在美国的公私财产，这些都加剧了新中国成立前后的财政经济困难，具体表现在以下几方面：

首先，工农业生产严重衰退。在广大农村，耕畜比抗日战争前减少17%，主要农具和肥料均减少30%，江河堤岸常年失修，造成连年的水旱灾荒。在城市，工矿设备或被破坏，或被运走，即使保存下来的设备，也大都残破不堪。结果使本来就十分低下的工农业生产能力再次急剧下降。1949年的全国生产，同历史上最高生产水平相比，工业总产值下降了一半，其中重工业下降70%，轻工业下降30%，农业大约下降25%，粮食总产量仅为2550多亿斤。人均国民收入只有27美元，相当于亚洲国家平均值的三分之二。① 这种经济萎缩，在全国最富庶的上海和江浙地区，表现得尤为突出。由于国民党政府在败逃前的大规模掠夺和劫运，这些地区的资金和物资严重匮乏，大批民族资本企业到了连简单再生产都无法维持的地步。在大工业城市上海，刚解放时，全市煤的存量只够用一个星期，棉花和粮食的存量不足维持一个月的消费。全市13647家私营工厂中，开工户数只占总数的四分之一。相对景气的棉纺织业，每星期也只能开工三个昼夜。②

其次，交通运输能力受到更为严重的破坏。其中铁路有上万公里的线路、3200多座桥梁（总延长155公里）和200多座隧道（总延长40多公里）遭到严重破坏。津浦、京汉、粤汉、陇海和浙赣等主要干线，几乎没有一条可以全线通车。机车有三分之一因破损而无法行驶。公路尽管抢修26284公里，但1949年底能够通车的仍不到原有线路总长的80%。海运华北海轮全被劫走，上海留下可航驶的只有14.5万吨，在台湾的国民党残余势力还封锁、骚扰我沿海港口。空运能力几乎等于零，原有民航的所有飞机、驾驶员以及一应器材，全部被劫往香港。全国现代化运输的货

---

① 中共中央文献研究室编：《毛泽东传（1949～1976）》（上），北京，中央文献出版社，2003年，第1版，第60页。

① 中共中央文献研究室编：《毛泽东传（1949～1976）》（上），北京，中央文献出版社，2003年，第1版，第60页。
② 上海社会科学院经济研究所编：《上海资本主义工商业的社会主义改造》，上海，上海人民出版社，1980年，第1版，第71页。

物周转量只有 229.6 亿吨/公里，仅及战前最高水平（1936 年）的 42.7%。①

最后，人民生活困苦不堪。老解放区由于长期遭受敌人的进攻，负担十分沉重。为了支援前线，老区人民宁肯自己勒紧裤带吃糠咽菜，节衣缩食，支持人民军队解放全中国。新解放区长期在国民党反动派的压榨下，穷苦百姓早已贫困潦倒，痛不欲生，即使中产之家，生活状况也江河日下，破产逃亡者，与日俱增。国民党政府溃逃之时，又对这些地区进行了空前的洗劫。劫后余生的人民，又遇到严重的水灾危害。1949 年严重的水灾使全国 1.2 亿亩农田被淹，受灾人口达 4000 万。② 在城市，由于国民党反动派破坏了生产，工厂停工，工人处于失业和半失业状态，生活境况非常困难。新政权就是在这百孔千疮的破烂摊子上建立起来的。在这样的经济基础上建立起的国家财政，其困难状况可想而知。

（2）新中国成立前后出现的新问题

旧中国遗留下来的极端薄弱的经济基础是当时财政经济困难的主要根源。此外，随着解放战争在全国的胜利，又产生了一些新的问题，从而进一步加重了财政经济困难。这些新问题主要是财政支出急剧增加，军费开支庞大。当时，新政权虽已建立，但解放战争还在继续。1949 年军费开支约占财政收入的一半以上，1950 年占 41.1%。大批城市失业人员、农村灾民需要人民政府救济；随着解放区的扩大，国家管理机构也相应增加，政费开支剧增。到 1950 年全国脱产人员已增至 942 万。③ 这其中包括一大批原国民党军政人员。对于这批原国民党军政人员的处理，当时党中央和毛泽东采取十分慎重的态度。毛泽东指出：这些旧人员能不能不管他们呢？人家不走，拥护我们，不管他们要骂人，只好收。不收比收要差些。不收他们还是要吃饭，没有办法的时候就会去抢或偷，用破坏的方法。这比四千斤小米的代价就要多。要把这些人包下来，管他们吃饭。④ 无论国家财政怎样困难，也要把旧人员包下来，这是中共中央和毛泽东在中华人民共和国成立前夕就已经确定下来、在中华人民共和国成立后又一

① 宋新中主编：《当代中国财政史》，北京，中国财政经济出版社，1997 年，第 1 版，第 45 页。

② 赵德馨主编：《中华人民共和国经济史》，郑州，河南人民出版社，1989 年，第 1 版，第 76~77 页。

③ 陈云：《陈云文选（1949~1956）》，北京，人民出版社，1984 年，第 1 版，第 53 页。

④ 中共中央文献研究室编：《毛泽东传（1949~1976）》（上），北京，中央文献出版社，2003 年，第 1 版，第 67 页。

再重申的一项重要政策。用毛泽东的话说就是"三个人的饭五个人匀吃"①。在 1949 年 12 月 2 日中央人民政府委员会第四次会议上，毛泽东再次强调："人民政府在这个问题上应该采取负责的态度，只有这样才是对人民有利的。"② 把旧人员包下来，是人民政府在财政十分困难的情况下，采取的一项富有远见的措施，在政治上，它提高了人民政府的凝聚力，使天下大定，人心归一。当然，它在财政上带来的负担和压力也是巨大的，为此大约每年要多付出相当于 120 亿斤小米的开支，相当于 1949 年国家财政收入的 39.6%。③ 当时财政救济支出数额也很大，因为灾民急待救济，工人失业，知识分子没有出路，他们饥寒交迫，寄希望于新政府。人民政府为了安定社会秩序，争取不使一个人饿死，在极端困难的情况下，拨出大批粮食、物资对他们进行必要的救济，这也给人民政府造成了极大的财政压力。

此外，当时人民政府要恢复国民经济，也需要庞大的资金。修复重点工矿企业，抢修公路、铁路和桥梁，修治水利工程，恢复和建设城市及海港，这一切无不需要巨大的财政资金。上述必不可少的拨款，造成了巨额的财政支出，1949 年，全年共支出 567 亿斤小米。

与庞大的财政支出相比，当时财政收入的增长缓慢。造成这种状况的原因主要是，在老解放区，广大的人民群众长期支援革命战争，已经付出了巨大的人力物力，不宜再增加负担；在新解放区，因为战争刚结束，农村还没有进行土地改革，新的税法也没有建立，虽有部分地区已开始征收公粮，但收的少，进展不快。新解放区的城市也没来得及建立新的税收制度，征收的实收数与预定数存在着很大的距离。因为刚解放，土匪尚未肃清，他们活动猖獗，骚扰商旅，甚至抢劫破坏，无所不为；铁路、公路尚未全面恢复，致使交通阻塞，城乡物资交流不畅。其结果造成税源不足，税收不多。另外，由于季节限制，农业税一时无法征收入库，以致缓不济急。又兼灾荒，国家不仅不能从灾区获得农业税收入和其他收入，还要支付必要的资金进行救济，从而减少了财政收入。这一切都使国家财政收入不能随着财政支出的增加而增加，1949 年国家全年财政收入只相当于 303

　　① 中共中央文献研究室编：《毛泽东文集》（第 5 卷），北京，人民出版社，1996 年，第 1 版，第 335 页。

　　② 中共中央文献研究室编：《毛泽东文集》（第 6 卷），北京，人民出版社，1999 年，第 1 版，第 24 页。

　　③ 中共中央文献研究室编：《毛泽东传（1949～1976）》（上），北京，中央文献出版社，2003 年，第 1 版，第 67 页。

亿斤小米，与当时的支出（567 亿斤小米）相抵，赤字 264 亿斤小米，占支出总额的 46.5%。①

另外，当时财政的不统一，也加剧了财政困难。在革命战争年代，各个根据地、解放区的财经工作是完全分散经营的，各有货币，各管收支，统一的方面只有财经政策一项。这种分散经营的状况，是由当时解放区被分割的情况所决定的。1949 年，随着解放区的扩大，财政的某些方面逐渐统一了，这是新形势的要求，但这种统一，只是在货币发行（不包括东北）、财政支出等方面的统一，而更重要的财政收入方面，却未能统一。中央财政担负着军政费、经济建设费、救济费等主要支出，而主要收入——公粮和税收却均掌握在大行政区、各省、市县人民政府手里，收入的多寡、迟早，中央无法确实掌握。这种财政收支脱节的现象，不利于中央统一调度，不利于集中力量支援解放战争的最后胜利，而且削弱了本来就不很强的财政力量，加剧了财政困难，造成巨额财政赤字。

综上所述，在财政支出不断增加，而收入不能及时大量取得、粮食供应相当困难的情况下，财政困难越来越严重，人民政府不得不暂时依靠印发货币来弥补赤字。人民币的发行额，以 1948 年底为基数，到 1949 年 11 月增加约 100 倍，到 1950 年 2 月增至 270 倍。随着解放区的不断扩大、人口的不断增加，相应地增发货币是可以的。问题是，当时人民币都集中在少数大城市，在广大农村，由于有恶霸地主的盘踞，加上国民党遗留下来的土匪的骚扰，人民币很难下乡，不能及时占领农村的货币阵地，农村中银元交易或物物交换十分盛行。加上人民群众经历过国民党恶性通货膨胀的洗劫，产生了重物轻币的心理，从而加速了人民币的流通，加剧了通货膨胀的严重性。

（3）新中国成立初期投机资本的猖狂活动，是造成当时物价急剧上涨的重要原因

由于国民党统治时期，搜刮人民一贯采取通货膨胀政策，滥发纸币，造成物价飞涨。从 1937 年 6 月到 1949 年 5 月，国民政府通货增发 1445 亿倍，物价上涨了 4 万亿倍②，1948 年 8 月开始发行的金圆券，不到一年就完全变成了废纸。长期的恶性通货膨胀形成了一批能量不小的投机资

---

① 《当代中国的计划工作》办公室编：《中华人民共和国国民经济和社会发展计划大事辑要（1949~1985）》，北京，红旗出版社，1987 年，第 1 版，第 3 页。

② 孙健：《中国经济通史》（下卷），北京，中国人民大学出版社，2000 年，第 1 版，第 1468 页。

本，专门从事投机活动；甚至许多正当的工商业也把绝大部分精力和资本，用于投机活动，牟取暴利。中华人民共和国成立前，私营银行钱庄连同分支机构有1032家（不包括东北地区），大部分是在金融投机和商品投机中盲目发展起来的。它们的资本有限，吸收的存款不多，但投机性很大。北京、天津解放初期，对两市200余家行庄的调查发现，它们的资金有96%是从事直接或间接投机活动的。①旧上海，抗战以后畸形发展起来的许多厂商，大半依靠投机起家，以投机为主，从事买空卖空的活动代替了企业的正当经营。此外，各大城市还存在许多地下钱庄，私营拆放，从事投机。中华人民共和国建立初期，作为投机市场的领导力量的官僚资本被没收后，市场处在无人管理状态，秩序很混乱，因为国营经济刚刚建立，支配市场的力量还很薄弱，到1950年国营批发额只占23.2%，国营商业、供销合作社商业零售额只占14.9%。投机资本则凭借其在市场上的经济优势，乘机推波助澜，捣乱金融，囤积居奇，哄抬物价，致使全国除东北外，各地物价均处于剧烈上涨的局面。从1949年4月到1950年2月，全国接连四次出现物价大涨风。第一次是1949年4月，北京、天津等地投机资本利用华北地区春旱，哄抬粮价，引起物价普遍上涨。紧接着，这股涨风又波及山东、苏北和华中，而且涨势很猛。以华北地区批发物价为例，如以1948年12月为基数（100），1949年3月为261，5月则猛升为380。第二次是1949年7月，上海投机资本利用敌人对我封锁、捣乱和一些地区发生水灾、风害之际，操纵市场，以米价带头，纱布跟进，带动物价全面上涨，并波及华北、华中。从6月27日起到7月30日止，上海物价共波动33天，批发物价指数7月比6月上升了153.6%，而粮价更是上涨了4倍多。第三次涨价风从1949年10月中旬开始，北京奸商先以粮价带头，接着上海投机资本以纱布、五金带头，扩大涨势。一部分资本家利用解放区扩大、电讯恢复的条件，四方呼应，适成全国物价猛涨。上海投机资本家以"证券大楼"为总指挥部，把银元价格哄抬近2倍，带动全市物价13天内涨2.7倍。这次涨风来势猛，不仅上涨幅度大，而且延续时间长，达一个半月之久，投机资本也最猖獗。至11月25日止，上海批发物价指数比10月上旬上升326.2%，高时达到每天上升20%~30%的速度。同期，其他大城市物价上升三四倍，出现全国物价大幅度上涨的局面。以13个大城市的批发物价指数为例，如以1948年12

---

① 中国社会科学院经济研究所编：《中国资本主义工商业的社会主义改造》，北京，人民出版社，1978年，第1版，第149页。

月为100，到1949年11月高达5376。① 第四次涨价风发生于1950年2月，因在台湾的国民党残余力量对上海进行疯狂轰炸，电厂遭到严重破坏，导致工厂停工，纱布大量减产。投机资本家趁机抢购，一方面引起工业品的价格上涨；另一方面利用春节将至，消费品紧张，哄抬消费品价格上涨，又一次造成全国性涨风。在这次涨风中，物价波动幅度也较大，全国15个大中城市25种商品批发物价指数，如以1949年12月为100，到1950年1月为122.6，2月为203.3，3月为226.3。

投机资本掀起的这四次物价大涨风，使本来可以较缓上升的物价突飞猛涨，破坏了国民经济的正常运转，威胁着广大人民的生活，使整个经济形势趋于恶化。当时，帝国主义和国内外反动派幸灾乐祸，扬言：共产党将被这些无法解决的困难所压倒。资产阶级中不少人也认为，"共产党在军事上、政治上有一套，管经济还是不行"。刚刚诞生的新中国面临着严峻的考验。对于当时的财政经济状况，毛泽东用了三句话来概括："有困难的，有办法的，有希望的。"他说："我们的财政情况是有困难的，我们必须要向人民说明我们的困难所在，不要隐瞒这种困难。但是我们同时也必须向人民说明，我们确实有办法克服困难。我们既然有办法克服困难，我们的事业就是有希望的，我们的前途是光明的。"②

面对上述严峻的财政经济形势，中共中央和毛泽东把平抑物价作为稳定经济、稳定社会、稳定人心的中心环节，大刀阔斧地加以解决。毛泽东把这一重任交给了有理财之能的陈云。1949年7月，以陈云为主任的中央财政经济委员会甫一成立，便立即投入平抑物价和统一财经工作的战斗。

2. 打击投机资本，统一全国财经工作

（1）打击投机资本，稳定物价和金融

稳定物价和金融，是当时人民政府与工商业资本家特别是与不法资本家争夺对市场领导权的斗争。国家首先在城市中积极恢复和发展国营工业，建立和发展国营商业，在农村建立和发展供销社，加强对工农业产品主要是粮食和棉花的收购、调运工作，并着手建立市场管理制度，采用行政措施和经济力量相配合的方法，坚决打击投机势力。人民政府对稳定物价和金融，主要采取以下措施：

---

① 赵德馨主编：《中华人民共和国经济史》，郑州，河南人民出版社，1989年，第1版，第75页。
② 中共中央文献研究室编：《毛泽东文集》（第6卷），北京，人民出版社，1999年，第1版，第24页。

首先，通过国营贸易部门集中一些重要商品，收购、控制粮、棉、油等批发市场，利用老解放区作为后方，适时抛售粮、棉、油菜等重要物资，以打击投机资本。随着解放战争的不断胜利，人民政府没收了官僚资本主义企业，建立并发展社会主义国营经济，工农业生产开始得到一些恢复，以广大农村为依托，从而使国家有可能集中某些重要物资（如粮、棉、油等），适时投放市场，打击投机资本，稳定金融物价。新中国成立初期，人民政府在上海、北京、天津等重要城市成立了国营粮食和花纱布公司，大力组织粮食、纱布的收购与调运，在物价猛涨时及时地把大批粮食、纱布投放市场以平抑物价。1949年10月中旬，华北粮食价格上涨。为了保证京、津等地的粮食供应，东北粮食总公司与华北粮食公司签订供粮合同，大批粮食源源入关，使北京粮价很快趋于稳定。到1949年底，国营贸易部门掌握了粮食25亿公斤，控制了全国煤炭供应量的70%，棉纱的30%，布匹的50%。国营贸易部门掌握了这些重要物资，通过城乡供销合作社、消费合作社进行直接配售，排除投机商人的中间剥削，对平抑物价起了重要作用。

　　其次，加强金融行政管理，紧缩银根。在旧中国通货膨胀史上，金银、外币价格上升总是物价波动的先导。为根除此弊，人民政府于1948年12月1日发行全国统一通货人民币之后，于1949年4月、6月、8月，分别由华北、华东、华中、华南各解放区颁布金银和外币管理办法，允许个人持有金银，但禁止金银流通和私下买卖，由中国人民银行负责收兑，并整顿金银饰品行业，限定其业务经营范围；同时采取措施，肃清市场上流通的外国货币，由国家银行统一经营和管理外汇业务，发动群众开展反对银元、（黄）金、（美）钞投机的斗争。上海市军事管制委员会于6月10日一举查封了金融投机的大本营——证券大楼，拘留了一批投机分子，取得"银元之战"的胜利，使人民币得以比较顺利地进入市场流通。此外，还取缔了一些非法信用机构，把私营银行钱庄业务置于国家银行控制之下。在加强金融行政管理的同时，人民政府还采取了紧缩银根的措施。1949年11月5日，中财委决定紧急冻结未入市场的人民币10天；同年11月13日，又通令各地，除中财委及各地财委特许者外，其他贷款一律暂停，并按约收回贷款；地方经费凡可缓发半月或20天的，均应延缓半月或20天；工矿投资及收购资金，除中财委认可者外，一律暂停支付；并决定自11月25日左右开征几种有利于收缩银根作用的税收。

　　"银元之战"以后，人民币的地位得到巩固，但是上海以至全国的物价并没有停止上扬的势头。在"银元之战"中受到打击的上海投机资本不甘心失败，很快转向粮食、棉纱和煤炭市场，利用物资极其匮乏的机会，大做投机生意，引发又一次全国性涨价狂潮。有些人发出狂言："只要控制了两白一黑（指粮、棉和煤炭），就能置上海于死地。"

在这种情况下，以陈云为主任的中央财政经济委员会做出果断决定，以上海为主战场的十几个大城市，打一场平抑物价的"歼灭战"。就在投机资本哄抬物价、囤积居奇的时候，按照中共中央的统一部署，大批粮食、棉纱、煤炭从全国各地紧急调往上海、北京、天津等大城市。11 月 25 日，在物价上涨最猛的那天，各大城市按照中央统一部署，一起动手，双管齐下，一方面敞开抛售紧俏物资，使暴涨的物价迅速下跌；另一方面收紧银根，征收税款。这样一来，投机商资金周转失灵，囤积物资贬值，被迫低价抛售，两头失踏，纷纷破产。这就是新中国成立初期有名的"粮棉之战"。到 12 月 10 日，"粮棉之战"取得决定性胜利。上海一位有影响的民族资本家在事后说："六月银元风潮，中共是用政治力量压下去的。这次仅用经济力量就能压住，是上海工商界所料想不到的。"① 经过"银元之战"和"粮棉之战"两次交锋，民族资产阶级对中国共产党的治国理财能力有所认识，开始接受中国共产党和人民政府的领导。

（2）统一国家财政经济

中共从 1927 年开始直至 1948 年的 21 年间，各个革命根据地的财经工作是在统一政策的前提下分散经营的，这种财经的分散经营，在当时各根据被分割的情况下是完全正确的。但随着全国政治、经济客观形势的发展变化，迫切需要统一全国财经工作。从解放战争后期开始，中共就开始了统一财经工作的进程，中华人民共和国成立后则加快了这一工作的进程，因为当时国家在一穷二白的经济基础上，只有集中财力、在财政方面实行统收统支的政策，才能和资产阶级不法奸商进行有效的斗争。

上述反对投机资本的斗争取得了重大胜利，使物价出现了暂时的稳定。但这种稳定，并非建立在收支平衡和市场供求平衡的基础之上，当时政府的财政赤字还在逐月增大。为了确保物价的稳定，争取财政经济状况的尽快好转，1950 年中央人民政府决定发行人民胜利折实公债。

---

① 中共中央文献研究室编：《毛泽东传（1949~1976）》（上），北京，中央文献出版社，2003 年，第 1 版，第 62 页。

（二）人民胜利折实公债的发行

1949 年 12 月 2 日，中央人民政府委员会第四次会议通过《关于发行人民胜利折实公债的决定》，计划于 1950 年内发行两期折实公债。由于当时新中国刚成立，广大新解放区人民，特别是中小工商业者，曾经饱受国民党政府发行公债的掠夺之苦，对新中国发行公债的性质、目的、意义，尤其是信誉不甚了解，因而顾虑重重。广大干部对发行公债也缺乏足够的认识。人民政府预见到了这一情况，因而在发行公债之前，做了大量的思想准备工作。为保证公债发行的顺利进行，还做了种种策略上的部署。关于公债发行的思想准备工作，早在 1949 年下半年就着手进行了。这年的 8 月，陈云曾在上海财经会议上指出发行公债的必要性，分析了发行公债后将会发生的问题。他说，军费不能减，为收购棉花和出口物资而发行的钞票不能减，虽然提倡节约可以节省一些，但数目不能太大。在这种情况下，无非是发票子和发行公债两条路。他指出："假如只走前一条路，继续多发票子，通货膨胀，什么人都要吃亏。实际上有钱的人，并不保存很多的现钞，吃亏最大的首先是城市里靠薪资为生的人，其次是军队，以及党政机关的人员。少发票子就得发公债。"① 他指出："发行公债也是有困难的。目前工商业还不能正常生产和经营，公债派下去会'叫'的。"② 但是，发了公债，工商业不会垮，因为每月发出的钞票，超过公债收回的钞票，这只是有限度的收缩，对工商业影响不大。在 1949 年 12 月 2 日的中央人民政府委员会第四次会议上，陈云着重阐述了发行公债的作用和意义。他说："这种公债的作用，在于弥补一部分财政赤字。人民购买公债，在全国经济困难的情况下，也是一种负担。但是这种负担比起因增发钞票、币值下跌所受的损失来说，是比较小的。因为币值下跌的结果，其下跌部分是全部损失了的，而购买公债，在一时算来是负担，但是终究可以得到本息，不是损失。如果发行公债缩小赤字的结果，使明年的币值与物价情况比今年改善，则不但对全国靠工资生活的劳动人民和军队公教人员有好处，而且对于工商业的正常经营也是有益的。所以从全体人民的利益说来，发行公债比之多发钞票要好些。"③ 陈云还指出，为了保证人民政府发行公债的信誉，公债要折实，以牌价为准，有借有还，初发公债时，期限要短。

---

① 陈云：《陈云文选（1949~1956 年）》，北京，人民出版社，1984 年，第 1 版，第 6 页。
② 陈云：《陈云文选（1949~1956 年）》，北京，人民出版社，1984 年，第 1 版，第 7 页。
③ 陈云：《陈云文选（1949~1956 年）》，北京，人民出版社，1984 年，第 1 版，第 36 页。

为了避免由发行公债而引起的银根过紧，人民政府运用三种手段调节银根：一是调剂通货。在发公债时，把票子放出去，必要时再收回来，有吞有吐。至于什么时候吐出多少，收回多少，则根据具体情况而定。吐出的办法是收购物资，银根紧时，多投放票子，以收购物资，同时调整工农业产品的比价。二是调剂公债发放的数量。各月的公债发放数量，应根据情况灵活掌握，在时间上可长可短，在数量上可多可少。例如，新粮上市，票子下乡，银根会紧，就要注意到城乡公债的发行比例。三是调剂黄金、美钞收进的数量。黄金、美钞收多少，视具体情况而定。如果物价平稳，银根较紧，即可多收进一些，放出票子，以缓和银根紧的状况。

在作了一系列细致的思想工作和慎重的策略部署之后，政务院于1949年12月16日召开第十一次政务会议，决定并公布了《1950年第一期人民胜利折实公债条例》，主要内容为：

"第一条 中华人民共和国中央人民政府为支援人民解放战争，迅速统一全国，以利安定民生，走上恢复和发展经济的轨道，特发行一九五〇年人民胜利折实公债。

第二条 本公债之募集及还本付息，均以实物为计算标准，其单位定名为'分'，总额为二万万分，于一九五〇年内分期发行，第一期债额定为一万万分，于一月五日开始发行。

第三条 本期公债每分值依下列规定计算之：

一、每分所含之实物为：大米（天津为小米）六市斤，面粉一市斤半，白细布四市尺，煤炭十六市斤。

二、上项实物之价格以上海、天津、汉口、西安、广州、重庆六大城市之批发价，用加权平均法计算之；其权重定为：上海百分之四十五，天津百分之二十，汉口百分之十，广州百分之十，西安百分之五，重庆百分之十。

三、每分公债应折之金额由中国人民银行依照本条一、二两项规定之计算法计算，每旬公布一次，以上旬平均每分之折合金额为本旬收付债款之标准。

第四条 本期公债票面额分为：一分、十分、一百分、五百分四种。

第五条 本期公债分五年做五次偿还，自一九五一年起，每年三月三十日抽签还本一次，第一次抽还总额为百分之十；第二次抽还总额为百分之十五；第三次抽还总额为百分之二十；第四次抽还总额为百分之二十五。其余百分之三十于第五年还清。

第六条 本期公债利率定为年息五厘，照本条例第三条所规定之折实计算标准付给。自一九五一年起，每年三月三十一日付息一次。

第七条　认购公债人须按缴款时中国人民银行公布每分之折合金额用人民币缴纳，换取债票。

第八条　本公债之发行及还本付息事宜，指定由中国人民银行及其所属机构办理之：中国人民银行尚未设置机构之地区，得由中国人民银行委托其他机关代理之。

第九条　本公债不得代替货币流通市面，不得向国家银行抵押，并不得用以作投机买卖。

第十条　凡有伪造本公债或损害本公债信用行为者，依法惩处之。

第十一条　本条例自公布之日施行。"①

为了顺利做好公债的发行工作，中央人民政府政务院（即国务院）向全国下达了《关于发行1950年第一期人民胜利折实公债的指示》，主要精神为：一是按照各大行政区城市的多寡、大小、人口的多少，经济情况的好坏以及人民政权工作进展的程度等，给各大区分配了公债推销任务：华东区4500万分、中南区3000万分、华北区1500万分、西南区700万分、西北区300万分。二是宣传发行公债的原因和目的。三是宣传公债的特点。四是宣传公债的推销要求。五是规定公债的推销对象，"主要应放在大、中、小城市的工商业者、城乡的殷实富户和富有的退职文武官吏"。同时要求各级人民政府在推销过程中，必须审慎地区分大、中、小工商业者和殷实富户，合理地分配推销数。要求各级政府在推销公债过程中，要利用各种机会、各种场合、各种会议等向爱国的工商业界和殷实富户反复说明发行人民胜利折实公债的目的，使大家踊跃购买，为国家出份力，以克服祖国建设中所遇到的暂时的财政困难。六是要求各县市以上各级人民政府，应成立人民胜利折实公债推销委员会，指定专人负责；吸收财政、银行、贸易等部门负责人和各民主党派、人民团体等人士参加，负责办理推销与宣传事宜。②

1949年12月30日财政部发布了《委托人民银行发行人民胜利折实公债的通告》，中国人民银行根据中央人民政府的决定，于1949年底制定了详细的《代理财政部发行公债办法》，并迅速下发到各分支机构贯彻执行。

---

① 中国人民银行国库司编：《国家债券制度汇编（1949～1988年）》，北京，中国财政经济出版社，1989年，第1版，第2～3页。

② 中国人民银行国库司编：《国家债券制度汇编（1949～1988年）》，北京，中国财政经济出版社，1989年，第1版，第4～7页。

由于中央人民政府的高度重视和财政部、中国人民银行总行的具体措施得力，地方各级政府和党政领导非常重视，立即成立了人民胜利折实公债推销委员会（有的叫募集委员会），利用一切宣传工具宣传发行公债的目的和重要性；召开各种座谈会，宣讲公债发行的可行性、可靠性和必要性，并与各级人民银行研究，分解下达了各级、各行业的公债推销任务，使 1950 年第一期人民胜利折实公债（实际上也只发行了这一期）发行的准备工作在 1950 年的元月上旬就基本落到了实处。同时，中国人民银行做了大量工作，如公债的设计、审定、印刷、邮运、销售，公债所需凭证和账表的设计、印刷、下发，销售人员（特别是技术人员，如金银鉴别）的调整配备，销售场所的选定与安全保卫，具体操作中可能出现问题的设想与解决预案等。在百废待兴的社会状况下，公债的发行准备为人民政权初建时，在全国范围内大数量、大面额债券顺利发行打下了扎实基础。①

由于人民政府在发行公债的前后，通过宣传工具，大力宣传发行公债的目的和意义，从而提高了全国人民的思想认识，在公债发行之际，刚解放了的人民群众，发扬爱国主义热忱，积极带头认购公债，人人踊跃购买公债，使公债发行得异常顺利。1950 年 2 月，全国许多地区和大中城市都超额完成公债推销任务。3 月中旬，一期折实公债已销 6400 余万分，华北、华东完成 84% 强。4 月 1 日，京津两市及豫绥察三省实销公债均超过原分配额。随后，沙市、宜昌、长沙、太原、福建、徐州、福建、浙江等地实缴均超过原分配额。一期公债实缴任务到 5 月初基本完成。②

由于第一期发行超额完成任务，达到原定两期发行总额的 70.4%，加上此后财政状况好转，第二期公债停止发行。在新中国成立初期物价尚未稳定的时候，采取折实办法发行公债，是人民政府对公债购买人负责的表现，也表明了新中国公债的信誉。

人民胜利折实公债的发行数量虽然不大，但其作用是非常明显的：一是减少现钞发行，有计划地回笼了大量货币，为稳定物价起了很大作用；二是有力地支持了解放战争在全国范围的完成；三是弥补了部分财政赤字；四是为解决当时 900 万军队和行政人员的供给、400 多万旧职（国民党）人员的接收与安置，提供了一定帮助；五是缓解了老解放区人民在人力、物力、财力上支持战争、支援新解放区的压力；六是为以后经济建

---

① 谢启才：《人民胜利折实公债初探》，《中国钱币》2008 年第 2 期。
② 《人民日报》1950 年 2 月、3 月 12 日、4 月 1 日、4 月 5 日。转引自迟爱萍：《新中国第一年的中财委研究》，上海，复旦大学出版社，2007 年，第 1 版，第 228 页。

设公债在全国范围的发行积累了经验和信誉。①

在国内发行人民胜利折实公债的同时，1950 年 2 月 14 日，中央人民政府还与苏维埃社会主义共和国联盟政府签署了关于贷款给中华人民共和国的协定，接受苏方 3 亿美元的贷款，年利率为 1%，自 1950 年起在五年期间，每年以贷款总额的五分之一，即 6000 万美元的物资交付中国。中国则在十年内以原料、茶、人民币和美钞分次偿还。中财委通令规定：此项收入列入国家预算，贷款物资分配给各部门使用时，应作为财政上的正式投资，而不应视作预算外之拨付；贷款的管理、使用、还本付息等事宜，均统一由中央人民政府财政部负责办理。②

新中国成立之初内债和外债的并行，充盈了国家财政，使国民经济的恢复与发展获得一定的资金支持。

二、经济建设公债

（一）经济建设公债发行的历史背景

第一，大规模经济建设对资金的巨大需求。随着土地改革的完成和国民经济的恢复，从 1953 年起，中国开始了有计划的社会主义建设和改造任务，这一任务集中体现在中共七届四中全会通过的过渡时期总路线中："从中华人民共和国成立，到社会主义改造基本完成，这是一个过渡时期。党在过渡时期的总路线和总任务，是要在一个相当长的时期内，逐步实现国家的社会主义工业化，并逐步实现国家对农业、对手工业和对资本主义商业的社会主义改造。"社会主义工业化作为过渡时期总路线的主体，它的基本内容是：建立独立完整的工业体系，改变工业的落后状况，提高国家自力更生的能力，力争经过大约三个五年计划，把中国建设成为一个强大的社会主义工业国。这是中国人民自近代以来梦寐以求的伟大理想。为贯彻总路线，中国开始制定和实施第一个五年计划，其基本任务是：集中主要力量进行以苏联帮助中国设计的 156 项建设单位为中心的、由限额③以上的 694 项建设单位组成的工业建设，建立中国的社会主义工

---

①　谢启才：《人民胜利折实公债初探》，《中国钱币》2008 年第 2 期。

②　1950 年 9 月 1 日，政务院财政经济委员会通令规定：苏联对中国贷款统一由中央人民政府财政部管理。参见中国社会科学院、中央档案馆编：《1949～1952 中华人民共和国经济档案资料选编》（财政卷），北京，经济管理出版社，1995 年，第 1 版，第 627～628 页。

③　这里讲的限额，是指按基本建设总投资的多少所确定的投资额，如 1954 年规定钢铁工业的投资限额为 1000 万元，纺织工业的投资限额为 500 万元。限额以上的项目，一般为国家重点项目，参见周恩来选集编委会编：《周恩来选集》（下卷），北京，人民出版社，1984 年，第 1版，第 500 页注 123。

业化的初步基础；发展部分集体所有制的农业生产合作社，并发展手工业生产合作社，建立对于农业和手工业的社会主义改造的初步基础；把资本主义工商业基本上分别纳入各种形式的国家资本主义的轨道，建立对于私营工商业的社会主义改造的基础。由于旧中国遗留下来的现代工业在产业结构上，重工业与轻工业相比，过于薄弱，人民政府接收下来的基本上以轻工业为主的殖民地、半殖民地经济，重工业成为工业发展的瓶颈。因此，"一五"期间的资源配置主要倾向工业，在工业中又明显投向重工业。实现国家工业化是一项极其艰巨和复杂的任务，20世纪50年代初期，中国的工业化条件既有有利的一面，也存在着不少困难。就有利的条件来说，新中国的成立结束了100余年来的政治腐败、遭受侵略、社会动荡的惨痛局面，建立了一个独立统一的现代民主国家。从政治上看，中国共产党建立了一个高效、廉洁的政府，这个政府得到了绝大多数人民的衷心拥护和支持，中国共产党具有强大的动员号召能力。这是战后任何一个发展中国家所无法比拟的；从经济上看，民主革命彻底清除了阻碍中国经济发展的封建制度、官僚资本、不平等条约，通过统一财经、调整工商业、"三反""五反"等重大举措，对经济环境进行了整顿，使中国的经济环境（如通货膨胀率、社会就业率等）有了很大改善。从国际环境看，西方对中国的封锁、禁运固然给中国的工业化带来很大困难，但是我们同时得到了苏联无私的经济技术援助，这种大规模、全面的经济技术援助，不仅中国历史上没有过，而且在当时世界上也是不多见的。① 就中国工业化的困难而言，主要是人口多、底子薄、经济发展不平衡、劳动力文化素质低等。当时，中国近代经济成分只占国民经济总产值的29%，新中国的现代工业和经济基础还十分薄弱，"现在我们能造什么？能造桌子椅子，能造茶碗茶壶，能种粮食，还能磨成面粉，还能造纸，但是，一辆汽车、一架飞机、一辆坦克、一辆拖拉机都不能造。"② 中国工业化面临的另个主要障碍是资金短缺问题。当时中国还是一个落后的农业国，又经过长期战争破坏，工业化所需资金严重不足。按照"一五"计划的设想，五年内国家对于经济和文化教育事业的支出总数为766.4亿元，其中国家财政拨款为741.3亿元，由中央各经济部门和各省市动员的内部资金为25.1亿元，折合黄金7亿两以上。1952年，中国的国民收入仅589亿元，

---

① 武力主编：《中华人民共和国经济史》（上卷），北京，中国时代经济出版社，2010年，第2版，第173页。

② 中共中央文献编辑委员会编：《毛泽东著作选读》（下册），北京，人民出版社，1986年，第1版，第711页。

人均国民收入 104 元。① 用这样大量的资金来进行国家经济建设，在中国历史上是空前的。世界各国为工业化筹集资金有着各种不同的途径。当时的中国已经建立了以社会主义制度为发展方向的先进的新民主主义社会制度，这就决定了她在筹集建设资金上不可能走西方资本主义国家曾经走过的那种靠战争赔款和掠夺海外市场和殖民地附属国等道路，而只能走自力更生为主的道路，即立足国内，依靠发展经济、厉行节约来积累工业化资金，因此，国家财政资金成为中国工业化资金的主要来源。对资金的巨大需求是 20 世纪 50 年代发行经济建设公债的直接原因。

另外，1953 年，基于加快经济发展速度的考虑，财政部门由于缺乏经验，在编制 1953 年国家预算时，基本建设规模安排过大，执行结果不仅动用了上年财政结余（20 多亿元），而且产生了实际动用信贷资金搞基本建设的现象，结果加重了财政支出规模的膨胀势头，一度出现了财政收支和信贷资金的紧张。

第二，可能的财政赤字也是促使公债发行的原因之一。新中国成立初期，据当时对财政收支的估计，1953 ~ 1957 年的各年度都有可能出现财政赤字，赤字预计为 1953 年度 35 亿元，1954 年度 29 亿元，1955 年度 38 亿元，1956 年度 25 亿元，1957 年度 2.5 亿元。因此，在国家财政收入最主要的来源——税收和企业利润相对有限的情况下，借鉴新中国成立初期发行人民胜利折实公债的成功经验，运用公债作为筹集资金的辅助手段，应对可能出现的财政赤字成为当时重要的一项财政政策。

第三，苏联公债理论和实践经验的影响。1950 年 2 月，中国政府同苏联政府共同签订了中苏友好同盟互助条约，开始了新中国成立初期中苏关系的蜜月期。1953 年 2 月，毛泽东在中国人民政治协商会议全国委员会第四次会议上的讲话中指出：进行大规模的国家建设，我们的经验是不够的，要诚心诚意地向苏联学习，在全国范围内掀起学习苏联的高潮。② 向苏联学习，主要是学习其先进的技术和建设经验，包括其在公债实践方面的经验。苏联在社会主义建设时期，曾多次发行公债，他们把发行公债看作经济和文化建设的重要的财政辅助手段。从 1922 年 5 月发行第一次国内短期谷物公债到 20 世纪 50 年代中期，苏联已经有 30 余年公债发行

---

① 董辅礽主编：《中华人民共和国经济史》（上卷），北京，经济科学出版社，1999 年，第 1 版，第 130 页。

② 转引自董辅礽主编：《中华人民共和国经济史》（上卷），北京，经济科学出版社，1999 年，第 1 版，第 273 页。

的历史，发行总额达到 3000 多亿卢布①，拥有比较完整的公债理论体系和丰富的发行经验。苏联的实践经验表明，公债的发行可以把分散在人民手中的零星的闲置资金，集中起来用于重大的建设事业，并可以使人民获得福利和养成节约储蓄的习惯。因此，中国 50 年代国家经济建设公债是以苏联的公债理论和实践经验为指导，结合中国国情而发行的。

第四，抗美援朝运动胜利后，中国开始出现安定团结、和谐稳定的社会局面，这是公债发行的有利的客观条件。公债的发行以国家信用为基础，随着中国政权的日益巩固和国民经济的恢复，政府已为广大人民所信任，国家信用很高。人民已经亲身体验到 1950 年人民胜利折实公债所带来的实惠和国家的信用。经过新中国成立初期几次重大政治运动的洗礼，人民的政治觉悟大大提高。全国人民拥护和支持国家各项重大的政治和经济措施，包括国家经济建设公债的发行。

另外，从公债的应债来源讲，人民生活水平的提高是能够发行全国性公债的重要前提。随着新中国经济的逐步恢复，国家财政状况根本好转，人民物质文化生活水平有了显著的改善和提高。1952 年，全国各地区职工的平均工资比 1949 年增加了 60% ~ 120%，农民的净货币收入从 1949 年的 68.5 亿元增至 1952 年的 127.9 亿元，增幅接近一倍。由于旧中国通货恶性膨胀、物价飞涨的局面被彻底根除，尤其是粮食、日用品等价格稳定，老百姓不再竞相争购实物，而是转为到银行存储货币，使得银行存款激增，到 1952 年底，全国储蓄存款比 1949 年底增加了 76.5 倍，而且定期存款逐渐增多。② 总之，到 1953 年底，工商企业和资本持有者有了正常开展经济活动的环境和条件，开始有能力大量投资于公债。

（二）经济建设公债的发行

1953 年是中国执行第一个五年计划的第一年，经济建设需要大量资金。为此，在这一年年初，中央就有了发行公债的意向。在 1953 年 2 月 12 日中央人民政府委员会第 23 次会议上，财政部部长薄一波向大会所做的《关于一九五三年国家预算的报告》中提到，要在适当时机发行公债，作为当年国家预算的一项收入，"由全国职员、工人、农民和工商业者按照自愿原则认购。公债一方面是人民的储蓄，一方面又是人民对国家关心的一种表现，它是爱国主义的。涓涓之水，流为江河，小额的金钱只要聚

---

① 邓子基编著：《两种社会制度下的国家公债》，上海，上海人民出版社，1956 年，第 1 版，第 32 页。

② 以上数据参见董辅礽主编：《中华人民共和国经济史》（上卷），北京，经济科学出版社，1999 年，第 1 版，第 110 ~ 112 页。

集起来，就可以对国家建设发生积极的作用。"① 同年 11 月 30 日，中国人民政治协商会议全国委员会常务委员会举行第 51 次扩大会议，政务院副总理兼财政部部长邓小平在会上作了关于发行 1954 年国家经济建设公债问题的报告，主要就发行这次公债的必要性作了说明，他指出："目前正当国家进入大规模建设时期，国家预算的收入部分，除了绝大部分依靠税收和国营企业利润两项以外，公债也是其中的一项。根据苏联的经验，发行公债是筹集社会主义工业化资金的重要的和经常的方法之一，因此，这次公债的发行有它更重要的意义。"② 会议通过了邓小平所作的报告和《1954 年国家经济建设公债条例（草案）》及《中央人民政府政务院关于发行 1954 年国家经济建设公债的指示（草稿）》。12 月 9 日，中央人民政府委员会第 29 次会议通过并公布了《1954 年国家经济建设公债条例》，政务院发出《关于发行 1954 年国家经济建设公债的指示》。至此，发行公债的各项准备工作都已完成，第一期国家经济建设公债于 1954 年 1 月正式发行。按照《1954 年国家经济建设公债条例》的规定，第一期建设公债发行总额为人民币 6 万亿元（旧币），面额为 1 万元、2 万元、5 万元、10 万元及 50 万元五种。利率定为年息 4 厘，自 1955 年起，每年 9 月 30 日付息一次。本金分八年作八次偿还，自 1955 年起，每年 9 月 30 日抽签还本一次。条例规定公债不得当作货币流通，不得向国家银行和公私合营银行抵押。③ 在《政务院关于发行 1954 年国家经济建设公债的指示》中，特别指明发行公债的目的是"为了加速国家经济建设而发行"，因此，定名为"国家经济建设"公债，阐明了公债的推销对象，预定在城市推销 42000 亿元（其中工人、店员、政府机关、团体、部队干部以及文化教育工作人员分配 10000 亿元，私营工商业、公私合营企业的私方及其他城市居民分配 32000 亿元），在农村推销 18000 亿元。指示要求在 1953 年底以前做好准备工作，1954 年 1 月开始推销、认购和收款，到 11 月底结束。自 1954 年 10 月 1 日起计付利息。对提前缴款者，采用贴息办法，以资鼓励。指示还就推销方法、宣传工作等问题作了规定。④ 公债发行的

① 财政科学研究所编：《十年来财政资料汇编》（第 2 辑），北京，财政出版社，1959 年，第 1 版，第 68 页。

② 新华社：《政协全国委员会常委会举行扩大会议讨论发行建设公债问题》，《人民日报》1953 年 12 月 8 日。

③ 中国人民银行国库司编：《国家债券制度汇编（1949～1988 年）》，北京，中国财政经济出版社，1989 年，第 1 版，第 7～8 页。

④ 中国人民银行国库司编：《国家债券制度汇编（1949～1988 年）》，北京，中国财政经济出版社，1989 年，第 1 版，第 9～12 页。

具体事务，如公债的印刷、发行、经收债款、还本付息和债券收回、销毁及其他事项等，由财政部委托中国人民银行办理。

通过广泛的组织动员和舆论宣传，1954 年经济建设公债的发行得到了广大人民群众的积极支持，至当年 7 月 24 日，全国认购总额已达 9.2 万亿余元，超过了原定额（6 万亿元）。7 月 20 日，全国公债缴款总额也已达认购总额的 66.6%。其中东北区已达 92.41%，华北区达 76.19%，内蒙古区达 75.25%，华东区达 68.38%，西南区达 56.93%，西北区达 50.44%，中南区达 47.22%。[①] 财政部根据政务院指示，通知全国各地在 8 月 10 日以后一律停止认购，并宣布当年公债的认购工作胜利结束。第四季度，各地除了做好对未完成户的调查研究工作，继续加强督促交款外，还对缴款困难的群众作了适当的照顾措施，进行了"核减"工作，至 1954 年底，对少数确有困难无法缴清债款的群众，经过本人申请，按照程序请上级确定减免其未交部分的全部或部分。[②] 至此，1954 年国家经济建设公债的发行工作圆满结束。

在第一期经济建设公债顺利发行的基础上，1954 年 12 月 16 日和 26 日国务院全体会议第三次会议和全国人大常务委员会第三次会议先后通过并公布《1955 年国家经济建设公债条例》，规定 1955 年经济建设公债发行总额为人民币 6 万亿元[③]，面额为 1 万元、2 万元、5 万元、10 万元、50 万元和 100 万元六种。利率定为年息 4 厘，自 1956 年起，每年 9 月 30 日付息一次。本金分十年作十次偿还，自 1956 年起，每年 9 月 30 日抽签还本一次。公债从 1955 年 1 月开始发行，从 1955 年 10 月 1 日起计息，提前交款的，按照规定利率贴息。与 1954 年公债相同，公债不得当作货币流通，不得向国家银行和公私合营银行抵押。[④] 在《国务院关于发行 1955 年国家经济建设公债的指示》中，预定在职工中推销 15000 亿元（其中工人、店员、政府机关、团体和及文化教育工作人员推销 14000 亿元，部队干部推销 1000 亿元），在农村推销 18000 亿元，在城市私营工商业（包括股东和资方代理人）、公私合营企业的私方及其他城市居民中推

---

① 《国家经济建设公债认购工作胜利结束全国认购总额超过九万亿缴款总额已达认购总额的百分之六十六》，《人民日报》1954 年 8 月 8 日。

② 池薇：《1954～1958 年国家经济建设公债》，复旦大学 2008 年硕士学位论文，第 14 页。

③ 此次发行的公债定额及面额仍为旧币。1955 年 2 月 20 日国务院发布关于发行新的人民币和收回现行人民币的命令，规定自当年 3 月 1 日起新人民币开始发行，旧币 1 万元折合新币 1 元，故 1954 年、1955 年两期公债在偿还本息时，按 1 万元折合新币 1 元的比价付给新人民币。

④ 中国人民银行国库司编：《国家债券制度汇编（1949～1988 年）》，北京，中国财政经济出版社，1989 年，第 1 版，第 13 页。

销 27000 亿元。① 此次公债仍由财政部委托中国人民银行发行。

1955 年 11 月 10 日，第一届全国人大常委会第 26 次会议通过《1956 年国家经济建设公债条例》，决定发行 1956 年经济建设公债。② 接着，1956 年 12 月 29 日，第一届全国人大常委会第 52 次会议通过了《1957 年经济建设公债条例》，决定发行 1957 年经济建设公债。③ 这两期公债的发行数额都为人民币 6 亿元，其利率仍为年息 4 厘，本金分十年作十次偿还。其他规定都与 1954 年公债相同。

1957 年 11 月 6 日，第一届全国人大常委会第 83 次会议通过了《1958 年国家经济建设公债条例》，决定 1958 年公债发行总额定为 6.3 亿元，年息 4 厘，本金分十年作十次偿还，自 1959 年起每年 9 月 30 日抽签还本一次。④ 与前四期公债相比，此次公债的发行定额从往年的 6 亿元增加到 6.3 亿元。另外，为简化发行手续、节约成本，规定公债的利息改为在偿还本金的时候一次付给，不计复利。

1958 年 4 月 29 日，国务院第 77 次全体会议通过《关于从 1959 年起停止发行国家经济建设公债和允许各省、自治区、直辖市发行地方经济建设公债议案》及《中华人民共和国地方经济建设公债条例（草案）》。1958 年 6 月经第一届全国人民代表大会常务委员会批准，从 1959 年起全国性经济建设公债停止发行，同时正式公布《中华人民共和国地方经济建设公债条例》，规定各省、自治区、直辖市可以在认为必要的时候，发行一定数量（应当根据需要和可能加以控制）、期限较短（一般不超过五年）的地方经济建设公债⑤，这意味着中国第一次大规模发行国债的工作宣告结束。

（三）经济建设公债成功发行的经验及作用

20 世纪 50 年经济建设公债的发行是一项全民性的大工程，它规模大、涉及面广，能否科学地推销预定的发行数量，成为整个公债发行工作

① 中国人民银行国库司编：《国家债券制度汇编（1949～1988 年）》，北京，中国财政经济出版社，1989 年，第 1 版，第 15 页。

② 中国人民银行国库司编：《国家债券制度汇编（1949～1988 年）》，北京，中国财政经济出版社，1989 年，第 1 版，第 17 页。

③ 中国人民银行国库司编：《国家债券制度汇编（1949～1988 年）》，北京，中国财政经济出版社，1989 年，第 1 版，第 19 页。

④ 中国人民银行国库司编：《国家债券制度汇编（1949～1988 年）》，北京，中国财政经济出版社，1989 年，第 1 版，第 21 页。

⑤ 中国人民银行国库司编：《国家债券制度汇编（1949～1988 年）》，北京，中国财政经济出版社，1989 年，第 1 版，第 24 页。

的关键。

这五期经济建设公债的推销工作，全部由财政部负责办理，委托中国人民银行及其所属机构具体经办。根据当时的历史条件，公债的发行没有采取市场推销的方式，而是实事求是地以"群众认购"为主的方式进行推销①，如这五期公债发行条例的第八条都规定，公债债券不得当作货币流通，不得向国家银行和公私合营银行抵押②。

为了顺利完成推销工作，全国成立了各级公债推销委员会，组织认购缴款的工作，推销委员会具体的结构设置则采取了条块结合的方式。这种条块结合的设置模式是由中央分配公债发行数额的方式所决定。中央根据各地区、各阶层人民实际生活情况，从社会阶层和地域两个方面分配公债发行数额。从社会阶层讲，公债的推销，在城市重点是以工人、店员、机关团体和部队干部为对象，其次是以私营工商业、公私合营企业的私方构成的工商业者阶层，在农村是则广大农民，具体的的推销数已如前述。至于地域方面，中央也根据各地经济水平情况，对各地区的发行数额作了安排，以1954年公债为例，各地分配数和实缴数如表1-2所示。

表1-2　　　　1954年经济建设公债分配与实缴情况统计　　　单位：万元,%

分配数字地区	分配任务	实际缴款	实缴占分配比
华北地区	8770	11160.49479	127.31
北京	1700	2890.9956	170.06
天津	3200	4015.1515	125.47
华东地区	226370	304630062	134.57
上海	118000	164409.278	139.33
中南地区	139130	165252.219	118.78
广东	49500	62458.8844	126.18
西北地区	22390	44118.615	197.05
西南地区	58525	93152.667	159.17
内蒙古地区	4500	7983.567	177.41

资料来源：根据财政部统计数据整理。

在发行数额上条块结合、统筹安排，有利于落实公债的认购工作，而各推销机构的设置也以此为参照，既兼顾地区，又兼顾行业阶层。如

---

① 李增添：《1954年至1958年国家经济建设公债发行述论》，《北京党史》2007年第5期。
② 1958年的《国家经济建设公债条例》第八条中删去了"不得向国家银行和公私合营银行抵押"字样。

1953 年底上海成立推销公债委员会党组，在"依靠党委，统一领导"、"统一计划，分配包干"、"以条为主，以块为辅"原则下，成立上海市推销 1954 年公债委员会，并按系统先后成立工商界、职工、里弄妇女（包括宗教）、郊区农民四个总分会及所属分支机构。① 当然，这样的结构设置也容易导致机构臃肿和办事人员过多的现象，降低了工作的效率。

中央在推销经济建设公债过程中，贯彻了"合理分配、自愿、量力"的原则。在城市的推销，采取了由人民自愿，"一次认购，分期缴款"的方法。对于机关、企业、团体、学校的职工及部队干部，"一次认购后，由所在单位在其工资或津贴内分期代缴，自愿一次缴纳者亦可一次缴纳"。"为防止有些职工和部队干部认购过多，以致影响日常生活，规定职工和部队干部每人认购数额一般以不超过一个月的工资或津贴费的 50% 为限。"对于私营工商业、公私合营企业的私方及其他城市居民，在公债缴款时间上也结合征收所得税的时间做了适当安排，以照顾其缴款的便利。② 在农村的推销，采取合理分配与自愿认购相结合的方法，根据农民的实际经济情况合理分配推销数字，由农民自愿认购。在"农民可能而又自愿时，可以多购，但不必认购过多，以免影响生活，一般以不超过原分配数二分之一为限"。同时，还特别强调："对于无力购买之工人、农民、公教人员及其他各界人民，不得强令购买"③，坚决防止强迫命令的做法。

为了公债推销工作的顺利完成，各级政府都十分重视宣传、动员工作。在公债发行前和发行过程中，做好充分的宣传动员，使人民了解发行公债的意义及其对公私的利益，从而乐于认购。党和政府通过宣传教育，"详细解释公债条例，介绍认购公债的办法，使全国人民都能懂得发行公债的道理和办法；尤其是对广大农村，除了做好宣传工作，使家喻户晓以外，还必须加强推销公债的组织工作"④。各地充分利用了各种机会、各种场合，如各级人民代表大会、工商联合会、农民协会、各种座谈会等，结合国家在过渡时期的总路线和总任务的教育，结合人民政府对 1950 年人民胜利折实公债还本付息所树立的信用，向各界人民说明发行公债的政

---

① 《市财政局一九五四年公债工作总结》，上海市档案馆藏档，档号 B104 - 1 - 197。转引自池薇：《1954 ~ 1958 年国家经济建设公债》，复旦大学 2008 年硕士学位论文，第 16 页。

② 中国人民银行国库司编：《国家债券制度汇编（1949 ~ 1988 年）》，北京，中国财政经济出版社，1989 年，第 1 版，第 15 ~ 16 页。

③ 中国人民银行国库司编：《国家债券制度汇编（1949 ~ 1988 年）》，北京，中国财政经济出版社，1989 年，第 1 版，第 11 页。

④ 《超额认购国家经济建设公债》，《山西政报》1956 年第 2 期。

治和经济意义，及其对国家和人民的好处。为此，各级公债推销委员会设有宣传部，下设群众宣传、新闻、文化广播等各处。一般采取的宣传教育方法是编写公债宣传手册，拟定标语口号，创作宣传歌曲、招贴画、漫画、快板、短剧等。① 值得一提的是，《人民日报》、《光明日报》等报纸在宣传报道方面发挥了重要作用。如 1953 年 12 月 8 日至 31 日，仅《人民日报》就刊登了 22 篇涉及经济建设公债的文章②，进行 1954 年公债的宣传动员。各地主要报刊也都及时转载并发表相关社论、文章等。充分的宣传动员，使人民了解了发行公债的意义及其对公对私的利益。各人民团体、民主党派、部队官兵、群众和华侨对此给予了积极响应，表示拥护政府发行公债。党和政府通过各种途径广泛宣传公债的意义，为公债发行的后续工作——认购和缴款奠定了坚实的基础。总之，通过广泛的宣传、动员，使经济建设公债的发行得到全国人民的积极响应和全力支持，这是公债成功发行最主要的经验。

公债的还本付息是公债运行过程中的一个重要环节，它不但关系到当时的公债能否顺利发行，还会影响到政府后续公债政策的实施。如旧中国历届政府，从晚清政府、北洋政府到南京国民政府的债信都不佳，政府只管公债的发行，不管公债能不能如期偿还。新中国成立后，人民政府对所发行的第一笔公债——人民胜利折实公债及时进行了还本付息，初步建立了良好的债信。50 年代的国家经济建设公债发行后，党和政府对于还本付息工作极为重视，财政部和中国人民银行等及时制定并颁布有关还本付息的法规政策，在《中国人民银行关于 1954 年经建公债 1955 年度还本付息工作的指示》中，强调"还本付息工作，将直接影响国家公债的信用和今后公债的发行，是有重大政治意义的"③。由于这五期建设公债是连续发行的，每年都要还本付息，造成几期公债的还本付息工作交织在一起。另外，发行张数多，持券人数多，居住分散等，使得建设公债的还本付息任务非常繁重。人民政府在具体的兑付工作中不断探索完善工作方法，以方便群众兑付。针对 1954 年、1955 年公债兑付中出现的"误付未中签债券，误剪未到期息票和误剪票角，以及误收涂改号码债券现象"④

---

① 李增添：《1954 年至 1958 年国家经济建设公债发行述论》，《北京党史》2007 年第 5 期。
② 池薇：《1954～1958 年国家经济建设公债》，复旦大学 2008 年硕士学位论文，第 18 页。
③ 中国人民银行国库司编：《国家债券制度汇编（1949～1988 年）》，北京，中国财政经济出版社，1989 年，第 1 版，第 111 页。
④ 中国人民银行国库司编：《国家债券制度汇编（1949～1988 年）》，北京，中国财政经济出版社，1989 年，第 1 版，第 133 页。

等情况，造成各地排队拥挤的现象，1957 年 7 月国务院发布了《关于预办 1954～1957 年国家公债还本付息办法》，规定在自愿的前提下，每年 9 月 30 日公债还本付息开始前，有计划地组织集体单位或个人办理预办公债还本付息手续，并可提前在 9 月 15～30 日兑付本息。银行根据可能和需要，可委托各机关、部队、企业、厂矿、团体、学校、信用合作社等单位代办预办手续。① 这一措施取得了良好的效果，有效地提高了还本付息工作的效率和质量，避免了排队拥挤、影响工作和生产的情况发生。

另外，对各期建设公债最后还本付息的截止期限的修改，也体现出人民政府以民为本的思想。经济建设公债历次公布的还本付息办法都规定：至迟不得超过最后一次兑付期限终了后的九个月，逾期不领取者，债权即失效，不予兑付。由于中国幅员广大、交通不便，宣传工作不够深入等原因，很难做到所有持券人都能在规定期内全部兑完。为了保证持券人的合法利益，1962 年 8 月财政部和中国人民银行下发了《关于改变公债还本付息办法中有关延长九个月兑付期的联合通知》，将延长九个月兑付期的规定，改为可以在下一年度兑付期内继续办理兑付，但是其利息只计算按规定应偿还的年限，超过规定年限的部分，不再计息。② 这一调整符合当时的国情，也从一个侧面体现出还本付息工作的繁杂。最后一期经济建设公债即 1958 年公债至 1968 年全部还清。

"一五"时期是中国经济发展最好的时期之一，建设公债的发行为这一时期的工业化和社会发展做出了重要贡献。

首先，公债的发行为经济发展提供了大量建设资金。在 20 世纪 50 年代，国家工业化建设需要巨额建设资金而当时国家财政比较紧张的情况下，建设公债的发行最重要也是最直接的作用就是筹集到相当数量的资金。这五期国家经济建设公债，每年计划发行 6 亿元（除 1958 年计划发行 6.3 亿元以外），实际发行结果都超额完成了，1954 年实际发行 8.36 亿元，超过计划 39.33%，相当于当年国家经济建设支出的 6.76%；1955 年实际数为 6.19 亿元，超计划 3.17%，相当于当年经济支出的 4.50%；1956 年实际发行 6.07 亿元，超计划 1.17%，相当于当年经济支出的 3.81；1957 年实募数为 6.84 亿元，超计划 14.00%，相当于当年经济支出的 4.20；1958 年实募数为 7.98 亿元，超计划 26.67，相当于当年经济

---

① 中国人民银行国库司编：《国家债券制度汇编（1949～1988 年）》，北京，中国财政经济出版社，1989 年，第 1 版，第 143～144 页。

② 中国人民银行国库司编：《国家债券制度汇编（1949～1988 年）》，北京，中国财政经济出版社，1989 年，第 1 版，第 146 页。

支出的 2.86，五期实际发行数共为 35.44 亿元，超过计划总额 16.96%，相当于同期国家预算经济建设支出总数 862.24 亿元的 4.11%。① 这五期公债的发行，集中了社会上一部分多余的和可能节约的资金，用于社会主义工业化的建设上，还减少了游资冲击市场的可能，有利于维持市场秩序，促进经济稳定发展。"一五"期间，中国新建了大量的基础设施，工农业有巨大发展，人民的生活有了较大改善，包括在扩大就业、提高收入水平、改善劳动保险和福利、奖金制度、丰富文化生活等方面，做了许多工作。总之，"一五"期间中国各项建设事业蓬勃发展，经济建设公债功不可没，突出体现了国债集中性借贷和有计划地组合闲置资源的经济功能。

其次，建设公债的发行激发了中华民族自强不息的精神，进行了一次深刻的爱国主义教育。公债发行本身对加强群众的社会建设参与感、责任感，以及提高新生人民政权的信用和威信有积极影响。从建设公债当时发行的情况来看，具有明显的爱国公债②的特征。国家通过发行公债的宣传，强调个人与国家利益的一致，通过介绍公债的建设用途进一步提高了群众对社会主义建设事业的参与感、责任感和工作积极性。而人民群众也通过热烈认购公债，表示对新政府的拥护，将认购公债理解成爱国主义精神的具体表现，当时的报纸杂志等媒体报道了许多感人的真实事迹。如1954 年，国家提出认购公债的倡议后，不少矿山、工厂和机关的职工提前认购公债，有的在动员后几分钟、几十分钟或一两个钟头内就迅速地超额完成公债认购数字。部分职工出于爱国热情，认购过多，影响了生活，而需由上级领导说服他们适当地减购或免购，鼓励他们从今后努力生产和工作中来表达爱国热情。③ 再如私营工商业者，是建设公债的重要推销对象。1954 年公债，全国私营工商业（包括股东和资方代理人）、公私合营企业的私方及其他城市居民的分配额为 3.2 万亿元（旧人民币），占全国计划发行总量的 53.33%，1955 年私营工商业的分配额占全国计划发行的45%。从几年实际认购情况看，绝大部分私营工商业者都表现出强烈的爱

---

① 以上数字根据财政部综合计划司编：《中国财政收支统计（1950～1983）》，北京，中国财政经济出版社，1986 年第 1 版，第 52、第 104 页有关数字计算得出。

② 爱国公债是"政府利用认购者的爱国热情和政治觉悟，而不是利用其对经济利益的追求所发行的公债，亦称'准强制公债'。它的发行利率一般较低，人们通常不是将其作为投资对象加以认购，而是把它与爱国、帮助国家度过暂时财政困难联系在一起，对公债本身所具有的价值则考虑较少。"参见李士梅：《公债经济学》，北京，经济科学出版社，2006 年，第 1 版，第 77 页。

③ 《踊跃购买经济建设公债》，《人民日报》1954 年 1 月 31 日。

国热情，积极拥护公债发行，甚至出现个别工商业者条件比较困难，却认购过多因而影响生活，需要推销委员会通过个别联系或召开小型座谈会说服减少认购额的情况。① 人民子弟兵在建设公债的认购中，表现出了特别高的爱国热情，如1954年3月2日，《人民日报》报道了人民解放军全军认购1954年国家经济建设公债达到预定数字的273%，中国人民志愿军全军认购的数目达到预定数字的445.67%。首都人民在历次建设公债的认购中都表现出高涨的爱国热情，用实际行动响应国家的号召。如在认购1954公债中，"实际购买公债2722亿元，超过任务61%以上"②。总之，这五期公债的发行，"对全国人民广泛地进行了一次爱国主义和中国在过渡时期的总任务的教育，进一步提高了他们对国家的社会主义建设的关怀和责任感，并鼓舞了他们在生产上和工作上的积极性"，"在政治上也是一种爱国主义的表现"。③

在新中国的历史上，1954～1958年是发生巨大变化的五年，国家经历了抗美援朝战争结束、社会主义建设总路线的提出、"一五"计划的实施、新宪法的出台、反右运动、社会主义改造等众多事件，成立不久的新政权面临着统一人民思想的艰巨任务，需要将国家日新月异的变化向广大群众宣传解释，而当时的通信手段十分落后，在偏远的农村和城市底层还有很多信息传达的死角。通过建设公债的推销活动和广泛宣传，无论是边远地区，还是城市大大小小的街道里弄，全体人民都受到了一次深刻的时事政治教育，极大地便利了新政权的政治动员、对基层社会的调查和甄别以及清理工作，为新政权的巩固、基层社会管理方式的建立和完善创造了良好的条件。因此，国家经济建设公债的发行不仅具有重要的经济作用，其政治意义也是非常明显而重大的。

当然，经济建设公债发行中也有一些值得总结的教训，主要是当时国家建设中急于求成、急躁冒进的错误思想对公债的推销有一定的影响。公债的认购任务额原本是按照居民收入匡算制定，但五期公债的发行都积极鼓励"超额"完成认购，以至于推销过程中出现"推销委员会对上叫苦

---

① 《上海市财政金融工会办公室市工联、本会暨各基层推销1956年国家经济建设公债工作指示、办法、总结、通知》，上海市档案馆藏档，CS－2－870。转引自池薇：《1954～1958年国家经济建设公债》，复旦大学2008年硕士学位论文，第25页。

② 《北京市协商委员会决定成立公债推销委员会》，《光明日报》1955年1月1日，转引自李增添：《1954年至1958年国家经济建设公债发行述论》，《北京党史》2007年第5期。

③ 中国人民银行国库司编：《国家债券制度汇编（1949～1988年）》，北京，中国财政经济出版社，1989年，第1版，第14～15页。

对下要超额"的情况，实际上增加了群众负担。① 另外，建设公债所具有的本质上是爱国公债的特征，虽然在短期内较易完成公债筹集资金的目标，但缺乏可持续性。因为经济建设公债本身的金融商品属性和市场经济规律相背离，使公债发行成为一种政治任务和行政工作，没有公债的流通市场，这与当时逐渐建立的高度集中的计划经济体制有着密切的联系。

三、20 世纪 50 年代的外债

外债是国债的重要组成部分，按内涵和外延的不同可分为最狭义外债、狭义外债、广义外债和最广义外债。② 根据研究的主题，本书的外债主要指最狭义外债（国外国债），即中央政府对境外的国际金融组织、外国政府、企业或其他机构用外国货币承担的、具有契约性偿还义务的全部债务。

由于新中国成立时，人民政府所接手的是一个饱受战乱摧残、满目疮痍、一穷二白的烂摊子，现代工业和经济基础十分薄弱，中国必须在自力更生的基础上，利用一切可以利用的力量，包括资金、技术、人才等进行艰苦的经济建设，使社会经济取得较快的发展速度，摆脱贫穷落后的局面，实现工业化和现代化，完成国家富强和民族复兴腾飞的历史使命。但当时特殊的国际环境决定了中国不可能从美国等西方资本主义国家获得资金和技术，而只能实行"一边倒"的外交方针，从苏联和东欧等社会主义国家寻求支持。

（一） 新中国成立前后"一边倒"外交政策的形成

新中国成立前后，以毛泽东为核心的中国共产党领导集体，实现了从世界反法西斯统一战线到"一边倒"外交政策的转变。这个转变及"一边倒"的外交政策，是当时复杂、剧烈对抗的国际环境的产物，也是中国共产党一向倡导的"自力更生为主、争取外援为辅"方针的体现。

第二次世界大战结束后，世界政治格局发生了巨大的变化。在打败法西斯德、意、日后，反法西斯同盟很快分裂成以苏联为首的社会主义国家和以美国为首的资本主义国家两大阵营，形成尖锐对立，在此后 40 多年里陷入冷战对峙的局面。抗战胜利后的中国本来有和平建设发展的一线机会，但是在苏美对峙的世界格局下，中国只能在美苏之间作非此即彼的抉

---

① 池薇：《1954～1958 年国家经济建设公债》，复旦大学 2008 年硕士学位论文，第 36 页。

② 关于这四种外债的定义详见隆武华：《外债两重性：引擎？桎梏？》，北京，中国财政经济出版社，2001 年，第 1 版，第 2～4 页。

择，这就是中国在抗战后不久即陷入国共内战及新中国成立后执行"一边倒"外交政策的国际背景和根本原因。

1949年4月中国共产党取得渡江战役的胜利，南京国民政府随之宣告灭亡。在人民解放战争胜局已定的情况下，苏美的对华政策也出现了变化和摇摆。美国因为国民党蒋介石的腐朽和失败而准备抛弃蒋介石，并对中共进行外交试探，希望在中共不与苏联结盟的情况下承认新中国政权，以便在新形势下继续操控中国局势。中国共产党坚持独立自主的外交方针，不允许任何国家及联合国干涉中国内政和阻挠中国统一，决定在新中国成立后执行"另起炉灶"和"打扫干净屋子再请客"的外交政策。由于美国与中共的立场和要求相距甚远，美国在外交试探未果后立刻退回到敌视、对抗、封锁中共和中国新政权的老路。这一敌视、封锁、包围、遏制中国的外交政策方针，美国在新中国成立后执行了20多年。在非此即彼的国际战略格局中，美国的敌视意味着中共新政权只能向以苏联为首的社会主义阵营寻求支持，加上中共与苏联在意识形态和历史渊源上的联系，在苏联调整、修正自己错误的对华弹性外交政策的情况下，中共通过毛泽东于1949年6月30日发表的《论人民民主专政》一文，宣布了自己"一边倒"的外交方针。9月29日，"一边倒"的外交政策被写进了中国人民政治协商会议第一届全体会议通过的《共同纲领》。1950年1月22日，毛泽东与斯大林在苏联莫斯科签署《中苏友好互助同盟条约》，标志着"一边倒"外交方针政策的具体实施。

新中国执行"一边倒"外交方针，既不是不顾一切地倒向苏联，违反自己一贯的独立自主的外交方针，也不是搞新的"闭关锁国"，而是特殊形势下的必然选择，是特殊国际环境的产物。一方面，由于美国对中共和新中国的敌视、封锁、包围、遏制，使新中国不可能硬凑上去与美国等西方国家搞好关系；另一方面，一边倒也不意味着新中国对苏联丧失原则和立场的依附。它与独立自主的原则并不矛盾，而恰恰是在自力更生基础上最大限度争取外援、巩固新生政权、加快社会经济发展的最佳外交选择。

（二）20世纪50年代外债的举借

在确定独立自主、自力更生的建设方针和"一边倒"的外交方针之后，新中国大力争取苏联对中国即将开始的大规模的社会经济建设的支持和援助。

新中国成立前夕，中共派出以刘少奇为团长的高级代表团访问苏联，与苏联达成初步协议，苏联将给予新中国3亿美元的贷款，并选派200余名高级技术人才到中国工作，进行技术指导和援助。1949年10月2日，苏联率先承认中华人民共和国。年底,周恩来、毛泽东先后赴苏,就中苏政治、经济、技术合作及中国利用苏联资金、技术等重大问题与斯大林商谈。1950年2月14日,中苏两国政府在签署《中苏友好互助同盟条约》的基础上,同时签署《中苏关于苏联贷款给中华人民共和国的协定》,正式落实已经达成的苏联支持中国的承诺。同时,在重大建设项目上,苏联将帮助中国设计、提供成套设备和主要建设物资,一边倒的外交方针取得丰硕成果。1953年5月15日,中苏两国又签署《关于苏维埃社会主义共和国联盟政府援助中华人民共和国中央人民政府发展中国国民经济的协定》。协定规定,连同过去三年来已经帮助中国设计建设的50个企业在内,到1959年,苏联帮助中国新建和改建141项规模巨大的工程,其中包括钢铁、有色金属冶炼、煤、炼油、机器制造、汽车、拖拉机、发电站等。对于这些企业的建设与改建,苏联完成各项设计工作、设备供应,在施工过程中给予技术援助,帮助培养这些企业所需的中国干部,并提交组织生产所需的制造特许权及资料。中国政府则在现有企业中组织生产一部分配套用的和辅助性的半成品、成品和材料。此种半成品、成品和材料的清单及其技术规格,以及有关安排其生产的建议,在批准初步设计后由苏联提交。苏联协助中国建立工业企业设计部门,并协助这些部门完成其所承担的上述企业的技术设计与施工图的20%~30%的设计工作。苏联提供上述企业所需的按价值计50%~70%的设备,其余设备由中国制造,为此苏联派专家来中国提交技术资料,并对组织生产提出建议。以上内容中,产品制造特许权为苏联无偿提供,其余部分总值约为30亿~35亿卢布。中国政府为偿付以上设备和技术援助,将按质按量对苏联供给以下货物:钨精矿16万吨、锡11万吨、钼精矿3.5万吨、锑3万吨、橡胶9万吨以及羊毛、黄麻、大米、猪肉、茶叶等。经双方协议后,部分偿付可用自由兑换的外汇实施。

从1950年到1957年,中苏两国先后签订了11项贷款协议,中国政府实际从苏联政府得到了56.76亿旧卢布(包括抗美援朝期间苏联借给中国用于购买苏联军事、物资贷款)的贷款,折合成新卢布约12.75亿,加上利息1.32亿新卢布,本息合计为14.07亿新卢布。这些贷款年利息是1%~2.5%,偿还期为2~10年。此外,中国还从东欧社会主义国家引进技术设备68项(见表1-3)。

表 1-3　　　　　　　　　20 世纪 50 年代苏联对中国贷款一览

贷款类别	贷款时间	贷款名称	金额
1. 经济建设贷款	1950 年 2 月 14 日	"中苏协定"贷款	3 亿美元,折合 12 亿旧卢布
	1952 年 9 月 15 日	橡胶贷款	3800 万旧卢布
	1954 年 1 月 23 日	有色金属公司贷款	350 万旧卢布
	1954 年 6 月 19 日	有色金属、石油贷款	880 万旧卢布
	小计		12.5 亿旧卢布
2. 抗美援朝贷款	1951 年 2 月 1 日	购军用物资	9.86 亿旧卢布
	1952 年 11 月 9 日	60 个步兵师武器	10.36 亿旧卢布
	1953 年 6 月 4 日	海军贷款	6.10 亿旧卢布
	1954 年 10 月 12 日	特种军事贷款	5.46 亿旧卢布
	1955 年 2 月 28 日	转售安东①苏军物资	2.47 亿旧卢布
	小计		34.25 亿旧卢布
3. 苏军自旅大撤退时转售物资	1955 年 10 月 31 日		7.23 亿旧卢布
4. 移交中苏合营公司苏联股份贷款	1954 年 10 月 12 日		2.78 亿旧卢布
合计			56.76 亿旧卢布,折合 12.75 亿新卢布
利息			1.32 亿新卢布
本息合计			14.07 亿新卢布

注:①安东即今日之丹东,1965 年改现名。

资料来源:王泰平主编:《中华人民共和国外交史》(第 2 卷),北京,世界知识出版社,1998 年,第 1 版,第 257~258 页。

　　从 20 世纪 50 年代中国向国外借款而得到的预算收入看,1950~1957 年总计为 51.62 亿元①。这些国外借款在新中国成立初期的经济建设中发挥了较大作用,苏联等友好国家对中国经济建设的支持和援助,不仅表现在数十亿贷款资金上,而且还体现在关键技术、成套设备和专门人才上。在"156 项"重点工程建设中,苏联在向中国提供成套设备和专门的生产技术的同时,还在地质勘察、选择厂址、搜集设计基础资料,确定企业的设计任务书、进行设计、指导建筑安装和开工运转、培养技术干部一直到

----

　　① 根据财政部综合计划司所编《中国财政收支统计(1950~1983)》(北京,中国财经出版社,1986 年,第 1 版)第 52 页有关数字计算得出。

新产品的研制等各方面，都给予了全面的、系统的技术指导。十年中，在中国进行技术援助的苏联专家共达8500多人。苏联向中国提供的资料和设计图纸仅1953年就达23吨，1954年为55吨。① 可以说，这是现代历史上前所未有的一次最全面的技术转让，它使中国的工业技术水平从中华人民共和国成立前落后于工业发达国家近一个世纪，迅速提高到20世纪40年代的水平，为建立中国的国民经济体系打下了基础。当然，这种援助并非单向的，也不是无偿的，而是通过贸易方式在平等互利、等价交换的原则下实现的。中国也为苏联提供了其稀缺的廉价的农产品、稀有矿产资源和国际通用货币等等。特别是新中国经济的恢复和发展、新中国政权的巩固，有力地改变了世界的政治、经济格局，壮大了以苏联为首的社会主义阵营。

总之，国债在中国的第一个五年计划建设时期发挥了重要作用，与国内国债相比，国外国债的作用更加突出，这一时期的国内公债总收入为35.45亿元②，国外公债总额比国内公债总额多45.6%，这也预示着国债（国内国债）有更广阔的发展前景。

但新中国国债在20世纪50年代迈出成功的第一步后，在20世纪60年代很快就跌入了"低谷"。在中国人民对外顶住苏联的压力，以罕见的速度在1965年初提前还清外债和1968年底全部还清内债后，《人民日报》于1969年5月11日自豪地宣布中国成为世界上第一个既无内债又无外债的国家，此后直至1979年的25年中，中国政府没有发行过国债。"既无内债又无外债"，实出无奈。从国外讲，1960年以后，由于苏联大国沙文主义及中国国内越来越"左"的内外政策所致，中苏关系从20世纪50年代的兄弟般合作逐渐恶化、破裂，直至对抗、冲突。苏联停止对中国的贷款、技术和人才援助，而且中止、撕毁已经签署的合同，撤走专家，提前逼债。而西方资本帝国主义特别是美国继续对中国实行封锁和围堵，使中国在20世纪的60~70年代近20年中基本处于孤立无援、与世隔绝的状态。从国内讲，20世纪50年代初期，新中国实行的是高度集中的计划经济体制，企业和银行几乎所有的扩大再生产的财力都为财政所控制，已无须也不可能用国债手段从企业那里筹集资金，而银行又需要财政支持，如果要求银行购买国债，无异于要银行搞信用膨胀，发票子搞建设，这是

① 陈夕：《156项工程与中国工业的现代化》，《党的文献》1999年5期。
② 五期经济建设公债收入35.44亿元，加上1951年的0.01亿元国内债务收入。参见财政部综合计划司编：《中国财政收支统计》（1950~1983），北京，中国财政经济出版社，1986年，第1版，第52页。

行不通的。这样剩下可发行的对象，只能是城乡居民的闲置待用消费基金，而一旦居民的消费水平被"高积累、低消费"政策通过低工资制度将所能集中的资金都集中之后，也就难以继续发行国内国债了，这就是1959～1979年中国停止发行国债的经济原因。但更主要的是，当时"左"的错误思想的指导导致了对国债的否定，滋长出一种回避经济现实，从极端角度立论提出理论命题的习惯，把既无外债又无内债当作社会主义制度的优越性加以宣传，这是"左"的指导思想在国债问题上的集中体现，导致中国20世纪60～70年代的国债空白期。

第二章　改革开放新时期的中国国债

1978 年 12 月召开的中共十一届三中全会，决定把全党工作的重点转移到社会主义现代化建设上来，做出了改革开放的伟大战略决策，中国的经济体制逐步由计划体制转向社会主义市场经济体制，财政政策也日益成为国家对经济实施宏观调控的重要工具，因此，国债以全新的姿态重新登上历史舞台。随着国人对国债功能的认识和运用逐步走向完善，这一时期国债的发展具体可分为两个阶段，1981 ~ 1997 年为第一阶段，1998 ~ 2013 年为第二阶段。

第一节　改革开放初期的国债

改革开放初期，中国重新启用国债政策的经济背景，源于中国财力分配结构因经济体制改革而带来的变化，主要是为了缓解由弥补"文化大革命"欠账和自 20 世纪 70 年代末确立的以"放权让利"为主线的经济改革所带来的财政压力。随着经济的发展和改革的进行，财政的两个"比重"迅速下降，逐步加大了财政对国债的依赖程度。

一、20 世纪 80 年代初恢复国债发行的历史背景

1979 年以前，中国实行的是一种指令性计划和行政手段为主的高度集中的计划经济体制，财政管理体制也基本上采用与之相适应的统收统支模式，财权高度集中在中央。这种财政制度安排，虽然是计划经济条件下的现实选择，但有其明显的缺陷，如资源配置效率低下，不利于调动各方面的积极性，改革势在必行。中共十一届三中全会后，随着经济体制改革的深入，中国先后进行了农村经济、财政体制和以增强企业活力为中心的城市经济体制改革。在这一系列的改革中，财政改革扮演着十分重要的地位：通过财政改革不仅有力地支持

了各项改革的顺利进行和社会经济的稳步发展，而且以"放权让利"式的改革"解锁"了高度集中的计划经济体制，使财政改革成为经济体制改革的突破口。

中国具有制度变迁意义的财政改革始于20世纪80年代初的"分灶吃饭"体制变革。1980年2月，国务院颁发了《关于实行"划分收支、分级包干"财政管理体制的暂行规定》（这种分级包干制被俗称为"分灶吃饭"体制），其基本内容是：按行政隶属关系，明确划分中央和地方财政收支范围，地方以收定支，包干使用，自求平衡。[①] 这一改革打破了高度集中的传统体制，以分权调动地方政府发展经济的积极性，增加了地方各级政府的自主财力，成为后来计划、物价、企业、工资、投资等方面实施渐进改革的突破口，在改革启动初期扮演了为推进整体改革"铺路搭桥"的角色。这是中央决策层出于战略考虑，主动向地方放权让利，以缩小国家干预范围、逐步增强市场的调节作用。如果中央政府总是高度集中经济分配权力，那么地方和企业就缺乏经济活力与创新动力，也无法打开市场发育的空间。因此，中国经济改革的第一阶段，以微观层面的农村联产承包责任制（"包产到户"）的推行和少数局部"经济特区"的建立为突破口的同时，宏观层面上需要通过财政体制的调整，率先打破"大一统"的传统计划经济体制、释放旧体制所压抑的活力、酝酿新机制的渐进形成。在实践中，这一阶段的"分灶吃饭"的包干体制经历了反复探索和尝试。1985年的"划分税种、核定收支、分级包干"和1988年推行的多种财政包干体制，都是对1980年"分灶吃饭"财政体制的改进和完善。这一财政体制改革的效果是，使地方政府在计划经济下被束缚的主动性和积极性得到释放，促进了国民经济和各项社会事业的发展，具体讲可分两个方面：其一是促进经济增长和分配结构的变化。改革首先在农村启动，主要的政策是增加投入，提高农产品收购价格，以联产承包责任制调整生产关系和分配结构，增加农民的积极性和收入；企业改革方面，主要是财政实行对国有企业的放权让利和推出对非国有中小企业的税收优惠政策。在这些改革中，国民收入分配结构发生着深刻变化，增强了企业自主发展能力，也提高了居民收入水平。其二是引致经济运行和资本积累模式的变化。在改革价格机制、建立商品交换关系方面，财政采取了供给方、需求方双向补贴的方式来努力抵消通货膨胀的影响，实现平稳过渡。为此，曾

---

① 谢旭人主编：《中国财政改革三十年》，北京，中国财政经济出版社，2008年，第1版，第4页。

经一度造成财政补贴支出的迅速增长。例如，1978 年财政用于支持价格改革的补贴支出为 11.14 亿元人民币，到 1992 年已增加到 321.61 亿元。[①]在资本积累模式方面，国民收入分配结构的调整带来了家庭部门收入比重的上升和社会资金的增加，进而促进了相应的"储蓄投资"动员机制的形成，金融逐步替代财政成为社会资本积累的主要渠道。从银行的全国城乡储蓄存款年末余额来看，1978 年仅为 210.6 亿元，1980 年、1985 年、1990 年和 1995 年分别为 395.8 亿元、1622.6 亿元、7119.6 亿元和29662.3 亿元。[②] 另一方面，"分灶吃饭"的包干体制也产生了一些亟须解决的问题：一是各种分级包干制虽使"条条为主"变为"块块为主"，却并未从根本上改变按照行政隶属关系组织财政收入和控制企业这一"条块分割"旧体制，难以真正实现公平竞争。二是不利于稳定和规范中央与地方的分配关系，特别是财政体制频繁变动，且经常进行"一对一"谈判、讨价还价，一定程度上助长了地方政府的短期行为和地方保护主义、低水平重复建设。三是发生了财政自身地位与状况的变化，主要表现为减收增支。在放权让利过程中，1979 年，全国财政支出增长 14.2%，而全国财政收入只增长了 1.2%，出现 135.41 亿元的巨额赤字，占当年 GDP 的 3.33%。[③] 后来财政赤字虽然有所下降，但财政的"两个比重"（国家财政收入占 GDP 的比重和中央财政收入占全国财政收入的比重）却出现了连续下滑态势。1978 年，国家财政收入占 GDP 的比重为 31.2%，1993 年已下降至 12.3%，最低到 1995 年的 10.7%；中央财政收入占全国财政收入的比重，由 1979 年的 46.8% 下降至 1993 年的 22%，直至 1996 年的 27.1%。[④] 总之，这一阶段是财政连年赤字，中央政府调控能力明显不足，甚至一度出现中央政府需要向地方借钱过日子。财力分配结构的上述变化，使中国再次启用国债政策变得十分必要，国债发行在中断 22 年之后重新登上历史舞台。

---

① 财政部科学研究所课题组：《中国财政改革 30 年：回顾与展望》，《经济研究参考》2009 年 2F–1。

② 中华人民共和国国家统计局编：《中国统计年鉴（2010）》，北京，中国统计出版社，2010 年，第 1 版，第 342 页。

③ 谢旭人主编：《中国财政改革三十年》，北京，中国财政经济出版社，2008 年，第 1 版，第 5 页。

④ 财政部科学研究所课题组：《中国财政改革 30 年：回顾与展望》，《经济研究参考》2009 年 2F–1。

二、改革开放初期的国债发行历程与发行市场的逐步建立

（一）1981～1987 年的国债发行情况

"文化大革命"结束以后，中国的国民经济建设转入了一个新的历史时期。为了解决历史遗留问题，加快国民经济的发展，增加国家对农业的补贴，扩大企业的自主权，逐步改善人民生活，1979 年、1980 年国家财政出现了较大的预算赤字。1979 年财政赤字为 170.67 亿元，1980 年财政赤字为 127.50 亿元，① 两年合计财政赤字为 298.17 亿元，这在历史上是没有过的。这两年出现这么多的财政赤字，追根究底，是十年动乱所造成的，是逐步解决生产和生活方面多年遗留下来的"欠账"所付出的代价。实践证明，历史上遗留下来的问题，比中央预计的更为严重，反映在财政上要付出的代价也比预计的更大。这两年采取的许多重大经济措施，包括扩大企业财权、调整农产品价格、增加工资、发放奖金、安排就业等，都不是一次就能解决问题的，即不是当年有了，下年就可以没有的，而是带有一定的连续性，这给平衡财政年度预算带来很大的压力。因此，1979 年和 1980 年两年的财政赤字，有一定的必然性。1981 年初，为确保按照当时预算编制办法实现财政收支平衡，国务院决定发行国库券②和借用地方财力来弥补预算赤字。依据的是 1981 年 1 月 16 日国务院常务会议通过的《中华人民共和国国库券条例》，1981 年国库券的发行对象主要是国营企业、集体所有制企业、企业主管部门和地方政府，其他机关、团体、部队、事业单位、农村富裕的社队和个人③也可以自愿认购。当时计划发行 40 亿元，实际发行了 48.66 亿元。国库券利率定为年息 4 厘，年限 5～9 年，即从发行后第六年起抽签还本、分五年做五次偿还本金。国库券的发

---

① 财政部综合计划司编：《中国财政收支统计（1950～1983）》，北京，中国财政经济出版社，1986 年，第 1 版，第 14 页。

② 据 1978 年奉命筹组财政部债务处、执笔起草中国第一个国库券条例的张加伦回忆，当时债务处仅三人：即张本人（任副处长、主持工作）、梅家谟和左本俊。1979 年财政部对恢复国债发行等问题进行了较长时间的争论和酝酿，至于叫什么名称当时并未进行科学论证。梅家谟根据 1954 年到 1958 年的"经济建设公债"，建议仍叫"经济建设公债"，而左本俊查了国外资料，说美国像这种性质的债叫"国库券"。后来由财政部办公会议决定叫"国库券"，而疏忽了它的期限、性质（参见张加伦口述：《国债是一项事业》，载王俊义、王东主编：《口述历史》第 3 辑，北京，中国社会科学出版社，2005 年，第 1 版，第 234～237 页）。其实 1981 年以后中国所发行的国库券，期限大都超出一年的界限，与国际上通用的"国库券"含义差别很大，1995 年后，财政部即遵照国际惯例，把一年以上的"国库券"更名国债。

③ 根据财政部综合计划司编：《中国财政收支统计（1950～1983）》，北京，中国财政经济出版社，1986 年，第 1 版，第 57 页所载资料，这一年实际发行的 48.66 亿元国库券没有个人购买的数据，全部为单位购买。

行和还本付息事宜，均由中国人民银行及其所属机构办理。当时的《条例》还规定，国库券不得当作货币流通，不得自由买卖。① 而到1982年，国家为实施进一步企业改革，决定继续通过发国库券筹集资金，保证预算支出的安排，于是在当年1月8日的国务院常务会议通过了《中华人民共和国1982年国库券条例》。1982年计划发行国库券40亿元，实际发行了43.83亿元。1982年国库券的发行对象、利率、年限等与1981年基本相同，但发行对象开始逐步向城乡个人转移，而且把个人购买部分的年息提高为8厘。1982年以后，国库券和国债收入开始作为每年预算收入的一部分，全部列入国家预算，作为国家财政的正常收入来源之一。1983年、1984年中国继续按1982年的发行办法发行国库券，计划发行额均为40亿元，实际分别发行41.58亿元和42.53亿元，国库券的发行对象也进一步向城乡居民转移。1985年，国库券计划发行数额从40亿元增加到60亿元，实际发行60.61亿元。

1986年3月15日，国务委员兼财政部长王丙乾在全国国库券发行工作会议上强调指出："'四化'建设需要大量的资金，发行国库券是筹集资金的主要方式。过去几年，我们的国库券发行工作进行得很顺利，为国家提供了很大一笔资金，支援了国家建设。今后，国库券发行工作需要进一步加强。"同时指出："从现在起要改变以前那种认为发行国库券是权宜之计的观念"，"国库券发行工作今后要长期进行下去"②。此后，发行国债成为中国发展国民经济的一项重要政策。1986年的国库券计划发行数仍为60亿元（其中单位20亿元、个人40亿元），而利率有了提高，对个人发行部分年息提高到10%，对国营企业和单位发行的部分年息为6%。另外，1981～1985年发行的国库券，有关发行与还本付息的具体事宜，由中国人民银行及其所属机构办理，而从1986年起，中国工商银行、中国农业银行、中国银行和中国建设银行等专业银行及其所属机构也开始具体经办国库券发行与还本付息事宜。1987年除计划发行60亿元国库券（利率与86年券相同）外，为试行国债借用还统一的原则，决定发行重点建设债券，利率为6%，实际发行54亿元，使这一年的国债实际发行总额增加到117.07亿元。

1981～1987年的七次国库券发行，为国家的经济建设筹集了大量资

---

① 中国人民银行国库司编：《国家债券制度汇编（1949～1988年）》，北京，中国财政经济出版社，1989年，第1版，第225～226页。

② 转引自项怀诚主编，贾康、赵全厚编著《中国财政通史（当代卷）》，北京，中国财政经济出版社，2006年，第1版，第126页。

金，为干预和调节社会资金的使用方向，加强能源、交通等瓶颈行业的投资，优化产业结构等提供了条件。总结这一阶段的国债发行，有以下特点①：

第一，国债发行采取行政分配方式，一年发行一次，发行期较长，向单位发行为半年，向个人发行为九个月，国债不允许流通转让。所以这阶段既没有国债的一级市场，也没有二级市场。

第二，国债发行的形式主要是收据和实物。单位购买和个人购买在1000元以上的，发给国债收据；个人购买在1000元以下的，发给实物国债并可提供代保管服务。

第三，国债期限前长后短，利率前低后高。1981～1984年发行的国债期限为5～9年，利率为4%（单位）和8%（个人）；从1985年起，国债期限有所缩短，均为五年期国债，利率有所提高。1985年单位和个人购买的国债利率分别为5%和9%，之后相应提高到6%和10%。适当提高国债利率并缩短国债期限，既是当时紧缩银根、控制通货膨胀的反映，又是提高投资者购买国债的积极性和促进国债发行的有效措施，具有一定的市场化因素。

随着经济体制改革的不断深化，国库券发行以及国债制度中暴露出来的问题越来越明显②：

（1）以政治动员和行政手段为主进行的推销方式，已越来越不适应社会发展的要求，国库券发行销售的渠道很不顺畅。新中国成立初期，人民翻身当了国家主人，"人民胜利折实公债"和"经济建设公债"的发行得到了广泛支持，很快被认购一空。但随着时间推移，行政发行方式越来越得不到人们的认可，购买指标任务层层下达，落实到单位、班组、个人，从工资中直接扣除。这种做法在群众中逐渐引起反感，抵触情绪加重。

（2）国库券的种类单一，利率较低，期限结构不合理，不能适应社会资金多渠道、多层次的投资需求。国库券结构的不合理使企业的资金调度出现困难，个人投资者缺乏足够的选择，进而损害了国库券的信誉。而且由于偿还期集中在某一段时期，也给本已困难的财政带来了偿还的压力。

---

① 中国国债协会编：《2002年中国国债市场年报》，北京，经济科学出版社，2003年，第1版，第429页。

② 刘克崮、贾康：《中国财税改革三十年亲历与回顾》，北京，经济科学出版社，2008年，第1版，第158页。

（3）国库券上市流通的渠道不畅通，影响了国库券的流通变现性。加上利率较低，又有通货膨胀的情况下，人们更加不愿意购买。

（4）财政、银行两家在国库券发行管理工作上分工不明晰。两家在国库券主体确认和管理权限的归属问题上意见有分歧，在实际工作中屡屡出现摩擦，给国库券的发行销售工作造成一定的困难。

（二）1988～1997年国债发行市场的逐步建立

1988年，为改变原有行政发行方式，财政部对国库券的发行作了较大改进，所以这一年成为中国国债发展进程中十分重要的一年，不但计划发行数从60亿元增加到90亿元（实际发行92.17亿元），而且开始尝试通过柜台销售方式发行国债，主要是通过商业银行和邮政储蓄的柜台销售方式，向广大城乡居民发行实物国库券，开始出现了国债一级市场。为确保柜台销售的成功，国库券期限缩短为三年，利率为6%（单位）和10%（个人），使购买国库券变得更为有利。而且这一年还开始了国债的流通转让试点，国库券可以在国家指定的交易所内按照国家的有关规定进行交易。另外，根据国务院关于预算赤字不能向中央银行透支的决定，财政部开始向专业银行等金融机构发行财政债券（该年发行了66.07亿元），作为弥补预算赤字的手段。同时，商业银行等各类金融机构逐步成为购买国债的主体。尽管做了种种努力，但由于国债的发行市场化刚刚起步，也没有成熟的国债二级市场支撑，国债持有人感到变现不方便，影响了国债的信誉，发行困难的问题未能得到有效解决。

1988年下半年，由于零售物价指数比上年同期上升26%，出现了严重的通货膨胀现象，中国政府实行了"强行着陆"的宏观调控政策，中央银行采取了一系列紧缩性的货币信贷政策并对储蓄存款实行保值。为此，1989年财政部通过柜台销售方式首次发行了一笔保值（即浮动利率）国债，并把三年期国债利率提高到14%，以保护投资人的利益和确保国债顺利发行。同时，为了使对企业发行的国债和对个人发行的同债有所区别，财政部将原来对企业发行的国库券改为特种国债。

1990年计划发行的55亿三年期国库券，利率仍为14%，向企业发行的五年期的特种国债的利率也保持15%不变。从1989年第四季度起，通货膨胀得到初步控制，为启动处于低谷中的经济，1990年3月、8月和1991年4月央行连续三次大幅降低利率，这为当时国债的发行奠定了良好的基础。加上国库券变现能力的提高，方便了群众，所以，从1990年开始，在全国范围内出现了一股"国债热"。它向人们展示了国债"金边债券"在证券市场上的主体地位和很高的信誉，国债发行的市场基础日渐强化。

1991 年，国家进行了国库券承购包销试点工作。这一试点先在中央一级进行，由财政部委托"证券交易所研究设计联合办公室"，简称"联办"①，组织了"1991 年国库券承购包销团"，共有 58 家金融机构参加②，由中国工商银行信托投资公司任承销团干事。共计承销 38.76 亿元，其中，有券发行 27.74 亿元，无券记账发行 11.02 亿元。③ 这项改革试点，在国内外引起了强烈反响，认为是 1989 年以来最重要的经济改革之一。20 世纪 80 年代末的政治风波发生后，海外舆论一度对中国的改革开放进程充满疑虑，这一改革以实际行动证明中国的改革开放政策在继续进行。据统计，1991 年以承购包销方式发行的国库券占年发行总量的 65%。承购包销的试验成功，不仅使当年国债发行任务超额完成，而且使中国的国债发行顺利从行政手段向经济手段转变，这标志着国债的一级市场初步建立起来。

1991 年国债发行中引入承购包销机制仅仅是市场化改革中的一个初步尝试，这是因为承销机制只在小范围内使用，尚未在全国推广。承销合同的基本条款和条件以及国债息票率水平仍由政府设定，而不是由发行人和承销人通过直接谈判确定。同时，承销合同既不标准，也未得到切实履行。承销团并不能够负责所有国债的销售，因此改革初期的国债发行综合采用了中央承销、地方承销以及行政摊派等多种手段。国债发行方法上的这种调和反映了中央政府部门和地方当局之间的利益冲突。为解决中央承销人和地方承销人之间在国债分配上的冲突，财政部在 1992 年将所有债券发行责任都分配给了省、自治区和直辖市。这些债券的承销协议由地方财政厅（局）与各自管辖范围内的证券中介签署。尽管这样做的确在很大程度上缓解了中央政府和地方当局之间的冲突，但由中央承销转向地方承销被认为是一种倒退，因为从中央政府到地方当局之间的债券分销渠道

---

① "联办"成立于 1989 年 3 月 15 日，是由九家全国性非银行金融机构发起和集资成立，是原国务院体改办主管的事业单位。从酝酿和筹备时起，"联办"就把推动中国证券业和资本市场健康起步和规范化发展当成行动的宗旨，后来更名为中国证券市场研究设计中心。

② 据《2002 年中国国债市场年报》（北京，经济科学出版社，2003 年，第 1 版）第 430 页和高坚所著《中国债券资本市场》（中文版，北京，经济科学出版社，2009 年，第 1 版）第 107 页所载，当时有 70 家证券中介机构参加了承购包销团。

③ 项怀诚主编、贾康、赵全厚编著：《中国财政通史（当代卷）》，北京，中国财政经济出版社，2006 年，第 1 版，第 126 页。

本质上仍是行政主导，不是市场导向。① 因此，1992年在国债发行的市场化改革上没有取得很大的进展。可以一提的是，1992年，财政部改变了过去每年7月1日发行国库券的做法，将五年期国库券改为4月1日起发行（当年计划发行63.55亿元、实际发行了92.15亿元），三年期国库券改为7月1日起发行（当年计划发行210亿元、实际发行了246.79亿元）。分散发行期可以缓解国债工作人员由于发行期和兑付期交叉而大大增加工作量的矛盾。同时，提高发行频率，缩短发行周期，合理安排发行日期，既有利于吸收社会资金，也有利于加强国债管理和提高服务水平。1992年财政部还进行了两项试点，一是试行国库券无券发行，二是当年年底，在上海证券交易所进行了国债期货的试点。

从1992年下半年开始，中国出现了集资、投资、股票和房地产等经济过热现象，由于利率的不断上涨，国债市场环境也开始恶化，这直接影响了1993年的国债发行。当年财政部计划发行300亿元国库券（另外计划发行70亿元财政债券），仍然准备采取市场办法发行，但证券中介机构不愿意接受国家确定的发行条件，无法组织中央和地方的承购包销。在发行开始前，财政部反复研究了当时的形势，决定以柜台销售为主，采取多种形式的上门服务，以促进国债的销售。但发行开始后，各地发行进展极为缓慢。发行期过半以后，实际销售数额仅为发行总量的十分之一。国务院决定由各级政府出面组织动员，加快发行进度。各地方政府重新采取过去已经使用过的行政分配的方法。虽然经过努力，还是按时完成了国库券的发行任务，保证了国家预算的平衡，但用恢复行政分配的方式发行国库券，对国债市场的发展起到了很大的消极作用。② 但这一年国债的市场化进程还是取得了进展，即建立了一级自营商制度。1993年7月，国家确认了中国工商银行、华夏证券有限公司、中国国际信托投资公司、南方证券有限公司和中国光大国际信托投资公司等19家金融机构为首批国债一级自营商。为了进一步完善国债一级自营商制度，同年12月，财政部等三部门联合颁发了《中华人民共和国国债一级自营商管理办法》，明确规定国债一级自营商的权利与义务。国债一级自营商制度的建立，标志着中国国债市场向规范化方向迈出了重要一步。

1994年，中国的经济改革进入一个新的阶段。根据中共十四届三中

---

① 高坚：《中国债券资本市场》（中文版），北京，经济科学出版社，2009年，第1版，第111~112页。

② 高坚：《中国国债——国债的理论与实务》，北京，经济科学出版社，1995年，第1版，第56~57页。

全会《关于建立社会主义市场经济体制若干问题的决定》的战略部署，在财政金融领域实施了若干重大改革举措：进一步明确中央银行执行货币政策的独立性和完整性，建立强有力的金融宏观调控体系；成立三家政策性银行，四大国有银行改组为国有商业银行，商业银行与政策性银行彻底分离，为商业银行持有国债扫清了政策障碍。同时，《预算法》和《中国人民银行法》的实施，要求中央财政赤字不得再向中央银行透支，必须完全依靠发行国债予以弥补，这为国债的市场化改革提供了条件和动力。根据预算安排，1994年的债券发行总规模为1293亿元，其中国内国债1028亿元，① 为1993年的两倍多。鉴于上年度国债发行的困难，1994年的国债发行最初考虑以银行和非银行金融机构为主，并继续向养老金和保险金发行定向国债。1994年第一季度的零售物价指数达到20%左右，通货膨胀的抬头，使国家必须有效地控制货币供应量的增长。中央担心专业银行持有国债会增加货币供给，决定国债直接向社会销售给个人投资人。二年期国库券作为可上市的国债向社会公开发行，票面利率为13%；三年期国库券在原来设计的储蓄债券的基础上，经过修改后采取国库券存单的形式通过银行系统向社会上个人投资者销售，国库券存单发行结束后即可在购买的银行柜台兑取，这是一种全新的国债品种——凭证式国债，它具有以下明显特征：一是面向个人投资者销售，吸收以储蓄为目的的社会闲散资金；二是发行利率盯住并略高于同期限储蓄存款利率，保证一定的吸引力；三是利用现有银行网点柜台向社会发行。凭证式国债的这种设计思想既顺应了当时宏观经济环境，符合改革任务对国债发行工作的要求，也充分兼顾了发行人、投资人和发行中介机构三方面利益。对于发行人来说，凭证式国债的出现是国债发行的一大进步，不仅可以在不增加货币总供给的前提下，直接将消费资金转化为生产建设资金，而且发行程序简单，节省人力和经费，部分替代了原先的实物国库券；对于投资者来说，凭证式国债较好地满足了以储蓄为目的的稳健投资者的购买需求；对发行中介机构来说，以国有商业银行为主的承销机构网点众多，硬件设施齐全，从业人员具备必要的金融知识，客观上适合代理发行凭证式国债。由于销售凭证式国债即可以取得一定的承销手续费，也可以扩大知名度、增加业务品种，对吸引存款客户也有一定促进作用，符合国有商业银行商业化经营的要求。因此，凭证式国债一经推出便受到了城乡居民的普遍欢

---

① 中国国债协会编：《2003年中国国债市场年报》，北京，中国财政经济出版社，2004年，第1版，第81页。

迎，仅用四个月就实现销售额度 700 亿元，超额完成原定 600 亿元的发行计划，占当年内债发行总量的 68%，[①] 为圆满完成当年国债发行任务起到了决定性作用。同时，凭证式国债的大量发行，也为大力发展以市场方式定价、电子记账、具有较强金融功能的记账式国债赢得了时间。此后，凭证式国债成为中央财政最稳定、最可靠的债务融资工具之一。1994 年国债市场的另一重要事件是第一次发行了一年期以下的短期国债，分别发行了半年期国库券 50.28 亿元、一年期国库券 82.35 亿元，实现了期限品种的多样化。

1995 年，财政部继续采取承购包销和柜台销售相结合的方法发行当年国债，但第一期国债发行完成后，第二期国债的承购包销出现困难，于是在当年 8 月第一次进行了国债招标发行的试点。[②] 这次采取了手工输单、多种价格的划款期招标。试行了基数认购、竞价招标的发行方式，试点获得了很大成功。招标方式的采用是中国国债发行体制改革的重要转折点，因为这是一种完全市场化的发行方式。虽然国债发行主体和投标人都面临着一定的市场风险，但同时，由市场来决定国债的发行价格和收益率，使国债发行条件能够较准确地反映出市场资金的供求情况，降低了发行成本，提高了发行率，促进了基准利率体系的形成。因此可以说，它是比较适合中国国债市场发展的一种发行方式。通过招标形成了科学的价格决定机制，加速了利率市场化进程，为整个金融市场的发展奠定了基础。[③] 招标发行方式体现了财政部推进国债发行市场化的决心，表明中国采用行政方式发行国债的历史一去不复返了，从而增强了广大投资者对国债市场的信心。

鉴于 1995 年招标发行的巨大成功，1996 年的国债发行全面采取招标方式。1996 年国债发行基本上采取先由一级自营商按发行总额的一定比

---

① 中国国债协会编：《2003 年中国国债市场年报》，北京，中国财政经济出版社，2004 年，第 1 版，第 82 页。

② 根据这项改革的主要推动者高坚的回忆，当时国债招标发行的试点工作还是比较匆忙的：高坚打电话征得财政部副部长刘积斌同意后，距开始投标只有两个小时的准备时间。在这两个小时里面，设计了招标办法，然后用红塔山香烟的长盒做了一个标箱。招标就用手写票，然后找个黑板记票，推荐两个监票人。依照各投标人的划款期从前往后排，谁靠前谁的中标概率就大。最后效果非常好，因为大家都有积极性了，结果不仅原定数量完成了，还有一些多出的需求。参见刘克崮、贾康主编《中国财税改革三十年亲历与回顾》，北京，经济科学出版社，2008年，第 1 版，第 169 页。

③ 国债招标过程中，中标价格相对应的收益率低于同期限的同业拆借、国债回购等市场利率，高于同期银行存款利率，使利率高低与风险大小的关系得到了体现。参见安国俊：《国债管理研究》，北京，经济科学出版社，2007 年，第 1 版，第 135 页。

例（1%）作为基本承销额，余额在组成的承包团范围内公开招标的方式，这实质上是一种承购包销和招标发行相结合的国债发行方式。财政部在这一年成功地运用市场导向的发行方法，向市场发行了 1847.77 亿元的国债①。1996 年反映国债市场化进程的另一重要事件是中央国债登记结算有限公司的成立，它是经国务院批准、由财政部和中国人民银行将北京证券交易中心改组而成的。中央国债登记结算公司的成立，标志着中国朝着建立全国统一、安全、高效的国债登记结算系统迈出重要一步。

1997 年的国债发行结构与 1994～1995 年的大体相同，主要以凭证式国债为主，其发行额占当年国债发行总额的 68%。国债期限品种以三年、二年、五年为主，主要是通过承购包销和柜台销售方式面向个人投资者发行。当年还在证券交易所面向一级自营商招标发行了两期记账式国债。其中二年期国债为零息国债，折价发行，零息国债的发行极大地鼓舞了二级市场的信心。同年发行的十年期国债为附息国债，息票率较低，并采用公开拍卖方式发行，十年期国债在发行后的收益率与二级市场的收益率相一致。这两个国债品种随后成为市场上表现最为出色的两个债券。有了这些市场基础的支撑，国债发行方法也很顺利地过渡到自由公开拍卖，拍卖中不对到期期限和息票率施加任何限制，这进一步提升了中国国债市场的分销效率。②

另外，根据国务院的指示，中国人民银行于 1997 年 6 月发出通知，要求所有商业银行全部退出证券交易所国债市场，不再购买和持有国债，同时开办全国银行间债券市场，商业银行持有国债全部转由中央国债登记结算公司托管。至此，银行间债券市场建立，它是机构投资者进行大宗批发交易的场外市场，大部分记账式国债和全部政策性银行债券均在银行间债券市场发行、交易，这对于整个债券市场的发展具有重大影响。

纵观 1981～1997 年中国国债的发行概况，从国债的规模来看，呈逐年膨胀的趋势，特别是自 1994 年起，中国正式确定了财政赤字不得向银行透支或不得用银行的借款来弥补的制度，发行国债成为弥补财政赤字和债务还本付息的唯一手段，从而导致了国债发行规模的急剧扩大。随着国债发行规模的增大，国债的发行管理工作也得到明显改善。从发行种类上看，这个时期逐渐由单一种类向多元化发展。就券种而言，除国库券外，

———————————

① 中国财政杂志社编：《中国财政统计年鉴（2008 年卷）》，北京，中国财政杂志社，2008 年，第 1 版，第 406 页。

② 高坚：《中国债券资本市场》（中文版），北京，经济科学出版社，2009 年，第 1 版，第 107 页。

还发行了重点建设公债、建设公债、财政债券、保值公债、特种公债等；逐渐改变了偿还期限单一的状况，发行了五年期、三年期、二年期和一年以下的国债，基本实现了中、长、短结合的目标；国债的利率不再呆板、单调，而是根据国家经济的发展状况，在不同的年份、对不同的种类制定不同的利率；从发行对象上看，从面向单位和公民个人、以单位为主，逐渐转向多层面、以公民个人为主；从发行方式上看，从以行政手段为主，到逐步引入经济手段，直至探索市场化发行方式，初步建立起国债发行市场（一级市场）。这极大地改善了国债市场的效率和成本结构，对整个国债经济运行具有重大意义。

三、改革开放初期的国债流通市场

一般来说，国债市场包括发行（一级）市场和流通（二级）市场两个部分，两者密切相关，相辅相成。国债的一、二级市场必须同步并行发展。国债要能够以合理的价格在一级市场顺畅发行，必须依赖于一个完善的国债二级市场，也只有健全的国债二级市场，才能够形成较为合理的国债收益率曲线，促进利率的市场化进程，保证央行的货币政策的顺利传导。同时，高流动性的国债二级市场还是投资者进行资产管理、有效规避金融风险和确定金融产品价格的良好场所。总之，一个高效率的二级市场对保证政府的长期借款需要是至关重要的，只有一级市场和二级市场都朝市场化方向前进，国债的两个市场才会相互促进、相互推动、协调一致地发展起来。从国外经验看，应当是先有一级发行市场，然后才有二级流通市场。与之不同，中国国债市场的发展是先有二级市场，后有一级市场。

如前所述，1981年恢复国债发行头几年的《国库券条例》都规定："国库券不得当作货币流通，不得自由买卖。"居民和单位购买的国债，不能随时变现，使持券人感到很不方便。这成为国债发行困难的一个重要原因，也导致了国库券黑市的出现，虽然财政部等部门进行了严厉的打击，但成效不大。为解决群众变现难的问题，1985年中国人民银行曾经制定过一个国债贴现办法，而且从1986年开始，财政系统内部也办起了国债服务部，以方便国库券兑付。但这没能从根本上解决问题。当时除了由于贴现率定得不合理外，主要因为贴现率在一定时期内是固定的。人们对于国债的预期收益是经常变动的，而预期收益是要通过市场来实现的。同时，贴现只能满足持券人变现的需要，却不能满足在发行期结束以后居民买券的需要。尽管做了种种努力，但由于没有国债的二级市场，国债持有人感到变现不方便，影响了国债的信誉，国债发行困难的问题也未能得到有效解决。因此，为了满足国债投资人的需要，建立一个国债流通转让的市场已经势在必行。①

（一）1988~1990 年的国债流通市场

1988 年 4 月，国家首先在七个城市（上海、沈阳、重庆、武汉、哈尔滨、广州、深圳）进行国债流通转让的试点，同年 6 月，试点城市又增加了 54 个。为避免国库券的盲目上市，国家首先允许转让的国库券仅限于 1985、1986 两年发行的国库券，待试点成功、取得经验之后，再全面放开。试点工作在各级政府的领导下，组成由财政、中国人民银行、工商行政管理、公安等部门参加的国库券转让试点工作领导小组，同时组建了国库券转让中介机构。经过一年多的试点，国债流通市场初步形成，面临的主要问题是：多数转让，少数购进。在流通市场开放的前两个月时间内，中介机构办理的柜台交易额中有 70%~80% 是转让的。市场中只有卖，没有买，必然使交易价格下跌。特别是 1988 年中国由于经济过热，出现了较为严重的通货膨胀，更加剧了持券人竞相抛售国债的局面，导致了价格维持在较低的水平，二手国库券的收益率一般都在 20% 以上。当时为了保护持券人的利益，财政部规定中介机构收券不得低于面值，保本转让，同时规定价差不得高于交易额的 2%，使国债价格不再下跌。同时扩大上市券种，并缩短从发行期到上市期的时间，减少了对流通转让券种和时间的限制。但新成立的证券中介机构没有足够的资本金收购国债券，常常拒绝收购和降低收购价格。中介机构之间没有交易，经营活动难以为继。由于试点只是在一定范围内实行，试点地区以外的地方黑市流行，一些非法商贩利用地区价差倒卖国债券的现象非常严重。

1990 年经济过热的现象得到了控制，物价水平由 1988 年的 18.5%、1989 年的 17.8% 下降到 1990 年的 2.1%，这使国债市场出现了新的转机。国库券的收购价格从低于面值到高于面值，国库券收益率下降到 20% 以下，国库券的地区差价由 3~6 元降低到 1~2 元。② 与此同时，为了使国债全面进入市场，国家从 1990 年开始，采取一系列措施促进国债二级市场的发育。首先，国家逐步放开上市转让的国债券种。1990 年 5 月，在

---

① 此处内容主要参考高坚：《中国国债——国债的理论与实务》，北京，经济科学出版社，1995 年，第 1 版，第 142~146 页；项怀诚主编，贾康、赵全厚编著：《中国财政通史（当代卷）》，北京，中国财政经济出版社，2006 年，第 1 版，第 128~129 页；马庆泉、吴清主编：《中国证券史·第一卷（1978~1998 年）》，北京，中国金融出版社，2009 年，第 1 版，第 52~53 页。

② 高坚：《中国国债——国债的理论与实务》，北京，经济科学出版社，1995 年，第 1 版，第 142 页。

允许 1985 年、1986 两年发行的国库券上市转让的基础上，财政部发出了允许 1982 年、1983 年、1987 年和 1988 年对个人发行的国库券上市转让的通知；1990 年 9 月，根据市场流通的走向，财政部与中国人民银行联合发出通知，允许 1989 年国库券和保值公债上市转让；同年 12 月，发出通知允许 1990 年国库券上市转让。至此，各类国库券的上市转让已经全面放开，这为搞活国债市场起到了推动作用，为国债二级市场的建立创造了先导条件。其次，促进各有关部门在国债流通转让市场管理上的协调行动。1990 年 5 月，财政部会同中国人民银行、国家工商行政管理局和公安部联合发出了《关于打击国债非法交易活动的通知》，明确打击国债的非法交易，维护国债市场的正常秩序和正常的交易活动。最后，用经济手段引导市场，发展和培育一批国债交易的中介机构。到 1990 年底，全国已有 61 个城市建立了国债交易的中介机构，这些中介机构对保护群众利益、维护国债信誉、促进国债的发行和流通，对贯彻国家的国债政策、维护国债的正常交易秩序、促进二级市场的发育等都起了重要作用。[①]

1990 年 12 月，上海证券交易所的开业进一步推动了国库券地区间交易的发展。同年"联办"自动报价系统的开通，加快了证券交易的速度，使国债流通市场的发展达到了一个新的高度，国债交易量不断增加。1988 ~ 1990 年国债累计流通总额为 161.40 亿元，其中国库券累计流通近 150 亿元。1988 年国库券流通试点取得"开门红"，当年国债流通总额为 24.21 亿元，其中国库券为 23.83 亿元，所占比例为 98%。1989 年因政治和经济原因，国债流通总额为 21.26 亿元，较上年减少近 2.95 亿元。1990 年，由于 1989 年国库券发行规模（90 多亿元）的扩大及流通品种的增加，国债流通总额为 115.94 亿元，是 1988 年的 4.79 倍、1989 年的 5.45 倍。其中，国库券流通量为 104.89 亿元，所占比例为 90%。[②]

（二）1991 ~ 1993 年的国债流通市场

1990 年底，中国国债市场的发展达到一个新的高度。适应国债交易的需要，证券中介机构像雨后春笋一样发展起来。随着市场的不断拓展，国债交易量不断增加。1990 年底，中国证券市场买卖交易额达到了 120 亿元，其中国债交易额约 100 亿元，占整个市场交易额的 83%。

由于国债市场开放的初期，国债价格和开放地区受到控制，使非法商

---

① 项怀诚主编，贾康、赵全厚编著：《中国财政通史（当代卷）》，北京，中国财政经济出版社，2006 年，第 1 版，第 128 页。

② 马庆泉、吴清主编：《中国证券史·第一卷（1978 ~ 1998 年）》，北京，中国金融出版社，2009 年，第 1 版，第 53 页。

贩有机可乘，以赚取地区差价为目的的商贩便应运而生，国债黑市十分普遍。为改变这种情况，1991年初，财政部决定扩大国债市场的开放范围，允许国债在全国400个地市一级以上的城市进行流通转让。国债二级市场的发展为国债一级市场的建立奠定了基础。同时，1991年国债承购包销的市场化方式的出现又进一步促进了国债流通市场的发展，国债中介机构迅速增加。1991年全国各种证券中介机构达到2000多家，国债交易量达到了370亿元。① 为了加强对证券业和国债业的行业管理，中国国债协会和中国证券协会于同年8月相继成立。两个协会的成立，标志着行业自律性管理的开始。

1992年，国债流通转让市场继续发展，交易量不断增加，全年交易额达到1083亿元。但从当年下半年开始，国债二级市场陷于低迷状态，主要表现为：第一，交易价格先升后降，市场收益率由低走高。第二，下半年交易市场卖盘居主，买盘不足，交易萎缩。上半年国债一级市场证券中介机构大量持有国债，而且大部分没有转售给个人投资者和机构投资者。投资者在二级市场追逐国债使需求量上升，促进交易价格上升。但由于1992下半年经济增长速度加快，投资迅速增加，不少地区房地产、股票投资热升温，而中央银行银根紧缩，银行存款利率调高，银行信贷资金趋紧。由于证券中介机构自有资金少，大部分为银行拆借资金，银行的紧缩效应迅速引起了中介机构的国债大量抛售，加之投资者受其他高利率投资的诱惑，国债交易价格一跌再跌，在上海证券交易所上市的1992年100元面额的一期国库券交易价一度跌至92元。② 国债二级市场交易的不活跃，影响了当年上半年已经签订了合同的第二期国债在社会上的销售。

1992年武汉国债交易中心成立，这是全国第一家专门开展国债流通转让的集中性交易场所。它的成立活跃了中南地区国债的交易。与此同时，适应广大持券人对于短期债券的需要，一些财政系统的证券中介机构采取拆长卖短的办法，将期限较长的五年期国库券和三年期国库券分解成一年期的短期国债，受到了投资者的欢迎，对于活跃国债的二级市场起到了一定的积极作用。

---

① 马庆泉、吴清主编：《中国证券史·第一卷（1978～1998年）》，北京，中国金融出版社，2009年，第1版，第193页。

② 国债回购是交易双方进行的以国债券为权利质押的一种短期资金融通业务，是指资金融入方（正回购方）在将债券出质给资金融出方（逆回购方）融入资金的同时，双方约定在将来某一日期由正回购方按约定回购利率计算的资金额向逆回购方返还资金，逆回购方向正回购方返还原出质债券的融资行为。

1993 年初，中国市场利率继续呈上升趋势，与此同时，国债交易价格不断下跌。因此，投资者要求借助国债派生工具进行套期保值、以避免利率风险的呼声出现。在此背景下，国债回购①首先在证券中介机构和银行之间以及证券中介机构之间得到应用，作为融通短期资金的一种手段。接着，国债期货开始在上海证券交易所进行试点。由于进行国债期货投资要求掌握相当的金融知识和操作技巧，对国家宏观经济形势的变化和国家财政金融政策有较灵敏的反应，加之投资风险比现货交易要大，因此，投资者比较谨慎，初始下单买卖金额较小，交易量不大。但从全年的交易量变化走势看，呈明显增长趋势。国债期货的出现，丰富了国债交易品种和方式，无论对促进国债一级市场还是二级市场都具有重要作用。

经过几年的发展，中国国债二级市场从部分城市发展到全国，从现货发展到期货，从柜台交易发展到交易所交易，形成了场内场外两个交易市场并存的格局②，取得了较大进展。但总体来看，交易所市场的国债交易量一直保持在一个较低的水平，且由于当时的国债流通市场尚未形成统一的托管机构，无记名实物券在发行后分散托管在代保管机构，国债的交易只能在代保管机构所在地进行，不能跨地区交易，没有形成一个全国性的国债流通市场。因此，在该阶段，实物券柜台市场在国债流通市场占了主导地位。

（三）1994～1997 年的国债流通市场

1994 年，国债回购交易同时在几个交易所展开。回购市场的发展对活跃一级国债市场和二级国债市场有重大影响。此外，回购交易还是一种强有力的杠杆，能有效推动金融市场的融资功能的发展。1995 年的国债二级市场交易规模迅速扩大，一段时期"债热股冷"现象明显，尤其是上半年国债市场交投旺盛远高过股票，大量资金流向债券市场，"国债热"成为当时证券市场的基本特征。与此同时，国债期货市场表现出了明显的投机性，并且投机风气有愈演愈烈之势，最终引发了"327 事件"。"327"是国债期货合约的代号，对应 1992 年发行、1995 年 6 月到期的三年期国库券。1995 年 2 月 23 日，财政部公布的 1995 年新债发行量被市场

---

① 场内市场即交易所市场。中国目前沪深交易所债券交易的参与主体为在交易所开立证券账户的非银行投资者，实际交易主体为证券公司、保险公司和城乡信用社。场外市场即 1997 年建立的全国银行间债券市场。

② 马庆泉、吴清主编：《中国证券史·第一卷（1978～1998 年）》，北京，中国金融出版社，2009 年，第 1 版，第 193～194 页。

视为利多，加之"327"国债本身贴息消息日趋明朗，致使全国各地国债期货市场均出现向上突破行情。上证所"327"合约空方主力在 148.50 价位封盘失败，行情飙升后蓄意违规。16 点 22 分之后，空方主力大量透支交易，在收市前十来分钟，以千万手巨量沽单将价格直线打压，使"327"品种由暴涨 3 元转为下跌 0.71 元，将价格打压至 147.50 元收盘，使 327 合约当日暴跌 38 元，并使当日开仓的多头全线爆仓，上海国债市场出现异常的剧烈震荡，"327"品种成交金额占去期市成交额近 80%。对此，上交所发布紧急通知称，当日 16 点 20 分以后的国债期货"327"品种的交易存在严重蓄意违规，故该部分成交不纳入计算当日结算价、成交量和持仓量的范围。鉴于中国当时尚不具备开展国债期货交易的基本条件，同年 5 月 17 日，中国证监会发出《关于暂停全国范围内国债期货交易试点的紧急通知》，关闭国期货市场。

1996 年，国债交易量进一步放大，当年上海证券交易所和深圳证券交易所国债现券交易额为 5029 亿元，比 1995 年的 773 亿元增加了近 6 倍。国债二级市场的火爆得益于以下方面的经济金融政策措施：第一，国家金融政策的调整刺激了国债流通市场的强势发展。中央银行以国债为工具的公开市场操作于 1996 年 4 月 9 日正式启动，众多商业银行介入国债市场，促进了国债市场的活跃和繁荣；与此同时，当时的宏观经济形势好转，物价指数和通货膨胀指数回落，加上 1996 年 4 月 1 日保值贴补的取消及随后的两次降息，增强了人们对国债收益的良好预期。第二，证券交易所推出的新举措对国债二级市场产生了良好影响。证券交易所不仅调整了国债回购标准券折算比例，而且还开通了异地联网回购交易中心以及无纸化国债交易等，使国债二级市场的深度和广度大大增加，[①] 实现了国债一级市场和二级市场的协调发展。

1997 年，出于对股市过热的担心，国务院要求所有银行完全退出股票交易所，从而切断了银行系统同股票交易所之间的一切资金联系，但同时，银行间债券市场应运而生。这一年的国债二级市场呈现出先抑后扬的特点。上半年的国债二级市场虽有较多的利好刺激，如财政部推出了便利国债投资的十大举措，但国债二级市场却较为低迷，如上海证券交易所 1997 年前五个月国债交易大多在 1500 亿元左右，从未突破 1750 亿元，

① 马庆泉、吴清主编：《中国证券史·第一卷（1978～1998 年）》，北京，中国金融出版社，2009 年，第 1 版，第 380 页。

而后七个月国债交易额则一直保持在 1750 亿～2250 亿元。[①] 1997 年上半年国债流通市场之所以较为低迷是因受股市和新股申购火暴的影响。但到了 1997 年下半年，因保险及养老基金大举入市，国债价格从第三季度开始出现稳步攀升的行情，特别是 10 月的第三次降息，拉大了国债的年收益率与一年期银行存款利率的差距，增强了国债的吸引力，国债市场重现了 1996 年两次降息的火暴场面。加上当年下半年建立的银行间债券市场，虽然从交易总规模上仍无法与证券交易所的交易相提并论，但其增长速度很快，大有后来居上之势。银行间债券市场的形成导致中国国债市场出现了两个相互分割的市场并存的局面，即投资者在交易所市场交易债券，而银行在银行间市场进行债券交易。

四、改革开放初期国债的作用

从 1981 年到 1997 年，中国的国债事业经过不断探索、不断改进，取得了初步繁荣的局面。国债事业的发展和繁荣，对于国家建设资金的筹集和平衡财政收支、调控国民经济发挥了巨大的作用。

（一）筹措了巨额的国家建设资金

改革开放初期，中国经济建设面临的一个主要困难是建设资金的短缺，而发行国债是解决这一困难的有效方法。1981～1987 年，国家财政筹集建设资金主要是通过向银行借款或透支进行的，因为当时国债的发行额年均只有几十亿元，尽管当时国债投资对经济建设起到一定的积极作用，但在整个财政投资中占的比例不大。1988～1997 年，中国随着市场化改革的深入发展，政府财政支出结构发生了明显的变化，财政的投资性支出逐步减少了对竞争性生产经营领域的投入，而转向具有外部性的公共基础设施项目与科研教育等有助于人力资本积累的项目。其间，政府财政用于基本建设方面的投资年均增长 10.89%，对文教卫生领域的投入年均增长 14.9%。这些支出的绝大部分来自国债融资。[②] 1991 年国债发行额将近 200 亿元，1994 年国债发行额突破 1000 亿元大关。通过增发国债筹集的资金主要用于公共设施建设，特别是生产性公共设施建设，从而对经济发展具有直接的推动作用。

（二）为国民经济运行发挥了杠杆作用

一是成为协调社会资金周转和促进国民经济均衡发展的工具。国债在

---

① 徐晓慧：《中国国债宏观经济效应研究》，吉林大学博士学位论文 2004 年，第 81～82 页。

② 杨大楷、李昆：《新中国国债市场的建立与完善》，《财经研究》1999 年第 11 期。

不改变资金所有权的条件下，却有计划地协调了社会资金在供求总量、结构和时间、空间分布上的均衡，这对增加资金积累、扩大就业、支持改革具有重要作用。二是成为协调消费和积累、改善资源配置、调整产业结构的经济手段。三是成为提供信用流通工具、调节资本市场与货币流通、启动投资者投资意识、推动金融改革的重要手段。四是成为正确处理各方面经济利益再分配的调节手段。

（三）国债成为财政政策的重要工具

在 1994 年以前，中央财政赤字是通过发行国债和向央行借款或透支两种方式来弥补。在《中华人民共和国中国人民银行法》和《中华人民共和国预算法》出台后，为彻底斩断财政赤字和通货膨胀之间的直接联系，从 1994 年开始，中央财政赤字完全通过发行国债来弥补，国债成为弥补财政赤字的唯一手段，成为确保预算收支平衡和实施财政政策的重要工具。

（四）国债开始成为政府间接调控的经济手段

1994 年，国家应对上年总需求过旺的情况，果断采取国债发行首次突破 1000 亿元大关的措施，压缩消费支出和投资支出，取得缓解过旺的社会需求的效果，表明中国国债已经具备了对经济运行宏观调节的能力。

第二节　亚洲金融危机后的国债

1997 年亚洲金融危机爆发后，中国的经济发展面临着十分严峻的国内外形势。为应对危机的冲击和国内需求不足的困难，中国果断实施积极财政政策。这是中国政府遵循市场经济规律而主动采取的以增发长期建设国债为主要内容的反周期调节，在中国的国债发展史上具有重大意义。以此为标志，中国的国债已不再仅仅是弥补财政赤字、解决财政困难的可靠手段，而是逐步成为货币政策和财政政策的重要工具，成了国家对经济实施宏观调控的重要杠杆。国债的功能实现了从基础层次到较高层次的发展。

一、亚洲金融危机后中国积极财政政策的实施

（一）亚洲金融危机对中国经济的影响

1997 年 7 月 2 日，亚洲金融风暴首先在泰国爆发，迅速席卷了马来西亚、新加坡、印度尼西亚、菲律宾等东南亚国家，股市暴跌，汇率下降，生产停滞，经济出现负增长，泡沫经济破灭。中国香港也很快受到波及，股市由 17000 点跌到 8000 多点。拉美、大洋洲、苏联、东欧国家都受到不同程度的影响。日本经济在经历了 20 世纪 90 年代的长期低迷后，亚洲金融危机的冲击使其雪上加霜。全球经济和贸易的增长步伐明显减慢。受亚洲金融危机的影响，中国经济形势急转直下，面临着前所未有的严峻考验。

1. 对外贸易受到严重冲击

1998 年以后，亚洲金融危机对中国出口的负面影响逐步显现出来。当年上半年的外贸出口额为 869.8 亿美元，同比增长 7.6%。相对于 1997 年同期的 26.2% 和 1997 年全年的 20.9% 大幅回落。[①] 与此同时，外商投资明显下降。受亚洲金融危机影响，海外资本向国内收缩，对外直接投资出现大幅度下滑。由于亚洲地区经济形势趋于严峻，大量国际资本回流到欧美等其他地区，造成亚洲地区投资萎缩。1997 年亚洲国家对中国投资占中国实际吸收外资总量的比例由以往的 80% 以上降为 75.6%，1998 年进一步下降为 68.7%。[②]

2. 消费需求增长趋缓

20 世纪 90 年代中期，医疗、住房、教育、社会保障等各项改革逐步推开，改革力度不断加大，居民预期未来支出增加。再加上失业率高、就业前景不乐观以及实际利率过高等因素，居民边际储蓄倾向上升，边际消费倾向下降。此外，市场发育不健全，消费信贷服务体系不完备，也大大限制了居民对住房、汽车等耐用消费品的消费；农村基础设施落后，农民收入增长缓慢，也制约了农村消费品市场及农业生产资料市场的发展。社会消费零售总额增长率持续下降，由 1996 年的 20.1% 逐渐下降至 1998 年的 6.8%。社会消费严重不足，商品销售不畅，企业开工率只有 60% 左

---

① 项怀诚：《中国积极的财政政策》，北京，中国财政经济出版社，2001 年，第 1 版，第 4 页。

② 谢旭人主编：《中国财政改革三十年》，北京，中国财政经济出版社，2008 年，第 1 版，第 471 页。

右，产品积压累计达 3 万亿元以上。① 更为深层次的变化是，中国市场供求关系发生显著变化，买方市场格局形成。

3. 投资需求增长乏力

1998 年，中国投资需求增长明显受到消费增长趋缓和金融体制改革滞后的制约。预期回报率较高的投资领域相对狭小，投资项目可选择的余地不大。特别是市场供求关系的变化，使得绝大多数生产资料和消费品价格持续下降。受此影响，在市场竞争中失去优势的企业经营亏损严重，而处于竞争优势的企业也面临市场萎缩的困境，投资预期收益下降，投资扩张能力削弱。所以，作为经济增长主要动力之一的固定资产投资，其增长幅度下降，1997 年下降为 8.8%，比上年回落 6 个百分点；1998 年 1~5 月份同比增幅继续回落 1.3 个百分点。② 如果不采取有效措施，固定资产投资下降趋势将难以扭转。

4. 国内物价持续走低

受消费需求不足和产品结构性过剩等因素的影响，中国商品零售价格总水平自 1997 年 10 月开始出现绝对下降，截至 1998 年 7 月，持续下降了 9 个月。居民消费价格指数从 1998 年 3 月开始出现下降。工业品价格指数自 1996 年 6 月以来持续下降，到 1998 年 7 月，已达 25 个月之久。③ 从全年价格走势看，没有明显的回转迹象，通货紧缩趋势已日渐明显。

5. 经济结构问题尤为突出

经济结构不合理是计划经济发展模式的产物。改革开放以来，随着经济的发展，在经济政策和市场调节共同作用下，结构不合理状况有所改善，但问题依然存在，亚洲金融危机使中国长期存在的经济结构不合理问题产生了放大效应。结构不合理主要表现在：其一，产业结构不合理，低技术水平的产品过剩与高新技术产品不足并存。据国家统计局对 900 多种主要工业产品生产能力的普查，中国生产能力严重过剩，而一些国民经济急需的技术含量高、有特色、市场前景好的产品则供给不足，有的缺口还很大。低水平的重复建设导致的产业结构不合理已经严重影响了中国国民经济持续、快速、健康发展。其二，城乡结构不合理。制约中国经济增长

---

① 刘克崮、贾康主编：《中国财税改革三十年亲历与回顾》，北京，经济科学出版社，2008 年，第 1 版，第 607 页。

② 谢旭人主编：《中国财政改革三十年》，北京，中国财政经济出版社，2008 年，第 1 版，第 472 页。

③ 项怀诚：《中国积极的财政政策》，北京，中国财政经济出版社，2001 年，第 1 版，第 4 页。

的主要因素是二元经济结构问题。农村经济发展缓慢关键在于非农业化（主要包括工业化和城市化）进程的滞后。其三，区域经济发展不协调。一些交通便利、基础较好的中部地区经济增长速度加快，东部与中部地区间人均 GDP 相对差距在 1998 年以前已出现逐年缩小的趋势。但西部地区由于历史和地理的因素，经济发展速度相对较慢，东部与西部地区的差距有扩大趋势。

6. 货币政策连续、密集运用后政策空间明显收窄

针对需求疲软的情况，国家在货币政策方面采取了一系列放松银根、刺激需求的政策，1996 年 5 月到 1998 年的两年多时间里，中央银行先后七次降低存贷款利率，并在 1998 年初取消国有商业银行的贷款限额控制（改行资产负债比例管理和风险管理）、降低准备金率、颁布积极实行贷款支持的指导意见等等，以求扩大企业贷款需求，刺激投资。货币政策如此连续、密集的运用，可以说是"竭尽全力"，然而迟迟没有产生足够明显的政策效果，其操作余地已经相对狭小。[1]

在上述多重因素共同作用下，1998 年中国经济面临着前所未有的严峻局面，经济周期处于低谷阶段，上半年 GDP 仅增长 7%，同比回落 2.5 个百分点；经济运行的质量和效益下降，前 5 个月国有企业净亏损 88.75 亿元，这是前几年所没有的；就业压力加大，城镇登记失业人口 600 万人，城镇登记失业率达到 3.1%。国民经济增长放慢带来新增就业机会不足，再就业形势趋于严峻；居民收入和储蓄增长减缓，城镇居民人均可支配收入增幅由 1994 年的 8.5% 下降到 1997 年的 3.4%，农村居民人均纯收入增幅由 1994 年的 5.1% 下降到 1997 年的 4.6%，居民储蓄增幅由 1994 年的 45.8% 下降到 1997 的 20.1%。[2]

（二）积极财政政策的实施

面对上述严峻的经济形势，为力求实现当年 8% 经济增长目标和抵御亚洲金融危机的冲击，中国决策层果断地采取增加政府投资、扩大内需方针，启动了积极的财政政策。

积极财政政策的实施，以 1998 年 8 月全国人大常委会第四次会议审议通过的财政预算调整方案为标志，当时的主要措施有三项：一是增发 1000 亿元长期建设国债，全部用于基础设施建设，主要包括农林水利、

① 谢旭人主编：《中国财政改革三十年》，北京，中国财政经济出版社，2008 年，第 1 版，第 474 页。

② 项怀诚：《中国：积极的财政政策》，北京，中国财政经济出版社，2001 年，第 1 版，第 8 页。

交通通信、城市基础设施、环境保护、城乡电网建设和改造、中央直属储备粮库等六个方面。二是向四大国有独资商业银行发行期限为 30 年的 2700 亿元特别国债，转为四大银行的资本金，提高银行资本充足率，以防范金融风险。三是调整税收政策，一方面提高纺织品原料及制成品、纺织机械、煤炭、水泥、钢材、船舶和部分机电、轻工产品的出口退税率，支持外贸出口；另一方面，降低关税税率，对国家鼓励发展的外商投资项目和国内投资项目，实行了在规定的范围内免征关税和进口环节增值税，以鼓励引进国外先进技术设备，扩大利用外资。此后，中国政府正确分析国内外经济形势，在外部环境压力依然比较严峻，国内有效需求不足的矛盾没有得到根本缓解的情况下，为了保持经济持续快速健康发展，巩固扩大需求的成果，继续实施积极的财政政策，并在 1999 年以后及时调整、不断丰富和完善了积极财政政策的调控方式，充分发挥政府投资、税收、收入分配、财政贴息、转移支付等多种手段的政策组合优势。在着力发挥财政支出作用的同时，也注重发挥税收政策的作用；在不断扩大国债投资的同时，注重扩大消费和出口；在加强基础设施建设的同时，注重配合大型国有骨干企业"三年脱困"，支持和推动企业技术改造与技术进步。综合起来，积极财政政策的主要措施为增发国债、扩大内需、加大基础设施投资力度、刺激消费、扩大出口。①

（三）适时转向稳健财政政策②

随着世界经济的逐步复苏和扩张型政策实过程中政府投资的拉动，从 2003 年起，中国经济已稳定地走出通货紧缩和需求不足的阴影。由于实施了积极的财政政策和从松的稳健货币政策，扩大国内需求，中国的国民经济进入新一轮上升时期。但与此同时，也出现了通货膨胀压力加大、部分地区和行业投资增长过快等问题。一是钢铁、汽车、电解铝、水泥等行业在建和拟建规模过大，货币信贷增长偏快，资源对经济增长的制约越来越大，并带来煤、电、油、运和原材料供应的紧张局面。在经济增长偏快的同时，物价上涨明显加快。2003 年全国居民消费价格指数和全国商品零售价格指数分别上涨 1.2% 和 - 0.1%，2004 年则分别同比上涨 3.9% 和 2.8%。二是经济运行中的深层次问题凸现，如结构性问题趋于突出，

---

① 财政部科学研究所课题组：《中国财政改革 30 年：回顾与展望》，《经济研究参考》2009 年第 2 期。

② 本部分内容主要参考财政部科学研究所课题组所写《中国财政改革 30 年：回顾与展望》（《经济研究参考》2009 年第 2 期）和谢旭人主编的《中国财政改革三十年》（北京，中国财政经济出版社，2008 年，第 1 版）。

主要体现在地区发展差距较大、产业结构和城乡结构发展不平衡；经济增长方式与资源、环境的矛盾更加尖锐，如 2004 年中国 GDP 仅占世界的 4.7%，而能源和资源消耗却占到世界的较高比重（石油占 8.2%、原煤占 34.4% 等），说明中国经济发展还带有明显的粗放型特征。三是连续多年的积极财政政策，使人们产生了"财政支出的不断扩张成为经济增长必要条件"的幻觉或依赖。财政国债投资用于政府计划调节，投资项目由地方各级层层申报，上级政府层层审批，同时还要求银行配套贷款、地方安排配套资金，这样一来，投资体制有重新向中央政府集中的趋势。四是中国财政风险和公共风险有逐步积累放大的趋势。连续多年的积极财政政策迅速扩大了政府债务规模。其主要表现是：（1）国债余额在 2003 年末已经达到了 2.1 万亿元以上，占 GDP 的比重为 20% 左右，而且还在迅速增长；（2）建设国债累计发行额达到了 9100 亿元；（3）积极财政政策实施过程中，银行部门和地方政府的配套资金数量可观，其中包含着加大地方财政实际债务和形成新一轮银行不良贷款的因素。总之，在经济已经有过热苗头和政府投资偏于亢奋的情况下，如果继续大规模安排国债投资，不但增加宏观经济调节的难度，也增加经济体制深化改革的难度。因此，中国宏观财政政策的转型已势在必行。

2004 年 12 月 3 日召开的中央经济工作会议指出：连续七年实施的积极财政政策，取得了显著成就。随着近年来经济环境发生明显变化，积极财政政策的着力点已经从扩大需求和拉动经济增长，逐步转向加强薄弱环节和调整经济结构。现在适当调整财政政策取向，实行稳健财政政策是适宜的、必要的。会议同时强调：财政政策调整的重点是适当减少财政赤字和长期建设国债发行规模，适当增加中央预算内经常性建设投资，财政支出要继续加大对"三农"、社会发展、区域协调和其他薄弱环节的支持力度，增加对深化改革的必要支持。这标志着中国的财政政策适时转为稳健的财政政策，它的核心内容可概括为四句话、十六个字："控制赤字、调整结构、推进改革、增收节支"。稳健财政政策在实施过程中注重把握调控力度，既保持一定的财政赤字规模以支持改革、发展和稳定，又按照加强宏观调控、防范财政风险的要求，适当控制财政赤字增长。因此，稳健财政政策的实施在宏观调控中发挥了重要作用，推进了一系列改革，比如增值税转型试点、企业所得税合并、农业税改革等，同时强化税收征管、增收节支等，为国民经济的平稳、较快发展做出了贡献。

（四）世界金融危机背景下积极财政政策的重新启动

2007 年 4 月，美国第二大次级抵押贷款公司——新世纪金融公司濒临破产，拉开了美国次贷危机的序幕；之后，美国次贷市场出现共振效应，整体违约率不断提高，大量放贷机构陷入困境；继而美国房地产市场继续恶化，直接拖累美国经济放缓。随着美国次贷危机的蔓延，因次级抵押贷款机构破产、投资基金被迫关闭、股市剧烈震荡引起的风暴加剧。2008年下半年以来，美、欧等国经济普遍出现负增长，金融市场也受到了较大的负面影响，这种影响不可避免地渗透到实体经济当中，且不断向其他国家和地区扩散。世界各国纷纷出台一系列救助性措施来拯救脆弱的金融体系和复苏经济。

由于中国金融市场尚未完全放开，国内金融机构对海外金融市场的投资参与程度不高，因此，次贷危机对中国金融体系的直接影响是有限的。但在经济全球化的形势下，随着危机的蔓延，特别是向实体经济的扩散，危机对中国经济的影响越来越明显，首先表现为外贸出口持续下滑、工业企业效益的下降。据国家发改委提供的资料，2008年三季度国内GDP增长为9.9%，创四年来的新低；工业企业利润下降则更为厉害，增长速度从之前的28%左右跌到了12%。而10月份，全国规模以上工业企业的年主营业务收入500万元以上的企业增加值同比增长8.2%，比上年同期回落了9.7个百分点。2008年11月进口及出口增速急剧下降，创下自2001年及2005年以来的首次出口及进口负增长。据初步测算，2008年前三季度货物和服务的进出口对经济增长的贡献率为12.5%，比2007年同期下降8.9个百分点，拉动经济增长1.2个百分点，同比下降1.2个百分点。其次，从2008年7月起，财政收入单月增速逐步回落，7、8、9三个月全国财政收入分别增长16.5%、10.1%和3.1%。10月份，全国财政收入5328.95亿元，比2007年同月下降0.3%。其中，中央财政收入2776.38亿元，同比下降8.4%。这是2008年来首次出现负增长。①而1～10月累计，全国财政收入54275.81亿元，比2007年同期增长22.6%。全国财政收入增长呈前高后低、逐月回落态势。根据财政部的分析，财政收入同比下降的主要原因是政策性减税较多和经济增长放缓、企业效益下降影响税收增长。再次，拉动经济增长的消费乏力，缺乏后劲，主要是由于居民可支配收入已经与消费出现较大的背离，在收入增速下滑的情况下，消费无法维持高增长。世界金融危机后出现的股市及房市的疲软还导致投资者财富缩水，这种负财富效应在经济下滑的预期下进一步显现，导

---

① 财政部科学研究所课题组：《中国财政改革30年：回顾与展望》，《经济研究参考》2009年2F－1。

致消费下滑。总之，金融危机对中国经济的实质性影响是，拉动经济增长的"三驾马车"中，出口出现停滞，消费步履蹒跚，投资成为促进中国经济增长的主要动力。

面对国内外严峻的经济形势，党中央、国务院及时决策，采取相应的措施迎接现实的挑战。2008年11月5日，国务院总理温家宝主持召开国务院常务会议，研究部署进一步扩大内需、促进经济平稳较快增长的措施。会议确定了当前进一步扩大内需、促进经济增长的十项措施。一是加快建设保障性安居工程。加大对廉租住房建设支持力度，加快棚户区改造，实施游牧民定居工程，扩大农村危房改造试点。二是加快农村基础设施建设。加大农村沼气、饮水安全工程和农村公路建设力度，完善农村电网，加快南水北调等重大水利工程建设和病险水库除险加固，加强大型灌区节水改造，加大扶贫开发力度。三是加快铁路、公路和机场等重大基础设施建设。重点建设一批客运专线、煤运通道项目和西部干线铁路，完善高速公路网，安排中西部干线机场和支线机场建设，加快城市电网改造。四是加快医疗卫生、文化教育事业发展，加强基层医疗卫生服务体系建设，加快中西部农村初中校舍改造，推进中西部地区特殊教育学校和乡镇综合文化站建设。五是加强生态环境建设。加快城镇污水、垃圾处理设施建设和重点流域水污染防治，加强重点防护林和天然林资源保护工程建设，支持重点节能减排工程建设。六是加快自主创新和结构调整。支持高技术产业化建设和产业技术进步，支持服务业发展。七是加快地震灾区灾后重建各项工作。八是提高城乡居民收入。提高2009年粮食最低收购价格，提高农资综合直补、良种补贴、农机具补贴等标准，增加农民收入。提高低收入群体等社保对象待遇水平，增加城市和农村低保补助，继续提高企业退休人员基本养老金水平和优抚对象生活补助标准。九是在全国所有地区、所有行业全面实施增值税转型改革，鼓励企业技术改造，减轻企业负担1200亿元。十是加大金融对经济增长的支持力度。取消对商业银行的信贷规模限制，合理扩大信贷规模，加大对重点工程、"三农"、中小企业和技术改造、兼并重组的信贷支持，有针对性地培育和巩固消费信贷增长点。初步匡算，实施上述工程建设，到2010年底约需投资4万亿元。为加快建设进度，会议决定，2008年四季度先增加安排中央投资1000亿元，2009年灾后重建基金提前安排200亿元，带动地方和社会投资，总规模达到4000亿元。①

---

① 《温家宝主持国务院常务会 确定扩大内需十项措施》，《人民日报》2008年11月10日。

2008年12月8~10日，在北京举行的中央经济工作会议提出了2009年经济工作的重点任务，进一步明确提出："加强和改善宏观调控，实施积极的财政政策和适度宽松的货币政策。要较大幅度增加公共支出，保障重点领域和重点建设支出，支持地震灾区灾后恢复重建，实行结构性减税，优化财政支出结构，继续加大对'三农'、就业、社会保障、教育、医疗、节能减排、自主创新、先进装备制造业、服务业、中小企业、重大改革等方面的支持力度，加大对低收入家庭的补贴和救助力度。"这标志着中国又一次正式启动了积极的财政政策。

从新一轮积极财政的实施效果来看，可以得出基本结论：一是积极财政政策保增长作用强劲。积极财政政策的实施是当时中国经济增长的"强心针"，从刺激内需和稳定外需两个方面，有效抑制中国经济下滑局面，在提升市场主体信心上起到积极作用，是焕发中国经济内生增长潜力的"助推器"。二是积极财政政策工具配合得力。本轮积极财政政策实施一揽子政策措施，发债、增支、补贴、减税和税改等政策工具配合得当，积极财政政策工具组合富于效率，尤其是扩大政府公共投资并先后多次提高出口退税率，有效缓解了国际金融危机对中国对外贸易的严重冲击，稳定了对外贸易形势。三是政策目标选择恰当。将短期和中长期目标相结合，政策着力点由扩大公共投资向兼顾增加政府消费转变，有助于经济增长方式转变。总体来说，中国积极财政政策调控经验日益丰富，调控手段日臻完善，调控节奏和力度把握恰到好处，调控更显稳健和从容。

二、亚洲金融危机后的国债发行市场

从1998年开始实施的积极财政政策，是以扩大国债发行规模、增加财政资金建设投入、刺激内需为主要特征的。在此政策背景下，中国每年的国债发行额均有较快的增长。1998年全年共发行国债3808亿元，是历史上国债发行量最多的年份。其中，向四大国有独资商业银行增发了1000亿元长期建设国债，所筹资金专项投入基础设施和重点产业等领域。此外，为提高国有商业银行的竞争实力和防范风险的能力，经全国人大常委会审议通过，财政部向四大国有独资商业银行发行了2700亿元特别国债，全部用于补充国有独资商业银行的资本金。由于积极财政政策的继续实施，1999年的国债发行额达到4015亿元，2002年上升到5934.3亿元，

2003 年则达到创纪录的 6283.4 亿元。① 2004 年开始，中国财政政策由积极和扩张性的财政政策转向实行中性财政政策，标志是 2004 年一季度，国债累计发行 832 亿元，同比下降 12.5%。② 但 2004、2005 两年的国债发行额仍分别达到 6726.28 亿元和 6922.87 亿元。从 2006 年起，中国开始实行债务余额管理，当年的国内债务余额为 34380.24 亿元，而 2007年、2008 年的债务余额分别升至 51467.65 亿元和 52799.32 亿元。③ 随着新一轮积极财政政策的实施，2013 年的国债余额再创历史新高，达到95471 亿元④。

随着国债市场投资条件和环境的改善，中国从 1998 年开始停止了实物国债发行，这样就从根本上杜绝了假券产生的源头，有效避免了利用国债代保管单等凭证进行资金拆借或者恶意诈骗行为，并节省了大笔国债印制、调运、保管和销毁费用。但由于 1998 年整个宏观经济所面临通缩问题，当年的国债发行无论从绝对成本角度还是从相对成本角度来分析，当年的国债发行成本都相当高。在 1998 年第二次调整银行存款利率之前，市场上的十年期国债的收益率约为 5%，但当年面向个人投资者发行的三年期国债的收益率高达 5.85%，面向银行发行的十年期国债的利率为5.5%，这两种国债的发行利率都明显高于二级国债市场的收益率水平，因此只能完全放弃招标的发行方式，而全部采用计划定价的方式发行。

中国在发行固定利率国债基础上，于 1999 年开始发行浮动利率国债，保证了 1999~2000 年长期固定利率国债发行困难时期国债任务的顺利完成。继 1998 年发行记账式国债，1999 年，中国又面向银行间、交易所市场同时发行了记账式国债，为国债市场的统一做了有益的尝试。同年，在银行间、交易所市场的国债发行中，市场化招标发行方式得以恢复。2000年以后，采取招标发行的国债比例逐年提高。2000 年通过竞标发行的国债数额为约 2000 亿元，占当年国债发行总规模的近 41.2%，2001 年达到

①　数字据《中国金融年鉴》和中央国债登记公司。由于统计口径不一致，《中国财政年鉴》所载这几年的国债发行数为：1989 年 3228.77 亿元、1999 年 3702.13 亿元、2002 年 5660 亿元、2003 年 6029.24 亿元，参见《中国财政年鉴（2008）》，北京，中国财政杂志社，2008 年，第 1 版，第 406 页。

②　程瑞华：《从国债发行看财政政策由积极转向中性》，《金融时报》2004 年 6 月 18 日。

③　中华人民共和国统计局编：《中国统计年鉴（2010）》，北京，中国统计出版社，2010年，第 1 版，第 296 页。

④　数字参见《中国期货证券统计年鉴（2014）》，上海，学林出版社，2014 年，第 1 版，第 84 页。另据《中国统计年鉴（2014）》（北京，中国统计出版社，2014 年，第 1 版）第 200 页所载：截至 2013 年底的国债余额为 85836.05 亿元。两者的差额为中央代发的地方政府债，前者包括地方债，后者未包括。

63.14%，2002 达到 63.27%，①市场化程度进一步深化，使发行价格或者利率的形成更充分体现了市场竞争信息。总之，积极财政的实施为国债市场提供了难得的发展机遇，使中国国债市场取得了举世瞩目的成就，主要表现为：

第一，完善承销团制度，强化成员义务。中国 1993 年就建立了国债一级自营商制度，2000 年，财政部结合市场发育状况，率先在银行间债券市场开始组建国债承销团；2002 年交易所市场和凭证式国债承销团也相继组建；2003 年又对银行间债券市场、交易所市场国债承销团的成员资格进行了甲、乙类细化，并赋予其不同的权利和义务。通过国债承销团的组建，进一步明确了发行主体与承销机构的权利和义务，使国债发行和承销行为更加制度化、规范化。同时，由于在承销团组建工作中引入退出机制，提高了承销机构间的竞争程度，有利于国债的顺畅发行。2006 年 7月 4 日，经财政部、中国人民银行、中国证券监督管理委员会审议通过了新的《国债承销团成员资格审批办法》并公布施行。自此，国债承销团成员资格的审批程序实现了制度化，从而使国债承销团成员资格的审批更为严谨及规范化，按照该办法审批通过的国债承销团成员资格有效期为三年，期满后，成员资格依照该办法再次审批，达不到硬性指标的金融机构将无缘国债承销。②从 2013 年开始，财政部与国债承销团成员之间不再是行政审批关系，而是一种符合市场运行惯例的甲方乙方对等关系。目前，记账式国债承销团成员大体上由 50 家成员组成，其中多数成员都是中国人民银行公开市场业务一级交易商和银行间债券市场做市商，在国债二级市场运行中发挥着重要作用，保障了国债一级市场和二级市场的有效对接。③

第二，招标技术日益完善。财政部在这一时期的国债招标发行中，不断根据市场的发展和变化情况，改进国债招标发行技术，逐步采用了更加市场化的改革措施，诸如根据市场状况合理确定招标标的、改连续投标为不连续投标、放大每个标位的最大投标限量、取消投标下限、逐步取消非竞争性招标部分等。国债招标技术的改进，赋予了国债承销机构根据市场运行情况自主投标的权力，提高了承销机构投标的积极性；同时，经投标

---

① 曾军：《中国国债问题研究》，四川大学博士学位论文，2003 年 3 月，第 35 页。

② 武振荣：《国债经济运行研究》，北京，经济科学出版社，2009 年，第 1 版，第 229 页。

③《深化国债管理制度改革　促进中国国债市场发展——财政部国库司翟钢司长在国债市场流动性及中国案例研讨会上的讲话》，《2013 年中国国债市场年报》，北京，中国财政经济出版社，2014 年，第 1 版，第 32 页。

确定的国债利率能够更加真实地反映市场，较好地做到了国债一级市场与二级市场的衔接。在 2004 年前，中国的国债招标中既有"荷兰式"招标方式①，也有"美国式"招标方式②。2004 年 4 月财政部引入了"混合式"招标方式③，它能充分利用多重价格"美国式"招标和单一价格"荷兰式"招标的长处，又能有效避免单个招标模式的不足，是招标技术上的一种创新，对价格发现和降低成本起到了积极作用。④ 2012 年已形成了一年期以下国债采用多种利率招标方式、关键期限国债采用混合利率招标方式、超长期国债采用单一利率招标方式的记账式国债招标体系。目前，所有记账式国债全部通过电子招标系统招标发行，招标方式包括单一利率招标、多种利率招标和混合利率招标，以混合利率招标方式为主。近几年来，每年 50～60 次的招标操作均能平稳顺利进行，发行效率很高，这对于保障二级市场正常运行至为关键。⑤

　　第三，国债发行品种不断创新。近年来，财政部在国债期限品种创新方面进行大胆尝试，于 2001 年先后在银行间和交易所市场探索发行了 15 年和 20 年期国债，2002 年又成功地发行了 30 年期国债；2004 年以来，财政部在加大短期国债的发行力度的同时，也调整了国债产品期限结构，陆续发行了 3 个月、6 个月、1 年、2 年、3 年、5 年、7 年、10 年、15 年、20 年和 30 年期限的国债，短期债券和长期债券的增多，使机构投资者出于资产配置需要而产生的对长期国债的需求和出于现金管理需要而产

---

　　① "荷兰式"招标：标的为利率或利差时，全场最高中标利率或利差为当期国债票面利率或基本利差，各中标机构均按面值承销；标的为价格时，全场最低中标价格为当期国债发行价格，各中标机构均按发行价格承销。

　　② "美国式"招标：标的为利率时，全场加权平均中标利率为当期国债票面利率，中标机构按各自中标标位利率与票面利率折算的价格承销；标的为价格时，全场加权平均中标价格为当期国债发行价格，中标机构按各自中标标位的价格承销。

　　③ "混合式"招标：标的为利率时，全场加权平均中标利率为当期国债票面利率，低于或等于票面利率的标位，按面值承销；高于票面利率一定数量以内的标位，按各中标标位的利率与票面利率折算的价格承销；高于票面利率一定数量以上的标位，全部落标。标的为价格时，全场加权平均中标价格为当期国债发行价格，高于或等于发行价格的标位，按发行价格承销；低于发行价格一定数量以内的标位，按各中标标位的价格承销，低于发行价格一定数量以上的标位，全部落标。背离全场加权平均投标利率或价格一定数量的标位视为无效投标，全部落标，不参与全场加权平均中标利率或价格的计算。在这种招标模式下，投标人更有动力改善其投标技巧。然而，如果投标人对市场走势的看法存在比较大的分歧，"混合式"招标就会面临很大的挑战，在极差情形下甚至会发生招标失败。

　　④ 安国俊：《国债管理研究》，北京，经济科学出版社，2007 年，第 1 版，第 136 页。

　　⑤ 《深化国债管理制度改革　促进中国国债市场发展——财政部国库司翟钢司长在国债市场流动性及中国案例研讨会上的讲话》，载《2013 年中国国债市场年报》，北京，中国财政经济出版社，2014 年，第 1 版，第 31 页。

生的对短期国债的需求得到一定的缓解。与此同时，还在 2004 年推出了凭证式国债（电子记账），2006 年推出了储蓄国债（电子式），在国债产品方面迈出了创新的步伐；2007 年再次发行了 300 亿元 30 年期国债。最近几年，中、长期国债的发行每年都保持一定的规模。中、长期国债发行的增加，尤其是超长期固定利率国债的推出，初步形成了较为合理的国债期限结构，对活跃国债市场，拓展其广度和深度，丰富国债投资品种，满足市场多元化需求都产生了积极推动作用，使各类市场投资者有了更多的选择和进行金融产品投资组合的空间。[1]

第四，实现基准期限国债规律化发行，完善国债收益率曲线。国债收益率曲线是描述国债投资收益率与期限之间关系的曲线。由于国债具有无风险、流动性强、免税等特点，国债收益率曲线通常作为无风险收益率，成为其他金融产品的定价基准。而基准期限国债对其他期限国债收益率形成起到有效的引导作用，对形成国债收益率曲线尤为重要。如前所述，财政部从 2001 年起，重点对国债的期限结构进行了调整，加大了 10 年期以上长期国债的发行力度。从 2001 年开始，财政部又将 7 年期国债作为关键期限国债定期滚动发行[2]。目前，关键期限国债已经扩展到 1 年、3 年、7 年和 10 年，并于年初公布关键期限国债的全年计划，以增强市场的预见性和稳定性。2006 年实行国债余额管理后，开始定期滚动均衡发行 3 个月、6 个月的短期国债，从而使国债发行期限形成从 3 个月到 30 年的短、中、长期的国债期限结构，对国债收益率曲线的完善有重要意义。目前，已做到所有记账式国债都跨市场发行，并大大提高跨市场国债转托管效率，从而促进国债市场的统一互连，提高国债交易价格的合理性，提高国债收益率曲线的真实性和可靠性。随着国债收益率曲线的形成和完善，它对完善金融机构的监管与风险自控机制、进而对中国金融市场的发展具有重要意义。[3]

三、亚洲金融危机后的国债流通市场

随着 1998 年积极财政政策的实施和国债发行规模的扩大，借助电子化的交易网络，这一时期的国债流通（二级）市场获得了空前快速的发

---

① 武振荣：《国债经济运行研究》，北京，经济科学出版社，2009 年，第 1 版，第 230 页。

② 当时之所以用 7 年期的国债来滚动发行，是考虑到中国发行的记账式国债的平均期限为 6.7 年，而且当时国债流通市场的品种仍以中期国债为主。

③ 中国国债协会编：《2007 年中国国债市场年报》，北京，中国财政经济出版社，2008 年，第 1 版，第 34 页。

展。目前中国国债市场已形成包括全国银行间国债市场①、上交所国债市场②和柜台国债市场③三部分，各类机构和个人等众多投资者参与的相对比较完整的市场格局。

（一）二级市场得到进一步开放

机构投资者是中国国债市场的重要力量，在交易中起主导作用，其构成也较为丰富。由于历史原因，中国国债市场机构投资者的数量和种类相对比较少，1997 年银行间市场机构投资者只有 16 家，经过几年的发展也才达到了 1600 多家。为改善投资者结构，财政部等有关部门自 1998 年来采取了一系列措施：第一，2002 年 4 月，中国人民银行发布了第 5 号公告，将金融机构进入银行间债券市场准入制度由审批改为备案，所有金融机构能够自主成为银行间市场的成员。第二，2002 年 6 月商业银行国债柜台交易市场开办，实现了报价驱动市场中批发与零售交易的衔接。个人投资者可以通过商业银行柜台买卖记账式国债。国债柜台市场由四大国有银行作为报价商在柜台与投资者进行债券交易。2004 年柜台国债交易投资者猛增，交易量呈现出稳步增长趋势。截至 2008 年底，有 43 只国债在柜台市场交易，年累计交易金额已达到 30 亿元。在柜台市场中，由工、农、中、建、招商、南京、北京等七家银行连续对所有柜台交易的国债进行报价，投资者可根据银行的报价与银行交易。交易主体的融合程度较 1997 年以后到 2002 年以前有了很大的改观，有利于国债二级市场流动性的提高。第三，2002 年 10 月，中国人民银行发布《关于中国工商银行等 39 家商业银行开办债券结算代理业务有关问题的通知》，规定非金融机构可以通过代理银行进入银行间债券市场进行现券买卖和逆回购，以改善银

---

① 1996 年以后，中国人民银行借鉴外汇市场建设的成功经验，利用已成立的中国外汇交易中心建立了全国银行间同业拆借市场，形成全国统一的银行间资金拆借市场和银行间债券市场。根据国际经验，债券交易主要通过场外进行，场外交易的债券及其衍生工具数量也往往数倍于交易所中的交易。从债券的发行量和交易量来看，银行间债券市场已成为中国债券市场的主体部分。银行间债券市场是机构投资者进行大宗批发交易的场外市场，大部分记账式国债均在银行间债券市场发行、交易。市场交易以询价的方式进行，自主谈判，逐笔成交。

② 交易所债券市场是各类投资者包括机构和个人进行债券买卖的场所。目前，沪深交易所债券交易的参与主体为在交易所开立证券账户的非银行投资者，实际交易主体为证券公司、保险公司和城乡信用社。交易所市场是场内市场，实行集中竞价，撮合成交。从债券托管余额看，2008 年底交易所债券市场总托管面值为 4515.7 亿元，其中国债 2558.2 亿元；2008 年交易所债券市场现券交易金额为 5157.9 亿元，其中国债为 2318.5 亿元，较 2007 年增加 129.3%。参见中国国债协会编：《2008 年中国国债市场年报》，北京，中国财政经济出版社，2009 年，第 1 版，第 68 页。

③ 2002 年 4 月中国人民银行和财政部颁布了《商业银行柜台记账式国债交易管理办法》，允许中国商业银行开办记账式国债柜台交易业务，以满足没有证券账户的投资者方便地买卖记账式国债的市场需求。此后柜台交易市场逐步建立。

行间市场投资者结构。第四，2004年11月3日，财政部公布《国债承销团成员资格审批办法》（征求意见稿），规定从2005年起，记账式国债承销团不再分别按交易所市场和银行间市场单独设立，而是统一为一个国债承销团。同时，将对国债承销团成员资格实行年度审核制。

（二）统一国债市场的推进力度加大

从1999年开始，实行记账式国债有选择地面向两个市场同时发行，为两个市场交易品种的融合拉开了序幕。2002年12月，财政部第15期国债面向银行间债券市场、柜台交易市场、交易所国债市场同时开放，上市后跨市场机构可以在各个交易场所办理转托管。2003年财政部继续跨市场发行七年期国债，2004年跨市场发行的国债品种扩展为五年期、三年期和一年期等。从2005年开始，记账式国债全部跨市场发行。自此跨市国债品种的跨市交易基本实现；2009年上市商业银行获准进入交易所债券市场，有效地促进国债市场的互通互联。2011年银行间债券市场建立了新发关键期限国债做市机制，对完善国债价格形成机制和二级市场运行效率具有重要作用；1999年起证券公司、基金管理公司、农村信用联社等非银行金融机构相继进入银行间债券市场，而且从2000年开始在银行间市场的记账式国债承销团与交易所记账式国债承销团吸纳了一部分证券公司和保险公司作为两市场的共同成员；2006年开始，财政部组建银行间和交易所市场统一的承销团，授予更多的跨市场成员以国债承销资格，为货币市场与资本市场的联动奠定了桥梁和基础。这些措施为将来的市场统一做了有意义的尝试，显示了管理层推进市场统一的决心。[1]

（三）不断创新交易机制

第一，实现了国债现货交易价格方式的转换。从2001年7月起，中国银行间债券市场率先正式实行国债净价交易、2002年3月上海证券交易所市场也全面实施国债净价交易。国债净价交易促进了市场交易的活跃，符合国际惯例。中国推行国债净价交易，有利于中国国债市场实现国债交易方式与国际通行做法的逐步接轨，缩小本国国债市场与发达国家国债市场的差距。

第二，推出买断式回购。2004年4月，财政部、中国人民银行、证监会联合发出通知，将在交易所和银行间两市场开展国债买断式回购交易业务。5月，银行间债券市场的债券买断式回购交易正式启动，15家金融机构首批获得了买断式回购交易业务资格。11月，国债买断式回购交易

---

① 安国俊：《国债管理研究》，北京，经济科学出版社，2007年，第1版，第208页。

在上海证券交易所正式启动，第十期国债作为该所提供买断式回购交易的第一只国债，结束了交易所国债市场只能做多不能做空的历史，是中国国债市场出现做空机制的标志性事件。尽管目前买断式回购的交易规模还比较小，但对促进国债价格合理化和投资交易模式多元化的前瞻性作用却不可忽视，具有完善所国债交易机制的重大意义。

第三，推出了远期交易。所谓远期交易是指交易双方约定在未来某一日期，以约定价格和数量买卖标的债券并办理交割的债券现货交易。2005年6月15日，银行间市场开始引入远期交易。中国人民银行发布《全国银行间债券市场债券远期交易主协议》和《中国人民银行关于全国银行间债券市场债券远期交易信息披露和风险监测有关事项的通知》，对债券远期交易细则、违约处理、信息披露、风险控制等问题进行了较为详细的规定。远期交易有利于国债现货市场的价格发现，可以稳定市场价格和方便机构投资者管理风险，成为创新国债市场交易机制的又一重要措施。

此外，在这一时期财政部会同有关部门通过债券市场制度创新、机制创新和技术创新等多种手段，不断提高国债市场支付、结算托管效率，夯实了基础，活跃了市场，推动了国债市场发展，国债二级市场流动性明显改善。2008年国债现券交易结算量为3.84万亿元，比2006年增加2.42万亿元，增长170%。[①]

综上所述，自1998年以来，国债发行、流通市场日趋完善，国债投资在使用结构与方向的不断调整优化，不但增强了国债在财政宏观调控中的作用，有力地支持国家宏观经济管理，而且在促进经济社会又好又快发展中起到了重要作用，收到了良好的效果。特别值得一提的是，国债的市场化改革，为其有效发挥金融功能奠定基础。一是有力促进了金融市场发展。金融市场是社会主义市场经济的核心，国债市场是金融市场的基石，为金融市场提供流动性和利率基准。近几年随着国债市场化改革深入，市场已经初具规模，流动性得到较大提高，2008年国债现券交易结算量为3.84万亿元，回购交易额为19.64万亿元[②]，分别是2002年的4.22倍和2.28倍。而且，随着国债期限品种的日益丰富以及基准期限国债的发行，连续的国债收益率曲线也基本形成，国债利率作为社会基准利率的地位基本确立，成为其他金融工具进行合理定价的依据。二是为央行实施公开市

---

① 中国国债协会编：《2009年中国国债市场年报》，北京，中国财政经济出版社，2010年，第1版，第36页。

② 中国国债协会编：《2008年中国国债市场年报》，北京，中国财政经济出版社，2009年，第1版，第60页。

场操作提供工具。央行公开市场操作自 1998 年恢复以来，在国债市场发展的有力支持下得到迅速发展。如 2007 年以国债为主要交易工具的正回购操作 1.27 万亿元①，对于央行适时、灵活地调控货币供应量、调节商业银行的流动性水平以及引导货币市场利率走势发挥了积极作用。在中国金融调控方式从直接为主转为间接为主的深刻变革过程中，国债市场的快速成长对货币政策有效传导机制的形成起到了不可或缺的重要作用。三是有效地提高了金融机构资产管理水平。随着金融体制改革的深入，各类金融机构为规避运营风险，对资产安全性、流动性以及收益性提出了更高要求。国债市场以其具有最高信用、稳定收益、交易成本较低以及结算快捷、简便等特点，逐渐成为各类金融机构进行资产管理的重要场所。四是加快社会利率市场化进程。近几年，通过招标方式发行国债的规模不断增加、频率逐步加快，直接产生了与社会利率市场化水平不相适应的矛盾，国债市场化改革客观上要求和推动了社会利率市场化水平的提高。同时，随着国债市场发展，尤其是国债市场利率体系的逐步建立和完善，为加快社会利率市场化的进程创造了良好条件。目前，国债现券市场、回购市场以及资金拆借市场已经对部分资金的价格形成产生作用，为最终实现社会利率市场化铺平了道路。②

改革开放以来的国债发行情况及重要作用归纳如表 2-1 所示。

表 2-1　　　1981~2010 年国债发行规模、财政收入及 GDP 一览 单位：亿元,%

年份	发行额	当年财政赤字	当年国债发行额占财政赤字比重	当年财政收入	当年国债发行额占财政收入比重	当年GDP	当年国债发行额占GDP比重
1981	46.65	51.02	95.37	1175.79	3.97	4891.6	0.95
1982	43.83	34.59	126.71	1212.33	3.62	5323.4	0.82
1983	41.58	83.07	50.05	1366.95	3.04	5962.7	0.70
1984	42.53	43.62	97.50	1642.86	2.59	7208.1	0.59
1985	60.61	20.22	299.75	2004.82	3.02	9016.0	0.67
1986	62.51	106.53	58.68	2122.01	2.95	10275.2	0.61
1987	63.07	80.02	78.82	2199.35	2.87	12058.6	0.52

---

① 中国国债协会编：《2007 年中国国债市场年报》，北京，中国财政经济出版社，2009 年，第 1 版，第 23 页。

② 中国国债协会编：《2002 年中国国债市场年报》，北京，中国财政经济出版社，2009 年，第 1 版，第 433 页。

年份	发行额	当年财政赤字	当年国债发行额占财政赤字比重	当年财政收入	当年国债发行额占财政收入比重	当年GDP	当年国债发行额占GDP比重
1988	132.17	161.93	81.62	2357.24	5.61	15042.8	0.88
1989	138.91	176.41	149.60	2664.90	5.21	16992.3	0.82
1990	197.24	115.14	171.30	2937.10	6.72	18667.8	1.06
1991	281.27	217.01	129.61	3149.48	8.93	21781.5	1.29
1992	460.77	228.79	201.39	3483.37	13.23	26923.5	1.17
1993	381.32	298.87	127.59	4348.95	8.77	35333.9	1.08
1994	1028.57	666.97	154.22	5218.10	19.71	48197.9	2.13
1995	1510.90	662.82	227.95	6242.20	24.20	60793.7	2.49
1996	1847.77	529.56	348.93	7407.99	24.94	71176.6	2.60
1997	2411.79	582.42	414.10	8651.14	27.88	78973.0	3.05
1998	6383.60	922.23	692.19	9875.95	64.64	84402.3	7.56
1999	4015.00	1743.59	230.27	11444.08	35.08	89677.1	4.48
2000	4657.00	2491.27	186.93	13395.23	34.77	99214.6	4.69
2001	4883.53	2516.54	194.06	16386.04	29.80	109655.2	4.45
2002	5934.40	3149.51	188.42	18903.64	31.39	120332.7	4.93
2003	6283.40	2934.70	214.11	21715.25	28.94	135822.8	4.63
2004	6924.30	2090.42	331.24	26396.47	26.23	159878.3	4.33
2005	7042.00	2280.99	308.73	31649.29	22.25	183217.4	3.84
2006	8883.30	1662.53	534.32	38760.20	22.92	211923.5	4.19
2007	23483.44	-1540.43	-1524.47	51321.78	45.76	257305.6	9.13
2008	8558.21	1262.31	677.98	61330.35	13.95	300670.0	2.85
2009	16280.66	7781.63	209.23	68518.30	23.76	340506.9	4.78
2010	17778.17	6772.65	262.52	83101.51	21.39	397983.0	4.47

数据来源：中国国债协会编：《2011 年中国国债市场年报》，北京，中国财政经济出版社，2012 年，第 1 版，第 67 页。

第三节　改革开放新时期的外债

1978 年底的中共十一届三中全会是中国历史上的重大转折，会议决定：不仅对内要进行正本清源、拨乱反正、全面改革，而且要打开国门，对外开放,利用引进国外资金、技术、设备以及管理经验,加快中国现代化建设步伐。1979 年 11 月 23 日,比利时政府与中国政府贷款 3 亿比利时法郎的协议签字;12 月,中国银行与日本输出入银行签订了开发资金贷款协议。自此,中国结束了 20 年无外债的历史,开始了积极、稳妥地利用外债发展国民经济的新时期。

一、新时期外债的举借及特点

改革开放以来中国外债的发展以 1992 年邓小平视察南方讲话为界可分为两个阶段:1979 年至 1991 年底为第一阶段,重新举借外债与管理逐步制度化阶段;1992 年至 2013 年为第二阶段,中国借用外债快速发展与外债管理制度日趋科学化、精细化阶段。

(一)重新举借外债阶段

从 1979 年到 1992 年,中国先后与日本、意大利、法国、英国、荷兰、联邦德国、卢森堡、波兰等 20 多个国家及机构建立了政府(双边)贷款关系。同时,从 20 世纪 80 年代初开始,中国还与国际金融组织合作,积极利用国际金融组织贷款。中国是世界银行的创造成员国之一,1980 年中国恢复世界银行成员国席位。1981 年,世界银行向中国提供了第一笔贷款,用于支持中国大学的发展。随后世界银行贷款的支持项目,涉及农业、林业、水利、卫生、教育、能源等领域,保持比较稳定的贷款量。1986 年,中国正式加入亚洲开发银行,随后与亚洲开发银行的合作规模逐步扩大,合作领域不断拓展。这一阶段举借的外债的特点:(1)中长期外债居多,在 1987 年以前,由国家财政统借统还的一年期以上的外债占中国同期外债的 80% 以上;(2)借款期长,如比利时政府、日本政府的贷款,偿还期均为 30 年,另含 10 年宽限期;(3)利息低,新时期举借的第一笔外债是无息贷款,一般年利率为 3% 左右。意大利、瑞典、丹麦等国还向中国提供无偿的政府赠款;(4)用途广泛,涉及交通运输、能源、邮电通信、石油化工、钢铁冶金、机电制造、农田水利等基础性、骨干性行业。其中交通能源项目占 46.5% 以上。

(二)利用外债快速发展阶段

从 1992 年起,随着中国社会主义市场经济体制的逐步确立和进一步、全方位的扩大对外开放,举借外债的步伐加快。这一阶段,中国外债呈现出以下特点:

第一,外债增长迅速,外债余额连破千亿元大关,1992 年外债余额为 692.9 亿美元，2001 年为 1701.10 亿美元，[①] 2013 年的外债余额已达 8631.7 亿美元[②]。但近年来中国政府外债（主权外债）余额稳中有减，在全部外债余额中的占比大幅下降。截至 2007 年末，中国累计借入政府外债 1079.26 亿美元，债务余额 634.75 亿美元[③]，比 2003 年减少 52.41 亿美元，政府外债余额在全部外债余额中占比为 17.0%，比 2003 年末下降 10.9 个百分点，降幅 39.1%。政府外债条件较优惠，其中国际金融组织贷款年利率在伦敦银行间同业拆借利率（LIBOR）加减 5 至 10 个基点之间，外国政府贷款多为低息或无息，平均年利率低于 3%，均远低于市场贷款利率。政府外债在中国中长期外债余额中占较大比例，2007 年末为 37.4% ,[④] 对保持中长期外债在全部外债中占有一定安全比例和降低整体外债成本起到了重要作用。

第二，自 1987 年中国首次在欧洲发行 3 亿德国马克债券后，1993～2003 年中国连续 11 年到美国、日本、欧洲、新加坡和香港地区等资本市场发行债券，进行直接融资。主权外币债券的发行，在为政府筹集外汇资金的同时，也为国内各类经济体在国际资本市场发行外币债券确立了市场基准。自 2004 年起，中国没有在境外发行主权外币债券。[⑤]

第三，改革开放初期国外国债在缓解国家财政困难方面发挥了较大作用，但 20 世纪 90 年代后，随着国家财政越来越依靠发行国内国债弥补赤字，外债在国债发行总额和余额的比重都呈迅速下降趋势。1981 年外债额占到国债总额的 60.03%、外债余额占国债余额的 78.67%，到 2003 年这两项指标分别下降为 1.95% 和 2.71%。[⑥]

第四，目前中国的各项外债风险指标都在合适区间。以 2013 年为例，外债偿债率为 1.6%（国际安全线是 25% 以下），负债率为 9.4%（国际安全线是 35% 以下），债务率为 35.6%（国际安全线是 100% 以下）。[⑦]

---

① 根据《2002 年中国统计年鉴》（北京，中国统计出版社，2002 年，第 1 版）第 283 页有关数据计算。

② 《2014 年中国统计年鉴》，北京，中国统计出版社，2014 年，第 1 版，第 200 页。

③ 《2008 年中国财政年鉴》，北京，中国财政杂志社，2008 年，第 1 版，第 173 页。

④ 谢旭人主编：《中国财政改革三十年》，北京，中国财政经济出版社，2008 年，第 1 版，第 204 页。

⑤ 谢旭人主编：《中国财政改革三十年》，北京，中国财政经济出版社，2008 年，第 1 版，第 204 页。

⑥ 高培勇、宋永明编著：《公共债务管理》，北京，经济科学出版社，2004 年，第 1 版，第 261 页。

⑦ 中国统计出版社：《2014 年中国统计年鉴》，北京，中国统计出版社，2014 年版，第 201 页。

二、外债管理逐步完善

中国的外债管理体制是随着改革开放的不断深入而逐步完善起来的。在 1998 年前实行的是分工负责、分口管理体制，即国家计委定盘子，计委、财政部和中国人民银行审批年度外债计划和额度，国家外汇管理局负责外债登记、审查和具体管理。同时，由财政部负责世界银行贷款，中国人民银行负责国际货币基金组织、亚洲开发银行、非洲开发银行贷款，外经贸部负责外国政府贷款，农业部负责国际发展基金组织贷款，中国银行负责日本输出入银行的能源贷款。对于商业贷款，则由中国银行、交通银行、中国国际信托投资公司和广东、上海、福建等地的信托投资公司等十个窗口办理，然后向国内企业转贷。这一体制存在多头对外、政出多门、权责不明、借用还脱节等严重问题，容易造成多个窗口滥用国家信用，外债规模总量难以准确把握，以及各部门、各地区在外债资金、技术、设备对项目投放上的投资饥渴、恶性竞争、重复浪费等恶果。由于存在大量国内金融机构（十个对外借债窗口）对企业转贷款，容易造成外债的债权债务关系模糊，外债的借入、使用和偿还脱节，使用效率低下，损失浪费严重的局面。同时，各个政府部门和对外窗口实际上都是使用中国国家信用对外借款，容易出现乱借款、乱担保等滥用国家信用的现象，"广信事件"[①] 就是突出的例子。

鉴于亚洲金融危机的教训，1998 年中国调整了外债管理体制，政府外债工作由财政部统一归口负责，即国际金融组织贷款、外国政府贷款、对外发行债券等都由财政部统一管理，统一对外谈判、签约、转贷和对外偿还。一方面将由外经贸部负责外国政府贷款、中国人民银行负责亚洲开发银行贷款、农业部负责国际农业发展基金、财政部负责世界银行贷款分散管理方式调整为由财政部统一管理；另一方面由筹借政府外债窗口管理逐步转向统借自还外债，前者在由国家各借款窗口借入后，由中央财政承担还本付息的责任；后者由各借款单位借入后，转贷给用款单位，由用款单位承担还本付息的责任。

---

① 广信事件，即广州国际信托投资公司的倒闭，发生于 1999 年 1 月，由外债问题而引发。究其原因主要是庞大的债务、混乱的管理和行政干预所导致。经清查，广信的资产总额为 214.71 亿元，负债 361.65 亿元，资不抵债 146.9 亿元。在账面负债中，绝大多数是外债。广信外债总额为 303 亿元人民币，占负债总额的 83.8%。从债务登记情况看，未登记的外债占其外债总额的 49.7%。广信将大量资金投资于房地产市场，从而引发了它的债务危机。国家对"广信事件"的处理和态度表明，中央政府不允许滥用国家信用，各外债债务人必须以独立法人资格承担外债借款的偿还责任。

2003 年，财政部等在总结以往外债管理经验基础上制定了《外债管理暂行办法》。《办法》按照不同的标准对外债作了分类。按照债务类型把外债分为外国政府贷款、国际金融组织贷款和国际商业贷款；按照偿还责任把外债分为主权外债和非主权外债。主权外债是指国务院授权机构代表国家举借的、以国家信用保证偿还的外债，非主权外债是指主权外债以外的其他外债。该办法首次从全口径的角度来规范各类外债管理工作，有利于从整体上把握外债总量，使外债监管更加严密；针对不同种类外债，实行分类管理。对于主权外债，由国家统一对外举借，最终用款人根据转贷协议承担相应偿还责任；对于国际商业贷款，按国有商业银行、中资企业、外商投资企业和外资金融机构实行分类管理。

2004 年 6 月，《境内外资银行外债管理办法》实施。该办法对外资银行外债实行总量控制，境内企业向外资银行借款无须审批，不再受指标限制。至此，外资银行和中资银行在外债管理上享受同等待遇，中国外债管理由重事前审批向重事后登记转变，以此为契机，促进了中国全口径外债监测体系的建立。

2005 年 10 月，国家外汇局颁发了《关于完善外债管理有关问题的通知》。该通知的主要内容包括：将境内机构 180 天（含）以上、等值 20 万美元（含）以上延期付款纳入外债登记管理；规范特殊类外商投资企业的外债管理；境内注册的跨国公司进行资金集中运营的，其吸收的境外关联公司如在岸使用，应纳入外债管理；规范境内贷款项下的境外担保管理。

2006 年，财政部出台了《国际金融组织和外国政府贷款赠款管理办法》及配套制度，进一步做到各项贷款工作有章可循、责任明确、管理有序。

2008 年初，财政部印发了《国际金融组织和外国政府贷款还贷准备金管理暂行办法》，要求并支持地方建立充足的还贷准备金，为贷款及时足额偿还、维护国家信誉提供进一步保障。

总之，中国改革开放以来逐步建立的外债管理体制在借款权、管理权方面照顾了不同部门的利益，在偿还方式上使外债的借、用、还相统一，并尽力避免出现无力偿债的问题；财政部统一管理政府外债的目标基本实现。当然，目前外债管理中也还存在一些不容忽视的问题，有待进一步完善。

三、新时期外债的作用

随着改革开放以来中国借用外债规模的扩展，外债有力地促进了中国的经济建设，其积极作用主要表现在：

第一，为中国的社会经济建设提供了宝贵的资金，弥补了国内建设资金的不足，加快了社会主义现代化建设的步伐。到 2009 年中国的外债余额已达 4286.5 亿美元，约合 27004 亿元人民币。这笔巨大的资金，极大地缓解了中国经济建设特别是重点建设项目资金不足的矛盾，部分弥补了国内投资与储蓄的缺口，保证了大批国家建设尤其是重点建设的资金需要。如上海宝钢一期工程、大庆乙烯工程、新疆乌鲁木齐化肥厂及大批能源、交通和制造项目，如湖南五强溪、广西天生桥、湖北隔河岩水电站，广东大亚湾核电站，四川江油、重庆珞璜、湖南岳阳、河南姚孟等大型火电厂；开发兖州、开滦、古交、大同矿区的七对矿井，新增产煤能力 2100 万吨；新建了山东石臼所港和兖州—石臼所铁路、扩建改建了青岛港、天津港、秦皇岛港、宁波北仑港等港口，每年新增吞吐能力 1 亿多吨；在铁路和桥梁方面，有大同—秦皇岛重载电气化铁路、郑州—宝鸡、北京—武汉的铁路电气化改造和衡阳—广州复线建设、上海地铁和广州地铁工程等；有武汉长江二桥、上海杨浦大桥、江阴长江大桥、虎门珠江大桥等项目；还有大批机场、高速公路项目，如厦门、深圳、珠海国际机场，沈阳—大连高速公路、济南—青岛高速公路、深圳—广州—珠海高速公路等项目。

第二，引进了先进技术和设备，促进了国内企业的技术改造、技术进步，提高了产品质量，也学习了国外的先进管理经验，使中国在生产能力和技术水平上产生了飞跃。借用外债与引进国外先进技术和管理经验密切相关，在借用外债的同时学习吸收国外先进技术和管理经验是利用外债的重要目的所在。自改革开放以来，中国利用国外贷款在许多领域吸收了一批国外先进技术，如石油勘探、煤炭和矿山的开采、微电子技术、计算机技术，以及交通运输、通信邮电、钢铁和有色金属的冶炼、新型材料、汽车制造等，从而缩短了中国与国外的技术差距，推动了中国技术水平的提高和企业技术改造的发展，引入先进的管理手段和管理经验，促进了中国经济、技术管理的现代化和科学化。

第三，扩大了出口，节省了外汇支出，增加了国家外汇储备，对保证中国对外贸易的发展和促进利用外资的良性循环发挥了积极作用。这主要表现在中国利用外债建成的项目中，大约有 20% 能够出口创汇，这无疑会增强中国进一步利用外资，引进先进技术，扩大国际交流的能力，有利于提高中国的国力和国际地位。

第四，发展了教育、卫生等公益事业，改善了人民生活条件，取得了良好的社会效益。如甘肃省利用世界银行贷款发展电大教育项目，使其购置教学仪器设备的资金超过1982年前30多年投入的总和，电大招生人数1990年比1984年增加1倍以上。该省利用世界银行贷款改善了各县的医疗条件，直接受益人口达1000万人以上。并新建了大批医疗用房，培训医务人员22万人次，使当地传染病发病率和死亡率分别从1986年的403.62人/10万人和344.82人/10万人下降到1992年的344.48人/10万人和244人/10万人。①

第五，有效促进和加强了中国对外财经合作，巩固和增强了多边和双边友好关系。长期优惠贷款合作带动和促进了国际金融组织和外国政府对中国提供各类赠款和技术援助，不断扩大和深化了双边财经合作，加强了与国际金融组织和外国政府在国际事务中的相互理解和沟通，有力支持了中国参与国际和区域经济合作。截至2008年，国际金融组织已向中国提供各类赠款和无偿技术援助累计约28亿美元。在中德财政合作框架下，德国政府已向中国提供赠款1.52亿欧元实施植树造林项目23个、赠款2450万欧元实施扶贫项目6个、赠款1亿欧元用于上海磁悬浮项目。基于双方长期互信和友好合作，很多国际金融组织和外国政府在中国出现突发灾害事件时及时伸出援助之手，如德国政府2003年紧急提供防治"非典"项目赠款1000万欧元；1997~2003年世界银行提供紧急援助，支持了中国"非典"、地震（云南和内蒙古）和雪灾等灾害的救助工作；2008年5月四川汶川地震后，很多国际金融组织和国家政府都紧急增加提供赠款和无偿技术援助，援助中国的抗震救灾工作。②

另外，借用外债的过程，还为中国培养、锻炼了新技术开发和经营管理人才，造就了一批外向型的经营管理业务人才。

总之，新时期外债的借用，促进了中国国内社会经济的发展，活跃了国内市场，扩大了劳动就业，增加了国民财富和财税收入。

---

① 王国华：《外债与社会经济发展》，北京，经济科学出版社，2003年，第1版，第398页。

② 谢旭人主编：《中国财政改革三十年》，北京，中国财政经济出版社，2008年，第1版，第207~208页。

第三章 中国国债规模的现状分析

国债规模问题历来都是国债研究中最重要的问题之一，因为国债的可持续性、国债的经济效应、国债负担的程度都与国债规模密切相关。国债规模的含义，从存量概念来讲，是指截至某一时间点（通常为一年的年底）的国债余额；从流量来讲，国债规模是指某一时间段内（通常为一年）的国债发行额，或者指某一时间段内（通常为一年）国债的还本付息额。从发展趋势讲，国债规模又可分为极限规模和适度规模：国债的极限规模是指凭借政府信誉可以售出的国债最大数额及此时的存量总额，国债的适度规模是指对经济增长的正面贡献达到最大时的国债规模。本章在分析改革开放以来中国国债规模阶段性演变的基础上，主要探讨中国的适度国债规模问题。

第一节 改革开放以来中国国债规模的阶段性概况

改革开放以来中国国债的发行情况已如前述，从国债规模的演变看，大致可分为五个阶段。

一、国债规模缓慢增长阶段（1979～1993 年）

1979 年和 1980 年，中国政府没有启动国内国债的发行机制，这两年只是举借了国外国债。从 1981 年开始，中国政府恢复了已经停发 22 年的内债，当年发行数额为 48.66 亿元，加上当年外债发行 73.08 亿元，总计发债 121.74 亿元①。

在这一阶段，中国财政实行"放权让利"，由此导致财政收入占 GDP

---

① 中国财政杂志社：《中国财政年鉴 2008》，北京，中国财政杂志社，2008 年，第 1 版，第 406 页。

比重和中央财政收入占全国财政收入的比重不断降低，因而中央财政赤字不断增加。但当时由于政府可以通过向银行借款的方式来弥补财政赤字，因此国债规模增长速度缓慢。

二、国债规模大幅度增长阶段（1994～1997 年）

实践证明，财政向银行透支或借款来弥补赤字，会导致银行信用关系恶化和银行信贷失衡，由此增加的货币发行量将直接加剧通货膨胀。国外的相关法律一般会明确规定禁止通过向银行透支或借款来弥补财政赤字。1994 年，为了遏制通货膨胀，支持财政金融体制改革，理顺财政和银行的关系，中国也正式确立了不得向银行透支或不得用银行的借款来弥补财政赤字的制度。至此，发行国债成为弥补财政赤字和债务还本付息的唯一手段，这导致国债发行额大幅攀升，当年的国债发行额即首次突破了千亿元大关。另外，之前发行国债进入还本付息高峰期以及前期对部分国债实行保值政策导致国债还本付息压力加大，也是这一阶段国债发行量迅速上升的原因。

三、国债规模攀升至一个新水平阶段（1998～2004 年）

1998 年，亚洲爆发了金融危机，周边国家货币大幅贬值，中国外贸出口遭受严重阻碍，而此时中国国内正深受通货紧缩的困扰，全社会消费倾向下降，储蓄倾向上升。内需和外需同时受到抑制，导致国内经济增长出现严重困难。面对这种状况，国家果断实施积极的财政政策和稳健的货币政策。在国债政策方面，不但加大了中长期国债的发行力度，还连续几年发行长期特别国债，将扩大财政赤字规模筹集到的资金，用于社会投资特别是基础设施的投资，以此拉动内需，促进国民经济发展，促进经济结构优化。

据统计，1998～2004 年，中国共发行长期建设国债 9100 亿元，国债累计发行额达到 3.6 万亿元，年均发债超过 5200 亿元。[①]

四、国债新增规模出现回落阶段（2005～2008 年）

连续七年的国债规模跨越式攀升为经济的连年增长做出巨大贡献，但国债投资的高速增长也导致通胀压力不断显现，投资结构也存在着亟待调

---

① 中国证券监督管理委员会编：《中国期货证券统计年鉴 2011》，上海，学林出版社，2011 年，第 1 版，第 12～13 页。

整的问题。为此，从 2005 年起，国家开始施行宽严适度的、稳健的财政政策，根据实际需要适当减少了财政赤字，适当减少了长期建设国债的发行规模。同时，对国债资金的投向做了调整。

四年间，长期建设国债发行额连年递减，分别为 800 亿元、600 亿元、500 亿元、300 亿元，发行总额为 2200 亿元。由于大批存量国债出现还本付息的需要，加上 2007 年发行了用于购买 2000 亿美元外债的 15000 亿元人民币特别国债，这四年的国债累计发行额为 4.7 万亿元。[①]

五、国债规模再度攀升阶段（2009～2013 年）

为了应对 2007 年下半年爆发的国际金融危机和国内经济增长下滑的双重因素影响，2009 年至今，中国重新实施了积极的财政政策。年度国债发行额因此又有了较大幅度的增长，2009～2011 年，国债发行额均超过 1.7 万亿元，2012 年稍有回落，为 1.62 万亿元，而 2013 年则又攀升至 2.02 万亿元，当年的年度余额超过 9.5 万亿元。[②]

第二节　对中国目前国债规模的度量

衡量国债的适度规模一般从国民经济的应债能力和偿债能力这两个角度入手，通过一系列国际公认的警戒线加以判断。目前最常用的指标体系来自欧盟国家采用的《马斯特里赫特条约》[③] 中相关规定。不同的国家国情不同，经济发展条件、历史条件也有所不同，因此对国债风险的承受能力也是不同的。因此，不存在世界通用的国债规模度量指标。不过，《马斯特里赫特条约》中使用的量度国债规模的经验性指标由于其存在着一定合理性，往往被世界各国拿来作为研究的参考。

[①] 根据《中国期货证券统计年鉴 2011》（上海，学林出版社，2011 年，第 1 版）第 12～13 页计算得出。

[②] 中国证券监督管理委员会编：《中国期货证券统计年鉴 2014》，北京，中国统计出版社，2014 年，第 1 版，第 84 页。

[③] 指欧盟《马斯特里赫特条约》121 条第 1 款中规定的加入单一货币联盟的趋同标准。马斯特里赫特（Maastricht）是荷兰与比利时交界的边境城市，因 1991 年 12 月 9～10 日欧共体政府首脑会议（欧洲理事会）在此召开，对 1958 年的《罗马条约》作了重大修订，批准了《马斯特里赫特条约》，规定了欧洲经济与货币联盟（EMU）的进程，特别是加入单一货币联盟的标准。1992 年 2 月 7 日签署。

一、社会应债能力指标分析

社会应债能力是指一国经济发展水平和债权人对国债规模的承受能力。国债的应债来源主要是 GDP 和居民储蓄，相应地，国债应债能力的衡量指标主要是国债负担率、赤字率和居民应债率。

（一）国债负担率

一般而言，GDP 越高，全社会的资金总量就越多，全社会的应债能力也就越强。用"国债余额与 GDP 的比率"来表示的国债负担率是从国民经济的全局角度来考察国债的数量界限的指标，它在国际上被普遍认为是考察国债相对规模最重要的指标。《马斯特里赫特条约》规定，欧盟各成员国的政府债务占 GDP 之比不应超过 60%。

由表 3-1、图 3-1 可知，一方面，中国国债负担率的总体水平较低，即便峰值也低于 20%，远低于国际警戒线；另一方面，国债负担率的变化趋势与同时期实施的财政政策的性质高度相关，总体上则呈现持续增长趋势。

表 3-1	中国 1990~2013 年的国债负担率		单位：亿元，%
年度	期末余额	GDP	国债负担率
1990	890.34	18667.82	4.77
1991	1059.99	21781.50	4.87
1992	1282.72	26923.48	4.76
1993	1540.74	35333.92	4.36
1994	2286.40	48197.86	4.74
1995	3300.30	60793.73	5.43
1996	4361.43	71176.59	6.13
1997	5508.93	78973.03	6.98
1998	7765.70	84402.28	9.20
1999	10542.00	89677.05	11.76
2000	13020.00	99214.55	13.12
2001	15618.00	109655.17	14.24
2002	19336.10	120332.69	16.07
2003	22603.60	135822.76	16.64
2004	25777.60	159878.34	16.12
2005	28774.00	184937.37	15.56
2006	31448.69	216314.43	14.54

年度	期末余额	GDP	国债负担率
2007	48741.00	265810.31	18.34
2008	49767.83	314045.43	15.85
2009	57949.98	340902.81	17.00
2010	67684.90	401512.80	16.86
2011	73826.50	473104.05	15.60
2012	71993.60	519470.10	13.86
2013	95471.00	568845.21	16.78

数据来源：根据《中国期货证券统计年鉴 2014》（北京，中国统计出版社，2014 年，第 1 版）及国家统计局网站上公布的相关数据计算得出。

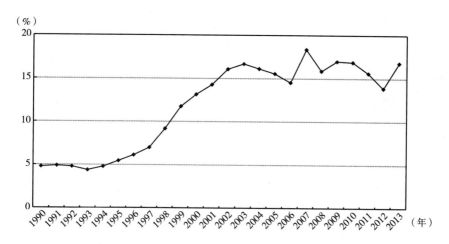

图 3 - 1   中国 1990～2013 年国债负担率变化趋势

根据国际货币基金组织公布的数据显示，2010 年美国国债负担率为 91.6%，日本为 220.3%，德国为 80%，英国为 77.2%[①]。与之相比，中国的国债负担率的绝对数值较低。

因此，虽然中国当前的名义国债负担率水平较低。但考虑到中国的发债历史和经济体制特点，以及近年国债余额增长率高于 GDP 增长率的事实，在中长期适当控制国债规模仍然是很有必要的。

（二）赤字率

赤字率是指财政赤字与 GDP 的比率，它反映出财政赤字在国内生产总值中的份额，体现着宏观经济对赤字的承受能力。因此赤字率通常也作

---

① 财经网：《财政部：中国国债偿还能力较强》，http：//www.caijing.com.cn/2011-08-17/110815053.html。

为一个重要的风险指标来考察国债的相对规模。

国债是弥补财政赤字的基本手段，因此，长期的高额赤字必然导致发债规模的扩大。连年大量发行国债将面临还本付息的巨大压力，这将引起更大规模的赤字，并将导致更大规模的发债。为了不致恶性循环，一国的赤字率必须控制在一定范围内（见表3-2）。

表3-2　　　　　　　　　　中国1990～2013年的财政赤字率　　　　　　单位：亿元,%

年度	财政赤字	GDP	赤字率
1990	146.49	18667.82	0.78
1991	237.14	21781.50	1.09
1992	258.83	26923.48	0.96
1993	293.35	35333.92	0.83
1994	574.52	48197.86	1.19
1995	581.52	60793.73	0.96
1996	529.56	71176.59	0.74
1997	582.42	78973.03	0.74
1998	922.23	84402.28	1.09
1999	1743.59	89677.05	1.94
2000	2491.27	99214.55	2.51
2001	2516.54	109655.17	2.29
2002	3149.51	120332.69	2.62
2003	2934.7	135822.76	2.16
2004	2090.42	159878.34	1.31
2005	2280.99	184937.37	1.23
2006	1662.53	216314.43	0.77
2007	-1540.43	265810.31	-0.58
2008	1262.31	314045.43	0.40
2009	7781.63	340902.81	2.28
2010	6772.65	401512.80	1.69
2011	5373.36	473104.05	1.14
2012	8699.45	519470.10	1.67
2013	10601.36	568845.21	1.86

数据来源：根据国家统计局网站上公布的相关数据计算得出。

从图3-2可见，1998年之前，中国的赤字率一直维持在较低水平，1994年的赤字率数值较大，这是由国家禁止财政向中央银行借款或透支，全部财政赤字必须以发行国债的方式来弥补所导致。从 1998 年开始，国家实施积极财政政策，政府支出陡然加大，赤字率也快速攀升，2002 年达到峰值 2.62%，此后随着财政政策性质的转向而下降，但随着 2009 年国家重新实施积极财政政策，赤字率又一度摸高至 2.28%。

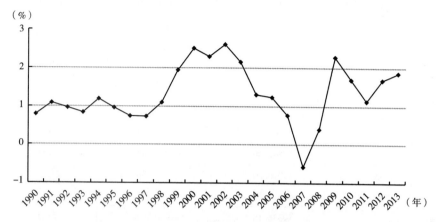

图 3 - 2　中国 1990 ~ 2013 年的财政赤字率变化趋势

2010 年中国的财政赤字率为 1.69%，从国际比较看，同期美国的财政赤字率为 10.6%，日本为 9.5%，德国为 3.3%，英国为 10.4%。①与之相比，中国的赤字率水平较低，也一直低于《马斯特里赫特条约》中规定的 3% 的赤字率上限。但是，考虑到国债规模与财政赤字相互作用产生的"滚雪球"效应，中国仍应当努力将赤字率应控制在合理的范围之内。

（三）居民应债率

从政府、企业和居民三者之间的债权债务关系看，政府和企业是净债务主体，居民是净债权主体。因此，国民经济的应债能力最终主要落实到居民的应债能力上，居民的应债能力一般通过居民应债率来表示，即当年国债余额与居民储蓄余额的比率（见表 3 - 3）。

由图 3 - 3 可知，1998 年实施积极财政政策之后，中国发债规模增长很快，1998 ~ 2002 年的居民应债率也由此持续上升。但由于社会保障体系有待健全，居民对未来在教育、住房、医疗等方面的支出预期增加，因此城乡居民储蓄余额从 2003 年起出现快速增长，居民应债率也因此呈下降之势，其中只有 2007 年因为发行 15000 亿元人民币特别国债而出现了一次大幅上扬。

---

①　财经网：《财政部：中国国债偿还能力较强》，http：//www.caijing.com.cn/2011 - 08 - 17/110815053.html。

表 3 - 3 　　　　　　　　中国 1990~2013 年的居民应债率　　　　　单位：亿元,%

年度	当年国债余额	当年居民储蓄余额	应债率
1990	890.34	7119.60	12.51
1991	1059.99	9244.90	11.47
1992	1282.72	11757.30	10.91
1993	1540.74	15203.50	10.13
1994	2286.40	21518.80	10.63
1995	3300.30	29662.30	11.13
1996	4361.43	38520.80	11.32
1997	5508.93	46279.80	11.90
1998	7765.70	53407.47	14.54
1999	10542.00	59621.83	17.68
2000	13020.00	64332.38	20.24
2001	15618.00	73762.43	21.17
2002	19336.10	86910.65	22.25
2003	22603.60	103617.65	21.81
2004	25777.60	119555.39	21.56
2005	28774.00	141050.99	20.40
2006	31448.69	161587.30	19.46
2007	48741.00	172534.19	28.25
2008	49767.83	217885.35	22.84
2009	57949.98	260771.70	22.22
2010	67684.90	303302.50	22.32
2011	73826.50	343635.89	21.48
2012	71993.60	399551.04	18.02
2013	95471.00	447601.60	21.33

数据来源：根据《中国期货证券统计年鉴 2014》（北京，中国统计出版社，2014 年，第 1 版）及国家统计局网站上公布的相关数据计算得出。

　　中国数量庞大的储蓄余额为国债规模的继续增长提供了潜在空间，但另一方面，虽然居民应债率较低，但因为国债增长速度多年一直高出居民储蓄存款的增长速度，因此，国债的规模仍不可盲目扩大，应控制在适度的范围内。

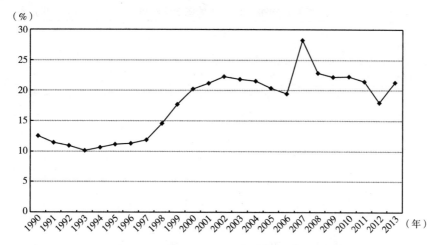

（%）

图3-3　中国1990～2013年的居民应债率变化趋势

二、政府偿债能力指标分析

国债到期须由国家财政偿还，因此国债发行的规模要受到财政偿债能力的制约。反映政府还本付息能力的指标主要是国债依存度和国债偿债率。

（一）国债依存度

国债依存度反映的是一国财政支出对国债的依赖程度，用当年国债发行额与当年财政支出的比率来表示。一般而言，这个指标有两个统计口径：一是用全国财政支出作为分母；二是用中央财政支出作为分母。由于到2013年为止，中国地方政府没有发债权，2009年之前国债一律由中央财政发行和使用，所以用中央财政支出作为分母来衡量国债依存度更为连贯，也更有现实意义（见表3-4）。

国际上关于国债依存度的警戒指标是：国家财政的国债依存度不超过20%，中央财政的国债依存度不超过30%。

显然，由图3-4、图3-5可见，无论国家财政还是中央财政，中国的国债依存度水平都大大高于国际安全线。这表明，中国的财政支出过分依赖债务收入，财政风险较大。过于依赖国债，会使得国债还本付息对财政的压力加大，而一旦经济环境发生变化，新债发行受阻，将无法保证正常的财政支出。

表 3 – 4

中国 1990～2013 年的国债依存度　　　　单位：亿元，%

年度	国债发行额	财政支出		国债依存度	
		全国	中央	全国	中央
1990	197.23	3083.59	1004.47	6.40	19.64
1991	281.25	3386.62	1090.81	8.30	25.78
1992	460.78	3742.20	1170.44	12.31	39.37
1993	381.31	4642.30	1312.06	8.21	29.06
1994	1137.55	5792.62	1754.43	19.64	64.84
1995	1510.86	6823.72	1995.39	22.14	75.72
1996	1847.77	7937.55	2151.27	23.28	85.89
1997	2411.79	9233.56	2532.50	26.12	95.23
1998	3808.77	10798.18	3125.60	35.27	121.86
1999	4015.00	13187.67	4152.33	30.45	96.69
2000	4657.00	15886.50	5519.85	29.31	84.37
2001	4884.00	18902.58	5768.02	25.84	84.67
2002	5934.30	22053.15	6771.70	26.91	87.63
2003	6280.10	24649.95	7420.10	25.48	84.64
2004	6923.90	28486.89	7894.08	24.31	87.71
2005	7042.00	33930.28	8775.97	20.75	80.24
2006	8883.30	40422.73	9991.40	21.98	88.91
2007	23139.10	49781.35	11442.06	46.48	202.23
2008	8558.20	62592.66	13344.17	13.67	64.13
2009	17927.24	76299.93	15255.79	23.50	117.51
2010	19778.30	89874.16	15989.73	22.01	123.69
2011	17100.10	109247.79	16514.11	15.65	103.55
2012	16154.20	125952.97	18764.63	12.83	86.09
2013	20230.00	139744.26	20471.75	14.48	98.82

数据来源：根据《中国期货证券统计年鉴 2014》（北京，中国统计出版社，2014 年，第 1 版）及国家统计局网站上公布的相关数据计算得出。

（二）国债偿债率

国债偿债率反映的是一国当年的财政收入中有多少需要用来支付国债的还本付息支出，这一指标用当年的国债兑付额与财政收入的比例关系来表示（见表 3 – 5）。

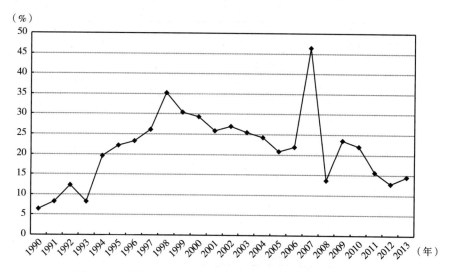

图 3 - 4　中国 1990 ~ 2013 年国家财政国债依存度变化趋势

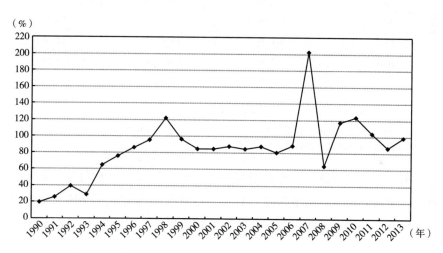

图 3 - 5　中国 1990 ~ 2013 年中央财政国债依存度变化趋势

表 3 - 5　　　　　　　　　中国 1990 ~ 2013 年的国债偿债率　　　　　　单位：亿元，%

年度	国债兑付额	财政收入	偿债率
1990	76. 22	2937. 10	2. 60
1991	111. 60	3149. 48	3. 54
1992	238. 05	3483. 37	6. 83
1993	123. 29	4348. 95	2. 83
1994	391. 89	5218. 10	7. 51
1995	496. 96	6242. 20	7. 96

年度	国债兑付额	财政收入	偿债率
1996	786.64	7407.99	10.62
1997	1264.29	8651.14	14.61
1998	2060.86	9875.95	20.87
1999	1238.70	11444.08	10.82
2000	2179.00	13395.23	16.27
2001	2286.00	16386.04	13.95
2002	2216.20	18903.64	11.72
2003	2755.80	21715.25	12.69
2004	3749.90	26396.47	14.21
2005	4045.50	31649.29	12.78
2006	6208.61	38760.20	16.02
2007	5846.80	51321.78	11.39
2008	7531.43	61330.35	12.28
2009	9745.06	68518.30	14.22
2010	10043.38	83101.51	12.09
2011	10958.50	103874.43	10.55
2012	17987.10	117253.52	15.34
2013	8996.00	129142.90	6.97

数据来源：根据《中国期货证券统计年鉴 2014》（北京，中国统计出版社，2014 年，第 1 版）及国家统计局网站上公布的相关数据计算得出。

国际上关于国债偿债率的警戒线为 10%。由图 3 - 6 可见，从 1996 年起，中国的国债偿债率超过了 10%，1998 年甚至超过了 20%，此后虽出现回落，但绝大多数年份一直保持在 10% 以上，有个别年份超过 15%。

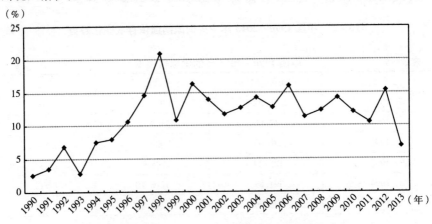

图 3 - 6　中国 1990～2013 年的国债偿债率变化趋势

2009 年之前，中国国债完全是作为中央政府组织财政收入的形式而发行的，其收入列入中央财政预算，由中央政府调度使用。因此以中央财政收入为分母计算的国债偿债率能更直接真实地反映出国家财政对国债的依赖程度。显然，若以中央财政收入为分母计算中国的国债偿债率，其数值还将有较大幅度的提高。

三、对上述国债规模度量指标的分析

（一）国际通行的国债规模度量指标在计算中存在着中外差异

综合考察上述三个社会应债能力指标和两个政府偿债能力指标不难发现，从两类指标数据得出的结论是互相矛盾的。社会应债能力指标表明中国的国债规模不大，未来仍有较大发债空间，而政府偿债能力指标却表明中国的国债规模已经大大超出警戒线，从而蕴藏着较大的财政风险。

之所以存在这一矛盾，主要原因有以下两点：

第一，西方发达国家计算国债依存度和偿债率的分母是全国的财政总收支水平，而中国以中央财政收支水平做分母来计算更为客观。中国中央财政收入占 GDP 的比率多年来维持在 10%～12% 之间，西方发达国家财政总收入占 GDP 的比例为 30%～50%。两相比较，中国的国债依存度和偿债率自然远远高于西方发达国家。

第二，西方发达国家发行国债历史较长，且以发行中长期国债为主，因此国债存量较大，导致国债负担率较高。中国从 1979 年恢复发行国债至今只有 30 余年发债历史，国债存量相对较低，尤其是在计算分母 GDP 总量近年增长较快的背景下，国债负担率水平较低也是不难理解的。

而且，《马斯特利赫特条约》对欧盟各国财政赤字、国债负担率等指标做出上限限定，其直接目标不是控制各国国债规模，防范国债风险，而是为了在欧盟成员国之间创造共同的市场条件。综合以上几点，仅从中国国债依存度和偿债率的计算数值偏高这一事实，就得出国债规模已经过大，财政风险偏高的结论是有失全面的。

（二）计算中国的国债规模度量指标应全面考虑

在中国，有相当一部分财政收支游离于预算以外，且预算外收支的比例不在少数。据经济学家陈共计算，2010 年未纳入财政收入指标统计并按预算外收入管理办法实施管理的财政收入，相当于预算内收入的 61.4%，占当年 GDP 的 12.4%①。据此不难得出结论，中央财政收支水

---

① 陈共：《如何认识中国财政收入规模》，《中国改革》2011 年第 3 期。

平遭到低估，由此导致中央财政的国债依存度大大高于实际水平。

为了客观衡量中国面临的金融风险，经济学家樊纲于 1999 年提出了"国家综合负债率"这一概念。由于银行坏账、政府债务以及外债都属于国家债务，最终需要全社会来偿还，因此，国家综合负债率 =（政府内债余额 + 银行坏账 + 全部外债）÷GDP。根据他的测算，1998 年亚洲金融危机时期中国的国家综合负债率为近 50%①。

进入 21 世纪之后，中国国有商业银行重组和改革速度加快，到 2005 年底，银行的不良资产率已经下降到 8% 左右。但这并不能说明国家综合负债风险降低了，一方面，经过处置的银行不良资产存量并未消失，而是转为以特别国债等形式存在，这部分债务最终仍然要由国家来偿还；另一方面，比如 2000 年全国社保基金成立以来积累的 1.3 万亿元空账②，比如截至 2010 年底中国积累总额为 10.7 万亿元的地方债务③。而另据 2013 年底中国社科院发布的《中国国家资产负债表 2013》显示，截至 2012 年底，中国地方政府债务规模已达 19.94 万亿元④。新形势下出现的这种隐性负债和或有负债最后都将由国家信誉担保偿付，因此也具有国债性质。如将所有这些债务考虑在内，中国当前的国债负担率将超过 50%。

显然，从中国真实的国债负担率来看，未来的国债发展空间并不乐观，而从真实的国债依存度指标看，当前的国债规模风险也并未达到积重难返的程度。但两者确实徘徊在国际流行的国家债务警戒线的边缘，对此，中国未来在实施国债政策的过程中应该引起足够重视。

四、对中国国债规模影响因素的实证分析

决定国债规模的因素多种多样，既有国内外宏观经济形势这样的宏观因素，又有年度 GDP 水平、财政赤字水平、国债偿还量、居民储蓄额这样的微观因素。下面，通过多元线性回归模型对这几个微观因素对年度国债发行规模的影响程度加以分析判断。由于 2007 年发行了 15000 亿元特别国债，2009 年起财政部代理地方发行债券，为了保持数据分析的连续性，在此选取 1990~2006 年的数据加以分析。

---

① 中经分析每周研究报告：《樊纲教授认为应用国家综合负债率判识危机》，http://www. js. cei. gov. cn/zhjj/text/analysis/ZBA/ZBA92101. TXT。

② 新华网：《养老金入市困难重重 空账 1.3 万亿财政难补缺陷》，http://news. xinhua-net. com/finance/2012 - 02/03/c_ 122651177. htm。

③ 崔鹏：《10.7 万亿地方债，风险有多大?》，《人民日报》2011 年 7 月 8 日。

④ 周潇：《李扬：地方债规模逼近 20 万亿 区县级债务风险加大》，《21 世纪经济报道》2013 年 12 月 25 日。

模型各变量定义如下：y = 国债发行额，D = 财政赤字，G = GDP，R = 国债偿还，S = 居民储蓄，则建立模型函数为：

$$y = b_0 + b_1 D + b_2 G + b_3 R + b_4 S + u$$

分析使用到的相关统计数据整理如表 3 - 6 所示。

表 3 - 6 　　　　　　1990 ~ 2006 年国债发行额等统计 　　　　　单位：亿元

年度	国债发行额	财政赤字	GDP	国债偿还	居民储蓄
1990	197. 23	146. 49	18667. 80	76. 22	7119. 60
1991	281. 25	237. 14	21781. 50	111. 60	9244. 90
1992	460. 78	258. 83	26923. 50	238. 05	11757. 30
1993	381. 31	293. 35	35333. 90	123. 29	15203. 50
1994	1137. 55	574. 52	48197. 90	391. 89	21518. 80
1995	1510. 86	581. 52	60793. 70	496. 96	29662. 30
1996	1847. 77	529. 56	71176. 60	786. 64	38520. 80
1997	2411. 79	582. 42	78973. 00	1264. 29	46279. 80
1998	3808. 77	922. 23	84402. 30	2060. 86	53407. 47
1999	4015. 00	1743. 59	89677. 10	1238. 70	59621. 83
2000	4657. 00	2491. 27	99214. 60	2179. 00	64332. 38
2001	4884. 00	2516. 54	109655. 20	2286. 00	73762. 43
2002	5934. 30	3149. 51	120332. 70	2216. 20	86910. 65
2003	6280. 10	2934. 70	135822. 80	2755. 80	103617. 70
2004	6923. 90	2090. 42	159878. 30	3749. 90	119555. 40
2005	7042. 00	2280. 99	184937. 40	4045. 50	141051. 00
2006	8883. 30	1662. 53	216314. 40	6208. 61	161587. 30

数据来源：《中国期货证券统计年鉴 2010》，上海，学林出版社，2010 年，第 1 版；《中国统计年鉴 2010》，北京，中国统计出版社，2010 年，第 1 版。

使用 SPSS 软件对以上数据进行分析，在各变量显著水平为 0. 05 的情况下，输出结果如下：

模型摘要

Model	R	R Square	Adjusted R Square	Std. Error of the Estimate
1	0. 996	0. 992	0. 989	291. 7505

a　Predictors：(Constant)，SAVE, DIFICIT, REPAY, GDP

方差分析

Model		Sum of Squares	df	Mean Square	F	Sig.
1	Regression	123101702. 823	4	30775425. 706	361. 560	0. 000
	Residual	1021420. 560	12	85118. 380		
	Total	124123123. 383	16			

a　Predictors: (Constant), SAVE, DIFICIT, REPAY, GDP

b　Dependent Variable: Y

回归系数

		Unstandardized Coefficients		Standardized Coefficients	t	Sig.
Model		B	Std. Error	Beta		
1	(Constant)	− 269. 186	311. 601		−. 864	0. 405
	DIFICIT	0. 819	0. 118	0. 310	6. 918	0. 000
	GDP	1. 599E − 02	0. 015	0. 331	1. 062	0. 309
	REPAY	0. 696	0. 217	0. 425	3. 204	0. 008
	SAVE	3. 581E − 04	0. 019	0. 006	0. 019	0. 986

a　Dependent Variable: Y

由以上分析结果，可得回归方程为：

$$y = 0.819D + 0.016G + 0.696R + 0.036S - 269.186$$

分析检验统计量 R、F、p 的值可知：

(1) R 的绝对值为 0.996；

(2) $F = 361.56 > F_{1-0.05}(4, 12) = 3.26$；

(3) $p = 0.000$，满足 $P < \alpha = 0.05$。

以上三种检验方法结果一致，说明因变量 y 与各自变量之间线性相关关系显著，所得线性回归模型可用。

从以上线性回归模型可知，对国债发行规模影响最大的因素是财政赤字，其次是国债偿还额，GDP 与居民储蓄对国债发行规模也有一定影响，但权重较小。这一分析，既符合中国经济发展的现实，也符合人们的经验判断。因此，要将国债规模控制在合理范围，主要应当从控制财政赤字和优化国债期限结构入手。从模型中还可知，经济快速增长，GDP 快速增加，在客观上也有助于消解由国债规模扩张需求产生的压力。

第四章 国债政策的经济效应分析

在现代市场经济条件下，国债是政府融资的一种债务工具，同时又是政府向金融市场提供的一种金融产品，即国债既具有财政属性，又具有金融属性，是政府调控宏观经济的重要手段，它凭借自身的功能，影响多个宏观经济变量，如投资、消费、供给等，最终促成宏观经济平稳运行和国民经济持续发展。关于国债的财政效应，即弥补财政赤字、平衡季节性收支、筹措建设资金等，在本书的前面部分已有详略不等的论述。本章主要分析国债的金融效应、国债对总需求（总供给）的影响等。

第一节 国债运行产生的金融效应

国债不是货币，却具有一定的货币属性。国债的发行、流通、偿还等各个环节都会对货币供应量产生重要影响。国债与基础货币和货币供应量之间的这种十分复杂的关系，受到一国金融市场、金融体制、财政制度等方面的影响。

一、国债发行对货币供应量的影响

国债发行对货币供应量的影响，主要是通过货币乘数效应实现的。政府通过发行国债筹集资金，当这部分资金被用于购买产品和劳务时，产品和劳务的提供者会获得相应收入。这些收入将被用于储蓄和消费，用于储蓄的部分通过货币乘数效应实现社会货币的成倍扩张，用于消费的部分则用于购买产品和劳务，从而成为其他产品和劳务提供者的收入，而这些提供者将用收入开始新一轮的储蓄与消费。如此循环，一笔国债投资形成的投资需求将被放大数倍，由其形成的总供给增量也将大大多于初始投资。

国债以国家信用为保证，因此具有很高的安全性和很强的流动性。而随国债期限和认购主体的不同，其流动性也有所差异，从而对货币供应量产生不同的影响。

从国债期限来看，不同期限的国债具有不同的流动性。一年内到期的国债被称为短期国债，由于到期时间短，短期国债受利率变化的影响很小，变现能力强，基本不存在还本付息的风险，从而具有较强的流动性，在国债市场上很受欢迎。这部分国债转手频繁，货币乘数效应明显，因此对货币供给的影响较大。到期期限超过一年的国债被称为长期国债，由于期限长，受宏观经济波动的影响要大于短期国债，受利率变化的影响也比较大，从而变现能力相对较差，流动性也相对较低，因此对货币供给量的影响要小于短期国债。

从认购主体角度看，国债的认购主体主要分为中央银行、商业银行和社会公众三大类。每一类主体持有的国债其流动性有所不同，对货币供应量的影响也是不同的。

中央银行在认购国债的时候，如果是用新发行的货币购入，这部分购债资金形成财政资金，并随着财政资金的支出形成储蓄和消费，并在货币乘数效应的作用下增加货币供应量；如果央行动用商业银行的存款准备金购入国债，则相当于降低了商业银行存款准备率，这部分资金最终也会在货币乘数的作用下导致货币供应量的扩大。

商业银行认购国债的时候，对货币供应量的影响依其资金来源的不同而不同。如果商业银行将原本用于社会贷款的资金购买国债，导致的结果是原本将形成私人投资的资金变成了财政资金，从而造成私人投资的挤出。在这种情况下，只有当这部分财政支出造成的货币乘数效应大于或等于私人投资造成的货币乘数效应时，才会导致货币供应量增加，反之则会造成货币紧缩；如果商业银行将无法贷出的闲置资金用于购买国债，则相当于加大了货币投放量，会导致货币供应量的增加。

购买国债的社会公众又可分为机构投资者和个人两类，其购买行为对货币供应量的影响主要取决于购买资金的性质。当购买资金来自储蓄的时候，原本存放在银行中的储蓄将以财政支出的形式进入流通，在储蓄转化为投资的其他渠道不够顺畅的情况下，这能不同程度地扩大货币供应量，并且拉动社会总需求。若购买国债的资金是原本计划用于消费支出的资金，则相当于公众将这部分消费机会让渡给了政府，最终对货币供应量将不产生影响。

二、国债流通对货币供应量的影响

国债流通是指未到期国债的市场交易行为，包括在场内市场和场外市场上的买卖、向商业银行贴现、商业银行向中央银行贴现，以及中央银行通过公开市场业务对货币供应量加以调控等形式。

当国债在社会公众间流通时，如果买卖双方的交易用资金来自银行又回到银行，这种交易行为对货币供应量不产生影响，如果卖方将获得的资金部分或全部用于消费，则将对货币供给量产生收缩影响。

当公众将持有的国债向商业银行贴现时，商业银行的一部分自有资金将因此流入公众之手。无论这部分资金的原本用途如何，都将因此减少银行的货币供应。但与此同时，公众手中的资金相应增加了，如果这笔资金转化为等额银行存款，则会再次扩大银行的资金，从而等量地增加银行的货币供应，导致社会货币供应量不发生变化。而如果这一增一减在量上不一致，则会导致货币供应量的收缩或扩张。

当商业银行向中央银行贴现国债并将贴现所得转化为贷款时，将增加货币供应。如果商业银行的贴现收入转化为存款储备金，社会货币供应量则不会发变化。

当中央银行进行公开市场操作，在市场上出售国债时，如果购买者是商业银行，其可贷资金将减少；如果购买者是社会公众，且购买资金来源于银行存款，则商业银行的可贷资金也会减少，这两种情况都将导致货币供应量下降。如果中央银行在市场上买入国债，则将增加货币投放量，从而导致货币供应量上升。

三、国债偿还对货币供应量的影响

国债的偿还资金主要有三个来源：增发货币、增加税收、发行新债。不同的偿还方式对货币供应量有着不同影响。

以中央银行增发货币的方式偿还，将导致货币供应量通过货币乘数的作用成倍增加，很容易引发通货膨胀，从而打乱国民经济的正常运行秩序。

增税是增加政府收入用于还债的重要渠道。增税将减少纳税人的可支配收入，从而减少其存款和持有的现金，从而减少货币供应量；但另一方面，政府将增税所得用于偿还国债本息之后，商业银行及公众的收入相应增加，从而增加商业银行的存款，商业银行可贷资金的增加将在一定程度上增加货币供应量。在偿还的两个环节中货币供应量一增一减，总的效应将趋于中性。

发新债还旧债对货币供应量的影响主要取决于新债的性质。如果新债与旧债期限相同，则不会对国债持有者造成额外影响，从而不会引发货币供应量的变化。如果发行长期国债来偿还短期国债，将导致流动性变差；

如果发行短期国债来偿还到期的长期国债，则会加强货币流动性，这两种方式将相应地减少或增加货币供应量。

四、国债运行对市场利率的影响

从理论上说，国债的利率水平对市场利率有着重要影响。国家可以通过调整国债的发行利率或实际利率来影响市场利率的升降，从而达到调节社会总需求的目的。

在成熟的市场经济中，国债利率通常被视为金融市场的基准利率，其变化通常会对市场利率产生直接的影响。当宏观经济需要扩张的时候，国债发行部门可以降低国债的发行利率，带动金融市场利率下调，从而刺激投资和消费，增加社会总需求；反之则可以提高国债的发行利率，抑制社会总需求。

除了国债发行环节，央行还可以通过公开市场操作的方式对国债的实际利率加以调节，进而影响市场利率，以此达到宏观调控的目的。在成熟的市场经济中，央行在二级市场买入国债，国债价格上升，国债的实际利率水平因而下降并带动市场利率下降，从而刺激社会总需求增加；反之，央行在二级市场卖出国债，最终将产生抑制社会总需求的效应。

但就中国的实际状况而言，由于市场利率由央行制定而非由市场自发形成，而且国债利率是比照市场利率确定的，因此目前国债利率的变化无法对市场利率造成影响。而且货币市场和国债二级市场不够发达的现实也导致国债的发行和流通活动难以对市场利率产生影响。

第二节 国债政策对总需求和总供给的影响

短期内社会总供给是相对稳定的，则价格水平决定于总需求，并由此影响宏观经济运行。国家的宏观调控通常是通过财政政策和货币政策对社会总需求加以调控：一方面，政府通过增加或减少收支以及调节收入分配来实现对总需求的调控；另一方面，央行用调节货币供应量的方式来调控总需求。国债是中央政府为筹集财政资金而发行的政府债券，作为兼具财政政策、金融政策双重性质的国债政策，其制定实施对于政府财政支出的影响，对于全社会商品和货币的流通，对于社会各经济部门乃至千千万万家庭和个人的经济行为都有着不同程度的影响，这种影响主要通过对社会总需求的影响加以表现。

一、国债对投资的影响

在通过增发国债实行财政扩张的过程中，政府增加公共投资支出，这部分支出在投资乘数的作用下会加倍地起到促进经济增长的作用，但与此同时，这部分财政支出将产生挤出效应，其作用机理是：发行国债将导致货币需求增加，此时如果货币供给不变，在货币需求大于供给的条件下，市场利率将上升，由此会导致民间部门融资成本上升，民间投资随之下降并由此抑制经济增长。两相比较，显然，只有当国债支出产生的倍增效应大于挤出效应的时候，国债政策才能对经济增长产生促进作用。具体到中国，如前文所述，由于国债发行不会对市场利率产生直接影响，因此由国债发行造成的挤出效应并不明显。但随着中国市场经济体制的逐步健全，伴随国债发行产生的一些抑制民间投资的现象仍应当引起决策者的重视，比如出于现实的人际关系考虑，在政府推出新发国债的时候，商业银行、证券公司可能会放弃利益比较，优先安排自有资金购买国债，而压缩对民间部门的放贷量，这在实际上也会产生挤出民间投资的结果。另外，在通信、能源、交通等一些仍然存在行政垄断行业，筹集民间资本形成的国债资金可以进入，纯民间资本则不能进入，这也在客观上形成一种挤出效应，影响了民间资本的正常增值。

中国私人储蓄增长迅速，可贷资金规模急剧增长，然而相当部分的私人储蓄并没有有效地转化为资本。当前国内经济正处于调整时期，各项社保措施尚不健全，个人存在严重的后患意识，因此，近两年尽管货币增长速度不低、利率多次下调，但并没有真正的激发私人的消费和投资意愿，相反个人储蓄快速增长，企业存款增量明显。国有银行在化解不良资产和经济萧条时期的惜贷行为阻碍了储蓄向投资的转化。因此，发行国债不但不存在分流私人投资资金的问题，而且有助于私人储蓄通过政府投资转化为资本。

不过，当民间部门投资意愿不足的时候，政府发行国债能起到动员社会闲置资金，加速储蓄向投资转化的作用，此时不但不会挤出民间部门的投资，还对经济产生积极促进作用。20 世纪 90 年代之后，中国商业银行"新增负债/新增资产"的比例不断升高，这一数据不断升高意味着储蓄转化为投资的效率低下，这不但降低了金融机构的经营收益，而且造成投资需求不足，制约了经济增长。1998 年起实行的国债投资政策正是对低效率的"储蓄—投资"转化机制的重要补充。发行的建设国债扩大了投资支出，刺激了投资需求，从而有效地实现了宏观经济的稳定增长。

二、国债对消费的影响

政府发行国债之后会扩大财政支出规模，这种支出扩大对于居民消费将产生影响。一方面，如果居民购买国债的支出来自于消费资金，则居民的当期消费会由于购买了国债而缩减，相当于政府支出挤出了居民消费。当然，如果政府的支出经过种种渠道，最终能以收入分配的形式回到居民手中，则居民的消费资金会相应增加，消费能力将有可能恢复到原先水平。另一方面，国债能够通过资产效应影响居民消费。这种资产效应是指国债发行使投资者持有的资产或财富增加，进而对其消费支出和储蓄所产生的影响。如果一个人因为购买国债而感到比以往富裕了，则未来预期收入的现值会有所增加，他会相应扩大当期消费支出。国债对消费的刺激作用还可以从国债的固定利率上表现出来。在经济不景气的时候，国家税收收入相应会减少，而此时国债的利率水平不变，这相当于对民间部门实施了减税和增收的政策，这对于确保居民的消费需求有着积极作用。

由于中国的国债利率通常高于同期的储蓄存款利率，因此居民购买意愿较高。中国的国债以中长期为主，而在居民可购买的品种中凭证式国债占有较大比例，对于凭证式国债的购买者而言，由于这种国债不能流通且如提前变现要受到利息损失，因此一般会选择在期限内一直持有，只有到期后才能由国家还本付息。这相当于在一定时期内挤出了居民的消费资金，使居民推迟了消费时间。从近年来国债发行与居民消费水平之间的关系看，从1998年到2003年，中国连续六年实施积极财政政策，发行了8000亿元国债，此后每年的国债发行量也保持着较高水平，但在此时期，居民的消费水平增幅却非常有限。由此可见，在现阶段，国债的资产效应对于中国国债投资者的影响是很小的。

三、国债对总供给的影响

根据经济学原理，资本积累在经济的长期增长过程中有着十分重要的作用，因为资本存量的不断增加是连续扩大再生产的重要条件。投资创造着需求，也创造着生产能力。投资增加不但能引致国民收入的成倍增加，还能刺激总供给，引起生产能力的增长，进而刺激收入和储蓄的增加，随着不断增长的储蓄转化为更多的投资，再生产也得以持续地扩大，经济由此得到持续增长。

西方经济理论认为，政府债务规模不断增加将导致市场利率上升、储蓄率下降，因此发行国债不利于资本积累。但政府通过支出公共资金，行使资源配置、收入分配和稳定经济这三大公共财政职能，能够达到稳定经济，增加社会总供给的目的。在此过程中，国债又是政府公共支出资金的重要来源。

实际上，政府的公共投资与民间部门投资有着重要的区别和不同特点，主要表现为政府出于宏观调控和社会发展长远规划的考虑，其投资并不一定以营利为目的。因此其资金可以投向那些投资巨大且短期无法盈利或者社会效益好而经济效益一般的项目，这些一般是为社会发展所必需，同时又是民间部门无力投资或不愿投资的项目。而这些项目通常与宏观经济发展有着直接关联，也是民间资本积累的重要前提。从这个角度看，发行国债对于一国的资本积累有着不可或缺的积极作用。

根据现代经济增长理论，技术进步也是引发经济增长的重要因素，而且是推动经济增长方式转变的关键力量。技术进步的来源主要有二：一是人力资本的不断升级，二是物质资本积累过程中产生的升级换代。政府可以直接增加人力资本投资，也可以以补贴的方式鼓励企业增加人力资本投资，还可以直接增加科技研发经费，或者以补贴的方式鼓励企业增加研发投资。从这方面来说，政府对于促进社会经济增长，增加社会总供给有着重要作用。在此过程中，国债资金是政府投资的重要来源。因此可以说，国债对于总供给的增加有着积极影响。

四、国债政策对中国经济增长的影响

（一）1998～2004 年实施积极财政政策期间国债工具的作用

为了应对亚洲金融危机对中国经济增长造成的影响，从 1998 年起，中国连续七年实施以扩大国债投资为重点的积极财政政策。七年累计发行的 9100 亿元国债有力地扩大了政府投资规模，通过增加财政支出产生的乘数效应，提高了有效需求，增加了就业，促进了经济增长。从 1998～2004 年的实践看，积极财政政策产生的经济扩张作用十分明显（见表 4 - 1、表 4 - 2、图 4 - 1）。

表 4 - 1   1998～2004 年积极财政政策产生的需求扩张效应

单位：亿元,%, 万人

年　　份	1998	1999	2000	2001	2002	2003	2004
长期国债增发额	1000	1100	1500	1500	1500	1400	900
全社会固定资产投资额	28406.17	29854.71	32917.73	37213.49	43499.91	55566.61	70477.4

年　　份	1998	1999	2000	2001	2002	2003	2004
投资增长率	13.9	5.10	10.3	13.0	16.9	27.7	26.6
就业增加	357	629	564	940	715	692	768
GDP	78345.2	82067.5	89468.1	97314.8	105172.3	117251.9	136584.3

数据来源：根据历年《中国统计年鉴》（北京，中国统计出版社）整理。

表 4 - 2　　　　　1998 ~ 2004 年国债状况与相关因素的具体数据　　　　单位：亿元

年份	国债规模	国债余额	财政收入	财政支出	财政赤字	信贷规模	GDP
1998	3310.93	7765.70	9875.95	10798.18	-922.23	87524.10	83024.3
1999	3715.03	10542.00	11444.08	13187.67	-1743.59	93734.30	88189.0
2000	4180.10	13020.00	13395.23	15886.50	-2491.27	99371.10	98000.5
2001	4604.00	15618.00	16386.04	18902.58	-2516.54	112314.70	108068.2
2002	5679.00	19336.10	18903.64	22053.15	-3149.51	131293.93	119095.7
2003	6153.53	22603.60	21715.25	24649.95	-2934.70	158996.23	135174.0
2004	6879.34	25777.60	26396.47	28486.89	-2090.42	178197.78	159586.7

数据来源：根据历年《中国统计年鉴》（北京，中国统计出版社）、《中国金融年鉴》（北京，中国金融出版社）、《中国证券期货统计年鉴》（上海，学林出版社）整理。

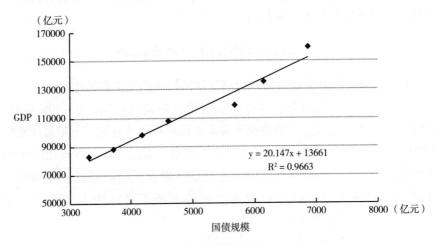

图 4 - 1　1998 ~ 2004 年国债规模与 GDP 相关性分析

由图 4 - 1 可得出，1998 ~ 2004 年国债规模与 GDP 数据拟合的直线是：

$y = 20.147x + 13661$，R^2 的值为 0.9663。

对以上两组数据进行回归分析得出如下结果：

回归统计	
Multiple R	0.999056018
R Square	0.998112926
Adjusted R Square	0.798112926
标准误差	253.2349999
观测值	6

显然，1998~2004年国债规模与GDP有着高度的相关性。

从1998年起连续七年实施积极财政政策的实际效果看，国债的发行对于宏观经济增长的促进作用也是明显的。据统计，1998~2004年，中国共发行长期建设国债9100亿元。其中，1998~2002年带动银行贷款和其他社会资金形成3.28万亿元的投资规模[1]。据有关部门测算，1998年国债项目投资直接带动经济增长1.5个百分点，1999年带动2个百分点，2000年带动1.7个百分点，2001年带动1.8个百分点[2]，2002~2004年的国债带动经济增长也在1.5~2个百分点水平上[3]。

随着国债投资的增加，内需对经济增长的拉动作用明显增强。在国债投资的带动下，各地进行城市基础设施建设的积极性大增。1998~2001年，国家共安排967个城市基础设施项目，项目总投资规模约3300亿元，涉及全国95%的地级以上城市及中西部地区部分县城[4]。在启动农村消费市场方面，第一批农网改造工程覆盖了全国2400多个县，共安排投资计划1893亿元，其中国债资金占20%。到2001年底，全国累计完成投资1815亿元，占全部投资计划的96%，60%以上的农村地区从中受益[5]。

在基础设施建设方面，国债投资为集中力量建成一批重大基础设施项目，办成一些多年想办而没有办成的事创造了条件。从1998年到2001年，国家投入576亿元，加固大江大河大湖堤防3万公里，长江沿岸完成移民建镇200万人，增加行蓄洪面积近3000平方公里，完成390余座病

① 中央人民政府网：《2003年国务院政府工作报告》，http：//www.gov.cn/test/2006-02/16/content_201173.htm。

② 谢旭人主编：《中国财政改革三十年》，中国财政经济出版社2008年版，第479~480页。

③ 刘克崮：《中国财税改革三十年：亲历与回顾》，北京，经济科学出版社，2008年，第1版，第182页。

④ 光明网：《人民生活变化喜人》，http：//www.gmw.cn/01gmrb/2002-02/20/01-327FE872511E983F48256B6500837F95.htm。

⑤ 新华网：《国债投资：拉动经济功不可没》，http：//news.xinhuanet.com/fortune/2002-02/20/content_282509.htm。

险水库的除险加固工程。国债投资还对环境保护和生态建设起了重要作用。四年间，全国天然林资源保护工程完成公益林人工造林 1793 万亩，飞播造林 680 万亩，封山育林 7783 万亩。公路方面，加快了"五纵七横"国道主干线和西部开发八条通道建设。到 2001 年底，新增公路通车里程 2.55 万公里，其中高速公路 8000 公里；铁路建设，投产铁路新线 4007 公里，复线 1988 公里，电气化里程 1063 公里。此外，到 2001 年底，利用国债资金建成国家储备粮库仓容 1011 亿斤。这极大地缓解了粮食仓容长期紧张的矛盾，保障中央粮改政策的顺利实施。①

此外，国家利用国债资金还实施了一大批技术改造、高科技产业化、装备国产化项目，加快了企业技术进步、推进了产业结构升级、替代了部分进口产品、提高了企业的竞争力，有力地配合了国有企业改革工作。1998～2002 年，国家财政用 355 亿元国债贴息资金带动总投资 4354 亿元，支持了 2000 多个技改项目，拉动效果 12 倍，为中国平稳克服 1998 年亚洲金融危机的影响发挥了积极作用②。

国债投资有力地推动了西部大开发的进程。1998 年到 2000 年，每年安排西部地区的国债投资占当年国债投资比例保持在三分之一以上，2001 年和 2002 年安排西部地区国债投资的比重都超过了 40%③。

国债投资同时也对增加城乡居民收入发挥了积极作用。从农村的情况看，运用国债资金开展大江大河治理、病险水库加固、农村人畜饮水工程、大型灌区节水改造和农村电网改造等基础设施建设，极大地提高了农业抵御风险的能力，减轻了农民负担，为农民增收创造了好的环境；开展退耕还林还草和天然林保护工程，通过补贴的方式直接增加了退耕地区农民的收入；大规模建设中央储备粮库，提高了国家粮食储备能力和调控粮食市场的能力，运用保护价敞开收购保障了种粮农户的基本利益；各地组织农民参与国家的基础设施建设，也增加了农民的务工收入。1998～2000 年在自然灾害频繁和灾情较重的情况下，农村居民人均纯收入年均实际增长仍达到 3.4%，2001 年增长 4%④。

从城镇的情况看，运用国债资金加强交通、通信、城市基础设施等方

---

① 人民网：《国债投资 社会经济发展的强劲动力》，http：//www.people.com.cn/GB/jinji/222/8976/8977/20020916/823404.html。

② 李毅中：《应对危机 要抓技改》，《人民日报》2008 年 12 月 29 日。

③ 人民网：《国债投资 社会经济发展的强劲动力》，http：//www.people.com.cn/GB/jinji/222/8976/8977/20020916/823404.html。

④ 人民网：《国债投资 社会经济发展的强劲动力》，http：//www.people.com.cn/GB/jinji/222/8976/8977/20020916/823404.html。

面的建设，使国内一些行业的生产能力得到充分的发挥，改善了企业的经营状况，为提高职工收入水平起到了积极的作用。同时，国债投资拉动经济增长，为近几年的财政收入增长创造了条件，在此基础上，国家加大对社会保障支出的力度，提高社会保障的标准，有效地保障了城市低收入居民的基本生活。1998～2000年城镇居民人均可支配收入年均实际增长7.1%，2001年增长8.2%。国债投资还直接创造了大量就业岗位。按照国家计委的测算，四年来国债投资直接创造新就业岗位约500万个，约占同期新增就业岗位总数的五分之一强。考虑到产业关联带动作用等因素，国债投资间接创造的就业岗位数量更多①。

自2003年开始，长期建设国债的发行规模开始呈递减趋势，2003年由2002年的1500亿元减为1400亿元，2004年为1100亿元（后调整为900亿元）。从2005年起，积极的财政政策转变为稳健的财政政策，当年的长期建设国债发行额度也进一步下降为800亿元②。与此同时，投资方向也做了进一步调整，国债投资的功能从主要防止速度下滑、拉动经济增长转到更加注重结构调整、促进协调发展上来。

在整个"十五"期间，虽然国债发行量逐年递减，但通过发行国债，扩大投资，"十五"时期国家还是成功地集中办了一些多年来想办而没有办成的大事。这五年是基础设施建设、基础产业投资最多、力度最大、发展最快的时期，一大批重大基本建设项目和重点骨干企业的技术改造项目建成投产。五年来，中国新建公路35万公里，其中高速公路2.4万公里（超过2000年以前的高速公路长度总和），新建铁路投产里程7063公里，港口万吨级码头泊位新增吞吐能力45232万吨。一批对经济社会长远发展有重大促进作用的项目相继建成投产、发挥效益。西气东输管道工程实现全线商业运营；青藏铁路全线铺通，结束了西藏地区不通铁路的历史；三峡工程进展顺利，电站工程已投产运行14台发电机组，累计发电940亿千瓦时；西电东送北通道、中通道、南通道共形成输送能力超过3250万千瓦。2005年末发电装机容量超过5亿千瓦，比2000年末增加1.8亿千瓦。五年新增局用交换机容量23254万门，新增光缆线路长度214万公里。产业技术进步步伐加快，装备制造业技术水平迅速提高，高技术产业

---

① 人民网：《国债投资 社会经济发展的强劲动力》，http：//www.people.com.cn/GB/jinji/222/8976/8977/20020916/823404.html。

② 新华网：《存废惹争论 长期国债行至十字路口》，http：//news.xinhuanet.com/stock/2006－08/22/content_4991135.htm。

快速发展①。

（二）2005～2008年实施稳健财政政策期间国债工具的作用

连续实施七年的积极财政政策为宏观经济的持续发展做出了突出贡献，但国债投资连年高速增长的过程中，宏观经济中也出现了一些不健康因素，如一些行业投资过大过猛、货币投放增长过快、社会总投资规模过于庞大、通货膨胀压力逐渐增加等。在这种情况下，经济结构调整的任务凸显出来。为此，从2005年起，扩张性的积极财政政策转向了宽严适度的、稳健的财政政策，主要体现在：适当减少财政赤字，适当减少长期建设国债发行规模，着力调整财政支出结构和国债资金投向结构，在资金安排上区别对待，有保有压、有促有控。当年发行的长期建设国债为800亿元，比2004年减少了300亿元。

此后几年中，稳健的财政政策在实施过程中又针对宏观经济新形势进行了相应调整，合理控制财政赤字总量，继续调减长期建设国债发行规模成为其中一个重要环节。2006年，长期建设国债进一步调减为600亿元，同时增加中央预算内经常性建设投资100亿元。中央财政预算内基建投资总规模1154亿元，其中包括国债项目资金600亿元②。2007年，财政赤字在年初预算比2006年减少300亿元的基础上，执行中又削减450亿元，中央财政赤字2000亿元。中央建设投资规模1344亿元，其中国债资金规模安排500亿元。同时，针对流动性过剩等问题，2007年发行了15000亿元人民币特别国债用于购买2000亿美元外债，减少了外汇占款，减轻了货币政策的操作压力。2008年，安排中央财政赤字1800亿元，比上年减少200亿元。中央建设投资安排1521亿元，增加177亿元，其中国债资金安排300亿元，比上年减少200亿元。③

在国债投资额逐渐减少的同时，中央财政对国债投资的方向进行了调整，把更多的资金从直接投资转为投到需要加强的农业、科教文卫、社会保障这些薄弱环节上来。实践证明，这些调整对于大力支持社会主义新农村建设、推动区域协调发展、促进和谐社会构建、推进资源节约型和环境友好型社会建设、支持统筹国内发展和对外开放都发挥了积极的作用。

---

① 中央人民政府网站：《"十五"时期中国经济社会发展取得巨大成就》，http://www.gov.cn/test/2006-03/13/content_ 225662. htm。

② 人民网：《1.9万亿元的"大蛋糕"怎么切？》，http://finance. people. com. cn/GB/1045/4174501. html。

③ 刘克崮：《中国财税改革三十年：亲历与回顾》，北京，经济科学出版社，2008年，第1版，第184～185页。

（三）2008 年重新实施积极财政政策后国债工具的作用

2007 年下半年美国爆发次贷危机后，2008 年出现了全球性的宏观政策调整。受国际金融危机和国内经济周期性调整双重因素的影响，中国经济面临严峻挑战。从 2008 年第四季度开始，经济增速持续下滑成为影响全局的主要矛盾。为了遏制这一趋势，中国政府适时调整宏观经济政策导向，重新实施了积极的财政政策，使其与适度宽松的货币政策配合，并出台了促进经济平稳较快发展的一揽子计划。通过增加中央财政赤字和国债发行规模，减轻企业和居民税费负担，保持货币信贷供应量合理增长，优化信贷结构等措施，增强了投资和消费对经济增长的拉动作用，这些都成为扩大内需最主动、最直接、最有效的措施。

2009 年，为弥补财政减收增支形成的缺口，安排中央财政赤字 7500 亿元，比上年增加 5700 亿元，同时国务院同意地方发行 2000 亿元债券，由财政部代理发行，列入省级预算管理①。2010 年，财政扩张势头继续增大，全国财政赤字安排达到 10500 亿元。其中，中央财政赤字 8500 亿元，比上年增加 1000 亿元，相应增加国债发行规模；地方财政收支差额 2000 亿元，这笔差额继续由财政部代理地方发行债券加以弥补，并列入省级预算管理②。

2011 年是"十二五"开局之年，经过 2009 年、2010 年大规模的政府投资的带动，经济增长大幅下滑局面得以避免。随着经济自主增长能力的恢复和增强，积极财政政策的力度有所下调，作为一个信号，中国 2011 年拟安排的中央财政赤字缩减到了 7000 亿元，比 2010 年预算减少 1500 亿元，同时，中央财政继续代地方发行 2000 亿元地方债并纳入地方预算③。虽然 2014 年拟安排财政赤字达到 1.35 万亿元，比 2013 年增加 1500 亿元，但 2.1% 左右的赤字率仍稳定在 2013 年的水平，这种既带有积极色彩又力求稳妥的安排恰恰凸显了当前复杂的财政经济形势④。

在赤字总量顺应经济环境形势而变化的同时，国债政策应当继续考虑在促进结构调整、促进国民经济可持续发展方面做文章。为此，需要将国

---

① 《2009 年政府工作报告》，http：//www.china.com.cn/policy/txt/2009 – 03/14/content_17444081_ 3.htm。

② 东方财富网：《财政部解读预算报告》，http：//finance.eastmoney.com/news/2010030768605249.html。

③ 新华网：《2011 年中国财政赤字降至 9000 亿元 积极财政力控风险》，http：// news.xinhuanet.com/politics/2011 –03/05/c_ 121152329.htm。

④ 新华网：《今年中国财政赤字增至 1.35 万亿元 赤字率保持不变》，http：// news.xinhuanet.com/fortune/2014 –03/05/c_ 119616238.htm。

债资金的投向进一步朝着推动建设资源节约型、环境友好型社会，加速技术创新，培育自主研发能力，加强环境治理，加快节能减排设备改造，统筹城乡发展，加强城乡基础设施建设、增加适应人口老龄化需要的公共基础设施等方面倾斜。

第五章　国债资金的使用方向与国债政策的可持续性

国债资金的使用方向对国债政策的实施有着至关重要的影响。古典经济学家早在提出国债有害的观点时，就强调国债资金使用生产性的重要。纵观新中国成立以来发行的国债，基本上坚持了国债资金使用的生产性原则，为社会经济的发展做出了巨大贡献。同时，长期以来，我们在国债资金的使用上，也存在使用方向不明确、使用方式不规范、效益无法考核等不符合经济规律的做法。因此，我们在新一轮积极财政政策的实施中，必须根据经济发展的需要调整国债资金的投向，注重直接经济效益和间接社会效益的结合，更加重视国债政策在维护社会公平、减少城乡和地区差距、培育新的经济增长点和转变经济增长模式等方面的作用，以保证国债政策的可持续性。

第一节　国债资金使用方向影响国债政策的可持续性

国债资金的使用方向影响国债政策的可持续性可从两方面分析[1]：一是从财政预算的角度看，比较一致的观点是国债资金使用方向决定财政赤字的合理性。公共选择学派的创始人布坎南曾从借贷创造的资产及其相关收入（基本等同于从国债使用方向）入手，分析财政赤字的合理性问题。他同意"如果联邦的经费真是投资性质的，那么，通过举债来筹集资金是无可非议的。政府在这方面同普通的工商业的传统做法没有什么区别，认真的财政计划允许通过借债来购置真正的资产项目"的观点[2]。二是国

---

[1]　参见国家计委宏观经济研究院投资所课题组：《国债使用方向与国债政策可持续性》，《经济研究参考》2002 年第 60 期。

[2]　布坎南：《自由、市场和国家》，北京，北京经济学院出版社，1988 年，第 1 版，第 201 页。

债资金的使用方向影响经济增长率，进而影响国债政策的可持续性。当国债政策的作用对象从单纯的周期性问题——由需求决定的短期 GNP 波动，变为经济增长问题和制度性问题时，即变为由需求和供给共同决定的相对较长时期的国民经济发展问题时，国债使用方向不仅可以通过国家资产负债表的变化影响赤字的合理性，而且可以通过人力资本状况和基础设施条件的改善激发民间投资的积极性、通过社会保障体系建设改变消费预期刺激消费等，提高国民经济增长率、影响国债政策的可持续性。也就是说，在国民经济运行未达到充分就业状态，非自愿失业大量存在，且降低利率也不能带来私人部门投资有效增长、全社会投资额小于全社会储蓄额的情况下，增发国债并将国债用于政府的建设性投资支出，可以从为未来经济发展创造更好的投资环境方面对经济增长做出贡献。因此正确的国债使用方向将增强国债政策的可持续性。那么，在当前如何保障国债资金的正确使用方向呢？

一、国债资金的使用方向应当服务于现代国家治理体系与能力建设的需要

中共十八届三中全会通过的《中共中央关于全面深化改革若干重大问题的决定》，是部署未来一个时期改革任务的总的行动纲领，它明确地确立了指导全局的现代国家治理理念。这篇文献的另一个突出亮点在于，在将推进国家治理体系、治理能力的现代化作为全面深化改革目标的同时，它还指明了现代国家治理的一个重要抓手，即"财政"。《决定》指出，"财政是国家治理的基础和重要支柱，科学的财税体制是优化资源配置、维护市场统一、促进社会公平、实现国家长治久安的制度保障。"《决定》对财政地位重要性的描述可谓前所未有，在此，财政不是某些人眼中的收支工具和技术性手段，也不是仅仅简单地提供公共产品和服务的职能部门，而是为了实现国家治理现代化的重要基础和保障。

财税之所以能够担负起如此重要的使命，是由其在社会政治经济生活中的独特地位决定的。正如德国财税学家阿道夫·瓦格纳分析指出的，财政是经济、社会、政治这三大社会子系统的媒介，能够发挥把这三者连接起来的作用。因此，财政问题不是单纯的经济问题，它首先是政治问题和法律问题。

财政分配手段属于上层建筑层面的内容，但各项具体的政策在实施过程中更多是以经济形式加以表现的。因此，在上层建筑体系的各个组成部分中，财政分配手段与经济基础的联系更为自然和紧密，财政分配手段的改革对经济基础的影响也因此更为直接和即时。另一方面，作为上层建筑

的组成部分，财政分配手段的改革对整个政治上层建筑也有着重要的影响和带动作用。因此从某种意义上说，财政分配手段是经济基础与上层建筑之间距离最短的桥梁。

未来中国的发展，应当是经济、政治、社会、文化、生态"五位一体"的全方位发展。发展必然涉及利益分配，因此财政对经济、政治、社会、文化、生态领域的影响直接而明确。从经济学角度看，各类经济体的投入产出行为都应科学合理，应当实现可持续发展。而政府的任务则是通过综合使用各种经济社会手段，对全社会的各种要素投入的方向和力度加以调节，使之更加科学合理，从而在物质产品和精神产品的产出、环境保护以及社会公平、民主法制建设等各方面实现持续不断的发展进步。作为财政分配手段的一个重要组成部分，国债的使用方向自然应当服从和服务于这些经济社会发展目标。

二、公共财政的建设目标决定着国债资金的使用方向

公共财政是为社会提供公共产品和公共服务的政府分配行为，政府的财政职能范围即以此为目标来界定，并以此构建政府的财政收支体系。公共财政制度决定了政府财政支出的目的主要是满足社会公共需要，其支出性质是非营利性，也就是说，政府各种行为的目的是为市场的有序运转提供必要的制度保证和物质基础，并以此满足社会的公共需要，而不是通过自身行为营利。国债资金形成的财政支出，自然要符合公共财政制度的要求。因此，国债资金主要应当用于基础设施等公共产品以及公共服务的供给，而不是直接投资于竞争性经济领域，以便为市场经济条件下各经济主体提供一个公平竞争的环境。

国家的现代化要求人的素质不断提高，要求自然环境、社会人文环境以及社会公共生活环境不断改善。在市场经济条件下，这些目标或者说产品及服务是私人部门不愿并且无力提供的，在此情况下，政府部门应当成为这些公共产品和服务的提供者，以此来对社会经济的发展产生推动作用。具体来说，政府部门提供公共产品的内容主要包括以下几类：

第一，实施宏观调控。在市场经济条件下，政府应当为社会提供各类必要的基础设施；通过财政货币手段实施宏观调控，为经济社会的正常运转提供一个有利的大环境；通过制定颁布和执行相关法律法规，为公民提供符合当时经济发展条件的社会福利和保障，从而保证经济社会的稳定发展。

第二，维护社会公平。在市场经济中，政府要发挥"看不见的手"

的功能弥补市场失灵，尤其是要维护公平，通过增加社会福利，改善公共卫生条件，向所有适龄公民提供大致均等的基础教育等，不断增进社会公平，调节社会不同阶层间的差距。

第三，优化市场环境。随着社会分工日益细密和市场经济建设的不断深化，微观经济主体的顺利发展日益有赖于市场软硬件环境的不断改善。顺应这一需求，政府需要在经济管理、法制建设、公共交通、信息服务、市政公用设施建设等方面不断提供优质的产品和服务。

第四，提高生活质量。发展经济的目的是满足广大人民日益增长的物质文化需求，要满足这种需求，提高生活质量，除了个人收入的增加等因素之外，还有赖于社会公共环境的改善，为此，政府必须为大众提供相关公共产品，比如公共图书馆、博物馆、健身场所，等等。

三、国债资金使用方向与经济增长之间的互动作用

在短期内，国债资金主要发挥的是反经济周期的功能，也就是在经济低迷的时期通过国债投资来实现社会总需求的扩张。从长期来看，国债投资除了对社会总需求产生影响，还能影响和引导社会总供给，促进经济增长。其主要途径包括：通过国债投资发挥政策导向和产业导向作用；通过发展教育事业改善社会人力资本状况；通过基础设施投资改善经济环境，激发微观经济主体的投资积极性；通过加强社会保障体系建设解除民众后顾之忧，从而刺激当期消费，等等。提高国民经济增长率，影响国债政策的可持续性。

国债资金使用方向正确，会刺激经济增长。经济增长率越高，既有债务形成的赤字率就越低，而且 GDP 增加、企业发展、人民生活改善还能为国债规模的扩大提供经济保障，这些都保证了国债政策的可持续性。

四、优化国债资金使用结构有利于实现经济增长方式转变

发展经济学的理论表明，一国的经济增长是否可持续与其经济结构、产业结构是否科学合理高度相关，这两个结构不合理是导致经济过热和大起大落的主要原因。因此，经济发展不仅包括经济增长，还包括经济结构的优化升级。经济要获得持续稳定的发展，必须要有以市场为导向的优化的产业结构为支撑。

实践表明，资本配置效率对经济结构和产业结构的优化有着显著的正面影响。财政资金对于社会资本配置有着重要的弥补和导向的作用，而国

债资金是财政资金的重要组成部分。因此，国债资金的投向及使用效率对资本配置效率的高低有着重要影响。

长期以来，经济中的结构性矛盾一直是中国经济持续健康发展的阻碍因素，产业结构失衡导致的产能过剩和经济过热成为中国经济中的突出现象。要扭转这种局面，最佳选择是调整产业结构，实现经济结构升级。产业结构调整需要大量的资金投入，在这方面，微观经济部门在动力和能力方面均有不足之感，此时，投入国债资金就成为一个重要手段。

财政政策进行的宏观调控，必须实现短期目标与中长期目标的兼顾。国债资金是实施财政政策的工具之一，因此其使用也必须兼顾短期目标与中长期目标。为了实现反经济周期的短期目标，国债资金的投向应当选择那些对投资需求及总需求的拉动明显，能快速且最大限度地促进投资需求及总需求增长的项目。而在这个投向中，还应当进一步选择那些不会引致产能过剩的项目。从当前中国的经济特点出发，国债资金应当投向基础设施建设、技术创新、人力资本建设、投资环境改善以及社保体系建设等领域，这对于优化国债投资结构，提高国债资金使用效率有着决定性作用。

中国目前仍处于新旧体制的转轨时期，城乡结构、产业结构、区域结构的调整成为未来发展的机遇，但这些调整造成的摩擦也产生出很多不稳定因素。国债资金将在消化转轨成本方面起到十分重要的作用，而这也为拓宽国债投资领域提供了机会。

五、国债资金投向需要根据经济发展阶段加以调整

随着经济增长和人均收入水平的提高，民众对公共产品和公共服务的需求结构会发生变化，这种变化主要体现在品质和数量两个方面对公共产品和公共服务（如教育、医疗、社保等）要求的不断提高。这种变化对国债资金的支出结构提出了调整和优化的要求。

发展经济学理论认为，政府投资的结构和比重应当随着经济成长的不同阶段进行不断调整。在经济发展初期，投资的重点领域是公共基础设施、科技开发、人力资本等资源配置领域；在经济发展中期，政府投资的功能主要应当是对私人投资加以补充；在经济成熟阶段，政府投资方向主要是促进社会福利和社会公平。作为政府投资的重要资金来源，国债资金的投向也应该与经济发展阶段相一致，并随着经济的发展及时加以调整。

第二节 对 1998 年以来中国国债使用方向调整状况的考察

1997 年爆发亚洲金融危机以后，加之国内经济体制改革进程中暴露出的深层次矛盾的影响，中国宏观经济中出现了通货紧缩、有效需求不足、经济增长乏力情况。为了扭转这一局面，除了继续实行扩张性货币政策以外，从 1998 年下半年开始，中国还实施了以增发国债为主要手段，旨在利用国债投资拉动经济增长的积极财政政策。

一、国债投资为积极财政政策的顺利实施贡献突出

（一）基础产业和基础设施建设收效明显

1998～2002 年，中国共发行 6600 亿元特别国债，用于基础产业和基础设施投资。国债投资为集中力量建成一批重大基础设施项目，办成一些多年想办而没有办成的事创造了条件。五年中，国家投入 1133 亿元，加固大江大河大湖堤防 3 万公里，长江沿岸完成移民建镇 200 万人，增加行蓄洪面积近 3000 平方公里，完成 390 余座病险水库的除险加固工程。国债投资还对环境保护和生态建设起了重要作用。全国天然林资源保护工程完成公益林人工造林 1793 万亩，飞播造林 680 万亩，封山育林 7783 万亩。公路方面，加快了"五纵七横"国道主干线和西部开发八条通道建设。到 2001 年底，新增公路通车里程 2.55 万公里，其中高速公路 8000 公里；铁路建设，投产铁路新线 4007 公里，复线 1988 公里，电气化里程 1063 公里。到 2001 年底，利用国债资金建成国家储备粮库仓容 1011 亿斤。①

同时，还利用国债资金实施了一大批技术改造、高科技产业化、装备国产化项目。其中，1999～2001 年安排 265.4 亿元国债专项资金用于企业技术改造贴息，共拉动投资 2810 亿元，国债贴息资金的拉动效应达到 1∶10.6②，从而加快了企业技术进步、推进了产业结构升级、替代了部分进口产品、提高了企业的竞争力，有力地配合了国有企业改革工作。

以上国债资金的投入，带动了大量社会资本的进入，使基础产业和基

---

① 新华网：《国债投资：拉动经济功不可没》，http：//news. xinhuanet. com/fortune/2002 - 02/20/content_ 282509. htm。

② 新华网：《关于近三年国债技改贴息的综述》，http：//news. xinhuanet. com/zhengfu/2001 - 11/16/content_ 120111. htm。

础设施投资快速增长，从而进一步带动了全社会投资和整个经济的稳定增长。

（二）国债投资加速中西部地区经济发展

从国债专项投资的地区分布结构来看，国债投资向中西部地区倾斜明显。1998～2000年，每年安排西部地区的国债投资占当年国债投资比例保持在三分之一以上，2001年和2002年安排西部地区国债投资的比重都超过了40%。国债投资向西部地区倾斜，为改善西部地区投资环境，增强西部地区可持续发展能力打下了良好基础。在这些国债投资中，重点安排了南疆、内昆、神延、水柏、宝兰等西部地区铁路项目，以及西部地区机场建设，初步形成了以昆明、成都、西安、兰州、乌鲁木齐为中心的支线航空网络，启动了西部开发八条公路干线和西部州通县沥青道路建设，建设了一批西部中心城市环保基础设施项目。此外，国债投资还启动了西部地区生态环境建设，长江上中游地区、黄河上中游地区、"三北"风沙区和草原区的生态环境综合治理工程建设全面展开；中西部地区退耕还林还草工程顺利推进，完成退耕还林还草试点工程完成退耕还林还草1526万亩，宜林荒山荒地造林种草1362万亩。西气东输、西电东送、青藏铁路、青海钾肥等西部地区重大工程进展顺利。①

（三）国债投资促进社会事业发展

1998年起，国家连年投入国债资金，加强了教育、卫生、文化、旅游等社会事业建设，使得人民群众就学、就医和享受文化生活的条件得到明显改善。事实证明这一举措不仅有力地促进了经济与社会协调发展和公共服务体系的不断健全，更使人民群众直接受益，真切享受到了发展的成果。

1999年，中国高等教育加快了发展步伐。从当年起，国家启用国债资金支持高校加强教学、实验和学生生活基础设施建设，努力改善办学条件。国债资金的投入，极大地改善了高校的办学条件，促进了高等教育多渠道筹措资金局面的形成，为学校今后的长远发展奠定了坚实的物质基础，有力地保障了中央加快高等教育发展重大决策的实施。经过几年的发展，普通高校招生规模从1998年108万人增加到2003年的382万人，在校生从341万人增加到1108.6万人。高等教育毛入学率显著提高，从1998年的9.8%上升到2003年的17%，开始进入国际公认的高等教育大

---

① 人民网：《国债投资加快西部地区基础设施建设》，http://www.people.com.cn/GB/jin-ji/31/179/20020221/671731.html。

众化阶段，迈上了新的发展台阶。

同时，利用国债资金引导高中阶段教育发展，调整宏观教育结构，促进各层次教育协调健康发展。2002～2004年，国家投入国债29亿元，带动地方政府和社会力量投资近68亿元，支持了1480余所在当地有较大影响的优质高中学校改善办学条件，新建教学楼、实验楼等教学设施960万平方米，扩大培养规模140余万人。

国债资金在支持农村教育、促进城乡教育协调发展方面也有成效。近年来，国家不断加大对农村教育的投入，大力改善农村学校办学条件，努力缩小城乡之间教育发展的差距，维护教育公平。

国债资金还重点支持西部地区教育发展，促进区域之间教育协调发展。1999年以来，国家累计投入西部地区教育国债110余亿元，占同期教育国债安排的46%，特别是2000年和2001年，国家连续两年特别设立国债专项资金25亿元支持西部地区教育发展，并将项目列为年度西部大开发十大重点工程，分别支持了西部每省（自治区、直辖市和三州）重点建设一所大学，支持西部地区152所大学建设和完善校园计算机网络，加强了西部188个县级职业技术教育中心。

从2001年起，国家开始利用国债资金加强卫生领域的薄弱环节。2001年，为控制艾滋病等疾病经血液传播的途径，保证临床用血的安全，中国启动了以中西部地区为重点的血站建设项目，共安排投资12.5亿元（中西部10.1亿元），地方配套10亿元，建设和改造血站、血液中心319个，西部县级血库141个，截至2003年底，项目已全部建成并投入使用。

2002～2003年，为加强疾病控制和应对突发公共卫生事件，中央和地方共安排资金116亿元，其中，中央安排国债资金29.2亿元（中西部28.6亿元），启动了以中西部地区为主的省地县三级疾病预防控制机构建设，共安排项目2425个。其中，中央国债支持项目1589个，地方自筹资金建设项目836个，实现了省地县三级疾病预防控制的全面覆盖。截至2004年8月底，共有2147个项目开工，936个项目竣工，开工率和竣工率分别为88%和38%，其中，国债项目开工率和竣工率分别为97%和44%。2004年底，绝大多数项目建成投入使用。这大大提升了中国疾病预防控制体系的整体水平，提高了中国（特别是中西部）应对重大疾病和突发公共卫生事件的能力。对保护人民身体健康、防范艾滋病、血吸虫病、结核病等疾病，建立和完善中国公共卫生体系，打下了坚实的基础。

2003年，为解决边远贫困地区农村的缺医少药问题，中国启动了农村巡回医疗车项目，共安排资金 2.2 亿元，为 1004 个贫困和少数民族边远县配置农村巡回医疗车，解决农民的看病难问题。2004 年，国家继续安排资金 1.7 亿元，为剩余的 767 个西部地区和中部县市配置农村巡回医疗车。

2003 年底，国家启动了突发公共卫生医疗救治体系建设，建设重点是改造中西部省、市、县三级传染病医院和紧急救援中心。项目总投资 114 亿元，其中，中央国债安排 57 亿元，2003 安排国债资金 30.5 亿元（中西部 29.9 亿元），2004 年安排 27 亿元（中西部 24.5 亿元），共支持 2306 个项目建设。

中国于 2000 年开始安排国债资金加强旅游基础设施建设，重点支持资源品位较高、发展潜力较大、所依托的主要交通干线建设已基本完成的国家级或省级旅游景区的项目。通过实施旅游国债项目，积极推动中部和西部地区的旅游发展，促进了中西部地区旅游资源优势向经济优势的转化。在较短的时间内集中开展了一批旅游景区的基础设施建设，改善了景区环境，提高了景区的综合接待能力。用于支持全国 250 多个重点旅游景区的基础设施建设，累计可修建景区旅游公路约 1.1 万公里、步游道 4000 多公里，兴建完善一批旅游景区停车、环保环卫、供水供电、安全消防等设施，有效地改善了旅游景区的可进入性，在一定程度上改变了传统旅游景区"一流资源、二流开发"和环境脏乱的状况。

国债资金对解决农村广播电视和加强城市社区服务设施也给予了必要投入。1998 年国家适时实施了广播电视"村村通"工程，各级政府投入建设资金 17.6 亿元，国家共安排国债资金和中央预算内投资 7.2 亿元，至 2003 年底解决了全国 11.7 万个已通电行政村、7000 万农民收听收看广播电视问题，基本实现了"村村通"目标。

2003 年国家安排了 5 亿元社区服务设施建设国债资金进行试点，项目建设进展顺利。待项目全部建成后，可以覆盖服务人口 5300 万，新增就业岗位 28.7 万个。①

二、1998 年实施积极财政政策后国债投资方向存在的问题

1998～2004 年的七年间，中国共发行长期建设国债 9100 亿元，国债累计发行额达到 3.6 万亿元，年均发债超过 5200 亿元。大规模的国债投

---

① 国家发改委网站：《1998 年以来社会事业国债建设成就评述》，http：//www. sd-pc. gov. cn/gzdt/t20050727_ 38065. htm。

资有效地遏制了经济增速下滑的局面，有效地拉动了内需，促进了国民经济发展。但这一时期内的国债投资方向也暴露出一些问题，主要集中在以下几个方面：

第一，投资方向过于集中，预期效果不理想。1998年启动积极财政政策以后，国债资金主要集中投向铁路、公路、电信、机场等基础设施领域。这些建设项目投资庞大，建设周期长，因此没能产生迅速带动经济大幅度增长的效果，也没有有效地刺激居民消费的增长。

第二，投资乘数效应不明显，没有有效拉动私人部门的投资。出现这一局面，一是由于基础设施投资的产业链条较短，因此投资拉动作用有限。二是当时国家刚刚启动住房、医疗等多个领域的改革，在相应的社会保障体制尚不完善的情况下，居民不得不减少当期消费，通过增加储蓄来应对未来的不确定性。居民消费支出增长迟缓，导致企业也降低了对未来收益的预期，使其投资行为变得更加谨慎。三是由于私人部门长期面临融资渠道狭窄、融资成本过高的问题，导致其无法及时获得足够资金扩大生产投资。

第三，投资效益偏低，资金浪费现象严重。在国债资金的投资过程中，有些地方存在盲目追求政绩，随意上项目、低水平重复建设的现象，导致出现机场、车站等一些基础设施建设过于超前而闲置浪费的现象；有些地方存在不按规定用途使用资金，随意占用挪用的现象；有些地方存在地方财政配套资金不落实，造成国债资金闲置的现象；有些地方存在违反国债项目资金财务管理规定并缺乏有效监管的现象。这些因素都影响了国债投资拉动经济能力的发挥。

三、2004年起国债使用方向做出调整

为了有效发挥国债投资对经济的拉动作用，扭转由国债投资方向设定不合理造成的不利影响，从2004年开始，伴随着积极财政政策的逐渐淡出，国家把国债投向的目标从防止经济下滑、拉动经济增长向调整经济结构、实现协调发展的方向转变，并提出五个主要投向：一是更加注重农业和农村发展，继续加强六小工程等农业和农村基础设施建设，促进城乡协调发展；二是更加注重社会事业建设，增加公共医疗卫生、基础教育、基层政权和公检法司基础设施等建设的投入，促进社会与经济协调发展；三是支持西部大开发和东北地区等老工业基地调整改造，促进地区协调发展；四是继续加强生态建设和环境保护，促进人与自然协调发展；五是加

强重大基础设施建设，为经济社会的长期稳定发展创造条件。①

四、调整国债使用方向的根据

在中国传统财政理论中，按照经济性质划分，财政支出被分为生产性支出和非生产性支出两大类。生产性支出是指与生产有直接关系的各项财政支出，如生产建设基本投资、增拨企业流动资金、支农资金、物资储备资金等；非生产性支出是指与生产没有直接关系的各项财政支出，如非生产建设基本投资、文教卫生支出、行政国防费用支出等。

西方国家财政支出以非生产性为主，其发行国债主要是用于弥补赤字。因此亚当·斯密、大卫·李嘉图等古典经济学家提出国债"有害论"，认为政府举借国债用于非生产性支出会侵蚀私人生产性资本，进而会损害经济的长期增长能力，并且举债用于非生产性支出会引发社会的奢侈浪费之风。中国传统的国债理论观点也一直强调国债的建设性用途，强调国债应当用于生产建设性目的。因此，有人对于2004年之后调整国债投资方向表示担忧，认为将国债资金投放到社会事业建设领域等非生产性领域会给国民经济的发展带来不确定性，还会给未来的国债偿还带来压力。

面对此种担忧，有两个理由可以加以解释：

第一，到目前为止，并没有明确的理论来支持国债资金投向社会公共消费领域会产生不确定性这一说法，因为只要社会生产力的发展最终能够消化发行国债可能增加的货币供应量，这种不确定就不大可能发生。而将国债资金的投向转向社会保障体系、社会救济体系、社会援助体系以及科教文卫、生态环境保护等非生产性领域，有助于稳定国家经济社会秩序，能起到加快人力资本开发、提高人力资本存量的效果。这些举措最终能够起到稳定消费者预期的作用，从而提升各类微观经济主体的消费倾向和投资倾向，从而真正刺激内需增长，从而使国民经济走上持续健康发展的轨道。

第二，随着生产力的提高和科技水平的发展，生产性与非生产性领域的边界逐渐变得模糊，原有的非公共产品也会随着经济的发展转化成为公共产品。而且，财政支出是否属于生产性还与支出产生的边际效应大小紧密相关。比如本属于生产性支出的基础设施建设投资，若投资过度造成供

① 中国经济信息网：《今年国债投资计划获国家通过 共有五个主要投向》，http：//www.cei.gov.cn/LoadPage。

给过剩，不但会造成资金浪费，也会使这部分投资失去生产性，而用于教育、卫生、文化、社保、环保等方面的投资，在从投资不足阶段逐步走向正常的过程中，将形成对经济增长起到稳定和促进作用的人力资本、文化资本、环境资本，从而引致生产率提高，此时这部分投资就具有了生产性。

总之，确定国债投资方向应当充分考虑经济发展的阶段性，适时调整国债投资结构。只要在使用过程中有效地带动了社会有效需求的增长，对国民经济的长期持续增长发挥了积极作用，有益于社会发展的公平和稳定，国债投资的方向就是正确的，而无须受传统理论观点的约束，将国债资金使用限制在生产性领域。

五、国债资金使用方向调整后需防范的财政风险

国债资金投往非生产性领域，取得效益的周期通常要比生产建设性投资长，而且直接效果不明显，由此就带来国债偿还的风险。从理论上说，即便在投入产出比方面遭遇危机，因为有国家信用、国家征税权、货币发行权作保障，投向非生产性领域的国债资金也不会导致债务危机。但加税、增发货币都会给经济发展带来不利影响，这也有违调整国债资金使用方向的初衷。因此，国债资金使用方向发生改变之后，还应当采取各种措施，最大限度地减小偿还风险，防范财政风险。

第一，应当采取措施控制国债规模及发债速度，努力优化国债期限结构、持有结构、利率结构。

第二，加强国债管理，对国债实行动态化监测，注意研究赤字与经济增长率之间的关系。

第三，适当改变国债资金项目的建设方式，规避金融风险。以往分配国债资金的时候，为了提高地方政府的主观能动性，中央往往要求地方出一部分配套资金。地方配套资金的来源除了财政资金之外，还会有很大一部分来自商业银行贷款。投往非生产性领域的国债资金直接效益产生缓慢，这就增加了还贷风险。当银行信贷出现风险，甚至导致银行经营困难，引发社会不安的时候，还得由中央政府财政出来兜底。因此，改变国债资金使用方向后，应考虑改变以往的资金配套建设方式，以便控制金融风险，防范财政风险。

第四，加强国债资金的项目管理，提高资金使用效率。

第六章　当前国债管理中存在的问题

根据世界银行和国际货币基金组织的定义，国债管理是制定和执行政府债务管理策略的过程，以满足政府筹资需要，达到成本和风险管理目标，同时实现其他政府债务管理的目标，如建立和发展高效、高流动性的国债市场。[①] 新中国成立以来，特别是改革开放以来，中国的国债管理取得了明显成效，国债市场有了突飞猛进的发展，但与中国资本市场的发展目标和国际成熟市场经济国家相比，仍存在许多问题，如国债相关法规建设滞后、国债监管不协调、国债市场的不统一等，都有待今后继续完善。

第一节　国债的相关法规建设及监管难以满足现实需要

国债事关国家的经济安全，因此，国债的发行、流通、使用、偿还和监管的全过程都应被纳入法制轨道，以此维护国债市场的公开、公正、公平、高效和统一，保护投资者的合法权益，确保国债的安全性，促进国债市场的长远健康发展。而相对于国债市场的高速发展而言，目前中国有关国债法律法规体系的建设和监管还显得滞后，主要表现是：依靠大量行政法规和部门规章对国债及国债市场加以管理，缺少一部全国性的、独立的《国债法》；国债的监管涉及证监会、财政部、发改委、中国人民银行、银监会、国资委等多个部门，存在多头管理、政出多门的问题。这种状况制约了国债市场的健康发展，也与国债在中国经济社会发展中的重要地位不相称。

一、国债相关法规建设滞后

从 1949 年 12 月发行"人民胜利折实公债"至今已 60 余年，改革开

---

① 参见自安国俊：《国债管理研究》，北京，经济科学出版社，2007 年，第 1 版，第 1 页。

放后恢复发行国债也已有 30 多年，但完善的国债法律体系仍未建立起来，中国对国债市场的管理仍以行政法规为主。20 世纪 80 年代以来，中国先后制定颁布了 12 部《国库券条例》、3 部《特种国债条例》和 1 部《保值公债条例》，目前仍然在使用的是 1992 年国务院颁布的《国库券条例》，成为现行专项规范国债管理的最高层级法律文件，由于出台时间较早，受当时客观环境所限，其法律效力已不能适应当前国债管理的需要；现行的《中华人民共和国预算法》、《中国人民银行法》、《中华人民共和国证券法》等法律都是从各自角度出发，对所涉及国债市场管理的某些领域和环节进行规范，但无法代替国债法。如《证券法》虽涉及对国债和国债市场事项，但并不完备，由《证券法》规范的相关监管体系也不完全适用于对国债和国债市场的管理。另外，财政部、中国人民银行、证监会等部委，依据各自职能和管理范围发布了大量的部门规章、联合规章及规范性文件，内容涉及国债发行、交易、兑付、登记、托管、结算等国债管理各主要环节。但各主管部门制定的相关管理规定主要针对其所辖市场或所辖机构，使国债立法缺乏统一性和协调性，往往同一问题会涉及多部法律规定，在不同市场中也存在法律适用性冲突的问题，有时又存在无法可依的情况。① 总之，与中国国债市场的快速发展相比，国债立法工作相对滞后，现行部分法律规定已明显滞后于市场发展。为此，应当考虑尽快制定和颁布《国债法》，以法律手段对国债发行与流通中的有关问题加以明确的规范，从而将国债发行、国债资金使用、国债偿还等事项真正纳入立法机关的监督控制之下，并使与国债有关的各种经济行为有法可依，使正常的交易活动受到保护，使垄断、欺诈等各种不法行为受到限制和打击，从而增强国债市场的公平公开性，提高市场运行效率。

二、国债监管部门间分工不明确，监管不协调

多年来，中国国债市场一直存在多头管理、监管规则不统一的问题。其中，财政部负责国债的发行，而国家发改委也参与着国债尤其是长期建设性国债的发行和管理；银行间国债市场和证券交易所国债市场则分别由央行和证监会监管。从形式上看，各部门间有着明确的分工，但在具体操作的过程中却存在着职责界定不清、监管重复与监管缺失并存、部门利益主导、效率低下以及信息交流和沟通协调不畅等问题。在宏观监管层面，

---

① 中国国债协会课题组：《2012 年中国国债市场年报》，北京，中国财政经济出版社，2013 年，第 1 版，第 39 页。

诸如行政监管职能与市场调节机制如何合理分工，如何处理好发展与规范的关系等问题，仍有待研究解决；在微观运行层面，面对国债发行和交易过程中出现的问题，多头监管导致的责任难于认定，各部门说法不一，解决办法难以及时出台的问题也有待尽快解决。

此外，国债市场的多头监管还直接影响了国家宏观经济政策的有效实施。例如，在扩张性财政政策需要向中性转变的时候，财政部倾向于中止发行长期建设国债，但国家发改委出于自身职能的偏好通常乐于实施积极财政政策，因此不愿停止发行长期建设国债，由此便造成部门间政策的矛盾。此类问题既有碍于中国国债市场的长期健康发展，也不利于国家宏观调控政策的协调运行。

第二节　国债市场运行中存在的问题

国债市场是指以国债为交易对象而形成供求关系的市场，是国家资本市场不可分割的重要组成部分。经过改革开放 30 多年来的逐渐摸索和不断完善，中国的国债市场已基本建立起来，它对推动中国的经济体制改革、完善金融制度等起到了重要作用。但与发达国家的国债市场相比，还存在很大差距，与中国经济"平稳较快"发展的要求相比，还存在许多不相适应的地方。

一、国债发行市场存在的问题

（一）国债发行频率较低，发行节奏不均衡

目前中国每年定期、滚动发行长、短期国债，但各期限国债的发行频率都不高，平均每年三次左右，而 20 年、30 年期超长期国债的发行频率更低。国债的集中发行会对社会资金流向的均衡和稳定造成一定影响，从而给央行的流动性管理工作带来不利影响，也会增加国债的融资成本。国债发行频率低，不利于平滑的国债收益曲线的形成，短期国债发行频率低还会制约市场的流动性，使央行的公开市场业务难以实际开展。

（二）国债期限结构有待完善

1994 年中国首次发行了期限在一年内的短期国债，但截至目前，从整体上看，短期国债发行量依然偏少。国债市场中，中长期尤其是中期国债的比重一直居高不下。中期债券比重偏高，阻碍了科学合理的国债收益率曲线的形成，使得国债收益率难以成为市场基准利率，也难以为国债的

发行定价提供参考。短期国债供给不足还造成国债二级市场流动性差，由此导致该市场中的收益率可靠性不够，这在一定程度上会影响央行货币政策传导的有效性，也不利于央行进行公开市场操作。

（三）定价机制有待进一步完善

随着国债市场的发展，价格发现成为各方越来越关注的问题。市场需要一个公允、稳定的国债收益率曲线作为国债定价和估值的基准，但中国国债的价格形成机制仍有不足，从而影响了国债收益率曲线的形成，进而影响了国债的定价与估值。

在发行市场，市场化发行一直是改革的取向。从 2000 年起，财政部一直采用招标方式发行国债，先后运用过荷兰式、美国式和混合式等多种招标方式。但是在国债承销团中，除了几大商业银行之外，其他一级自营商的资金实力都不是很强。随着国债发行规模的扩大，为了保证顺利发行，在实际上存在着通过行政渠道向一级自营商摊派承销的现象，从而导致一级自营商为满足承销义务而非理性投标，以及承销团成员联合垄断，操纵中标结果等情况，致使发行市场的国债定价失真。

另外，中国国债一级市场和二级市场之间尚未进行有效的连通，导致两个市场中形成的利率存在背离，从而也影响科学合理的国债收益率曲线的形成，进而影响了合理国债价格的确定。

二、国债流通市场存在的问题

（一）市场呈现分割状态

中国的银行间国债市场和证券交易所国债市场在很长时间里一直处于分割并行状态，两个市场有各自的交易主体、价格形成机制和监管主体，彼此互不连通。

银行间国债市场的交易主体是商业银行、其他金融机构及非金融机构。证券交易所的国债交易主体是证券公司、基金公司、企业和个人投资者。1997 年商业银行退出交易所国债市场后，直到 2010 年 10 月，证监会、央行和银监会发布《关于上市商业银行在证券交易所参与债券交易试点有关问题的通知》之后，上市商业银行才得以重返交易所国债市场。

银行间国债市场进行的是场外交易，一般采取双边报价和一对一询价制度，而交易所国债市场采用集合竞价方式。在管理上，银行间国债市场由中国人民银行管理，证券交易所市场的部分由证监会管理，而柜台交易市场则由银监会管理。多头管理在客观上造成了一定的管理无序，这影响了中国国债市场的运行效率，使得中国国债市场的波动性和投机性较强。

国债市场的分割状态还表现为债券托管结算体制的分割。中国现存两类债券托管结算系统：一类是原来由中国人民银行监管、现由银监会与中国人民银行共同监管的中央国债登记结算公司，它负责银行间债券市场上各类债券的托管与结算事宜；另一类是由证监会监管的中国证券登记结算公司。该公司下属的上海分公司和深圳分公司，分别负责上海证券交易所与深圳证券交易所包括债券在内的所有场内证券的托管清算结算事宜。这两类系统不仅尚未在技术与制度上实现连接，而且存在着很大差异。托管结算体制的分割，造成了无法对债券的真实性和完整性进行统一的监控。虽然财政部也采取了跨市场发行国债并允许国债在两个市场间转托管等措施，但由市场分割造成的市场间债券流通和资金流动困难的问题依然难以根除。

（二）市场流动性较差

在国债流通市场中，绝大部分的交易量是由商业银行和非银行金融机构等机构投资者完成的，其持有的国债大多以持有到期为主，个人、企业、社保基金等国债投资者更是看重国债投资的安全性和收益稳定性，而且还面对着在证券交易市场交易国债手续复杂、交易成本高的问题，因此其交易活动也不踊跃。这些因素都制约着投资者主体参与国债交易的热情，造成了各个国债市场内的国债换手率不高。

（三）衍生产品缺乏，风险规避工具不足

对于国债持有者来说，这部分资产面临的最大风险是利率变动。尤其是全球金融危机的大背景下，利率变化频繁，方向变化难以预测。随着通胀的出现，中国很快将进入利率上升通道，投资者持有国债市值的亏损风险将进一步加大。

国债期货是规避利率风险的有效工具，它通过套期保值的机制将利率风险从风险规避者转移给愿意承担风险的投机者。1995 年中国暂停国债期货交易之后，投资者就少了一个有效的避险场所。虽然国债买断式回购、远期交易的业务也具有风险规避的功能，但当商业银行等国债投资者需要对持有国债的结构进行套期保值操作时，往往难找到交易对手，使得避险机制难以发挥作用。这种情况在相当程度上影响了二级市场参与者的积极性，也直接影响了国债流通市场的进一步发展。

第七章　后危机时代的国债政策与国债市场

　　宏观经济形势判断是实行积极财政政策能否取得预期效果的关键之所在。无论是政策的制定、调整，到最后根据政策效果决定退出与否，宏观经济形势判断是每个决策过程都必须考虑的问题，因而也是决定国债政策实施的力度与时间长短的最重要和最基础性的工作。全球金融危机爆发以来，为了救助危机，各国政府及国际社会均强力推出大量的非常措施以帮助经济迅速从衰退中复苏，并走向下一轮高涨。然而，受主客观因素的制约，救助措施的实施在迅速止住经济下滑趋势的同时，往往会使危机固有的调整、纠偏和净化作用得不到充分发挥，进而延长经济恢复的进程。这段从经济止跌到健康复苏的过程，在经济周期理论上被称为"后危机时代"①。后危机时代的国债政策宏观经济环境与以前相比有了新的变化，必须认真加以研究。

第一节　后危机时代的宏观经济环境

　　展望后危机时代的国内外宏观经济环境，国际方面，主要发达国家面临非常严峻的失业挑战，主权债务危机的升级和流动性陷阱大大压缩了财政与货币政策调控的空间，增加了诱发贸易、投资和金融保护主义的风险，对中国经济增长的前景带来严重的影响。就国内经济形势而言，中国经济经历了 30 多年的高速增长之后，开始进入一个紧缩时期，社会经济发展中不平衡、不协调、不可持续问题很突出。对此，我们要密切关注国内外经济形势，以为积极财政政策重要组成部分的国债政策的相应调整和转变提供参考。

---

　　①　吴晓灵主编：《中国金融政策报告 2011》，北京，中国金融出版社，2011 年，第 1 版，第 151 页。

一、发达国家主权债务危机的影响

主权债务危机，是指主权国家无法履行到期债务本息的支付责任，甚至无法支付到期的利息而出现的政府债务偿付危机。主权债务风险由来已久，近代以来的主权债务危机主要集中发生在发展中国家。20 世纪 80 年代的拉美债务危机、1998 年的俄罗斯债务危机和 2001 年的阿根廷债务危机是 20 世纪下半叶以来较为严重的三次债务危机。但 2010 年以来出现的主权债务危机，主要集中在欧美日三大发达经济体，它使全球经济复苏的步伐受挫，特别是欧洲债务危机，至今尚未尘埃落定，债务问题有可能进一步引发更多的社会动荡和国际冲突，使世界经济充满了不确定性，必须引起我们的高度警惕。

2008 年国际金融危机爆发之后，欧洲各国为振兴内需而实行极度宽松的财政政策，某些成员国国债发行量剧增，在经济形势并未好转情况下，到期债务远远大于这些国家的 GDP，从而产生危机。危机于 2008 年 10 月首先在冰岛爆发，但集中爆发于希腊。2009 年 10 月，希腊政府宣布其当年财政赤字和公共债务占 GDP 的比例分别将达到 12.7% 和 113%，12 月，全球三大信用评级公司惠誉、标准普尔与穆迪相继下调希腊主权信用评级。2010 年初，希腊政府宣布 2009 年最终财政赤字达到 GDP 的 13.6%，2009 年底政府债务未清偿余额与 GDP 之比达到 115.1%，并将在 2010 年底突破 120%。[①] 4 月 27 日，标准普尔率先将希腊主权信用评级调降至垃圾级。随着其他信用评级机构跟进下调希腊主权信用评级，希腊长期国债收益率进一步上升，导致希腊为到期债务展期的难度增大。2010 年 4 月 23 日，希腊政府正式向欧盟与 IMF（国际货币基金组织）求援，表示如果不能在 5 月 19 日之前获得援助，希腊政府就不能为即将到期的 113 亿美元国债再融资。希腊危机爆发后，市场注意力随即扩大至与希腊有着相似基本面的其他一些欧洲国家，特别是爱尔兰、西班牙、葡萄牙与意大利。这些国家的财政赤字和公共债务占 GDP 的比率远远高于欧盟《马斯特利赫特条约》和《稳定与增长公约》所规定的 3% 和 60% 的上

---

① 张明：《欧洲主权债务危机》，载世界经济年鉴编辑委员会编：《世界经济年鉴 2010/2011》，沈阳，辽宁教育出版社，2011 年版，第 28 页。

限。① 步希腊后尘，2010 年 4 月葡萄牙与西班牙的主权债务评级同样遭到下调。欧洲的主权债务危机有愈演愈烈之势。虽然希腊的 GDP 在欧元区 16 国 GDP 中占比仅为 2.6%，但上述五国的 GDP 占比却高达 34.8%。② 一旦"欧猪五国"集体爆发主权债务危机，则欧元区金融市场与实体经济将面临没顶之灾，欧元区也面临分崩离析的风险。为避免危机的恶化，2010 年 5 月，欧盟、IMF 与希腊达成总额为 1100 亿欧元的救助协议，以帮助希腊解决主权债务的流动性问题。但 2011 年 9 月以来，欧债危机再度升级。希腊预算赤字目标从原来的 7.6% 上调至 8.6%，9 月 23 日穆迪一次性下调了希腊八家银行的长期存款评级两个等级和优先债务评级八个等级，同时宣布所有希腊银行长期存款以及债务评级前景为负面。除了希腊，意大利也正式卷入欧债危机。9 月 19 日，标准普尔宣布将意大利长期和短期主权债务评级分别从 A + 和 A - 1 + 降至 A 和 A - 1，前景仍为负面。③

　　尽管欧债危机爆发以来，欧盟、欧洲央行及德、法两国领导人积极采取各种"力所能及"的努力阻止危机的进一步扩散和蔓延。2011 年 7 月 21 日，欧元区各国首脑会议就希腊债务危机第二轮援助计划达成一致意见。欧盟与 IMF 通过欧洲金融稳定工具向希腊提供总额 1090 亿欧元的贷款，并将贷款利率由之前的 4.5% 下调至 3.5%，还款期限由 7 年半延长至最少 15 年，最多 30 年。同时，包括银行在内的私人机构也首次参与欧债救助方案，私人部门债权人在 2014 年中期以前提供最多 500 亿欧元的融资，银行和保险公司自愿将其所持希腊债券转换为到期时间更长、利率更低的希腊债券。欧洲各国共同采取的各项救助措施，虽然解决了主权债务国的短期流动性危机，但是并没有消除产生危机的根源，欧债危机仍在继续演变和发展，2012 年 7 月 23 日，国际评级机构穆迪宣布，将欧元区拥有 AAA 评级的德国、荷兰和卢森堡的主权评级展望从稳定调降为负面，以强调欧元区核心国家面临欧债危机的影响，由此引发了投资者对欧洲债

　　① 2009 年，爱尔兰、西班牙、葡萄牙、意大利公布的财政赤字和公共债务占 GDP 的比率分别达到如下水平：爱尔兰为 14.3% 和 64%，西班牙为 11.2% 和 54.2%，葡萄牙为 9.4% 和 76.8%，意大利为 5.3% 和 115.8%。参见张明：《欧洲主权债务危机》，载世界经济年鉴编辑委员会编：《世界经济年鉴 2010/2011》，沈阳，辽宁教育出版社，2011 年版，第 29 页。

　　② 上述五国因财政经济的恶化被戏称为"欧猪五国"（PIIGS）。参见张明：《欧洲主权债务危机》，载世界经济年鉴编辑委员会编：《世界经济年鉴 2010/2011》，沈阳，辽宁教育出版社，2011 年，第 1 版，第 28 页。

　　③ 何帆、伍桂：《发达经济体主权债务问题的前景及影响》，载王洛林、张宇燕主编：《2012 年世界经济形势分析与预测》，北京，社会科学文献出版社，2012 年，第 1 版，第 255 页。

务问题的担忧再度加剧。

相比欧洲债务危机的严峻形势，美、日两国的主权债务风险短期内尚可控制，长期内存在较大的不确定性。自 2007 年美国的次贷危机引发全球性金融危机以来，美国经济遭受重创，联邦政府的财政赤字急剧上升，2009 财年至 2011 财年分别达到 1.41 万亿美元、1.29 万亿美元和 1.56 万亿美元。[①] 为弥补巨额赤字，缓解流动性不足，挽救美国经济，美国政府大量增发货币，使美国国债总额连创新高。截至 2011 年 6 月底，美国国债余额达到了 14.34 万亿美元，约占 GDP 的 95.6%。[②] 显然，美国如此巨额的公共债务并不是全球金融危机后短短几年内所累积的，而是其债务长期演变的结果。从衡量国债规模的另一重要指标——国债占国民生产总值的比重来看，美国联邦政府的债务有两次大幅攀升：一为第二次世界大战结束后的 1946 年，这一财年"联邦政府债务/GDP"比重达到历史最高点，为 121.7%，这与美国参加第二次世界大战需要大量资金直接相关。二为 20 世纪 90 年代中期以后，2000～2010 年，美国联邦负债占 GDP 比重均超过 50%，并且该比重呈逐年上升态势，2008 年美国政府向遭受危机严重影响的金融行业与汽车工业注入巨额资本，联邦负债大幅增加，其占 GDP 比重跃升至 70.20%。美国政府于 2009 年公开表示将持续救市，对市场进行刺激以防止萧条的发生，2009 年联邦负债占 GDP 比重大幅上升至 90.40%，2010 年进一步上升至 98.10%。[③] 美国联邦政府债务的持续扩大促使美国不断上调债务限额，因为美国宪法赋予国会规定美国政府债务总额上限的权力。但实际上，美国在历史上多次上调债务上限。2011 年 7～8 月，美国最近一轮的债务上限之争，实际上是两党之间的政治博弈。在 2012 年总统大选的背景下，共和党以债务上限要挟本届政府按照共和党的方案大幅削减赤字，而奥巴马政府和民主党则担心过度削减赤字会拖累经济复苏，进而影响明年选情，因此希望能够一次性地上调债务上限。两党经过激烈的斗争，2011 年 8 月 2 日就提高债务上限达成协议，分两次将债务上限调高 2.4 万亿美元，在最后时刻避免了偿债违约的发生，但已对美国政府主权信用产生了影响。8 月 5 日，标普宣布将美国长期主权信用评级从"AAA"下调至"AA +"，评级展望为"负面"，这是

① 王艳：《美国债务危机的演进、影响及前景展望》，《国际经济合作》2011 年第 10 期。
② 何帆、伍桂：《发达经济体主权债务问题的前景及影响》，载王洛林、张宇燕主编：《2012 年世界经济形势分析与预测》，北京，社会科学文献出版社，2012 年，第 1 版，第 270 页。
③ 叶永刚等：《中国与全球金融风险报告（2011）》（下册），北京，人民出版社，2011 年，第 1 版，第 855 页。

美国当代历史上首次失去3A主权信用评级。作为当今世界的头号强国，美国债务①问题的演变，对全球经济带来深远的影响，说明主权债务危机不再为"欧猪五国"所独有，已经蔓延到了美国，其巨大的外部风险引人关注。果然，2013年5月19日，美国政府又触及了其法定的16.7万亿美元的债务上限，此后美国财政部一直使用"非常规措施"筹资应对日常事务。2013年10月1日，由于国会无法通过联邦政府2014年度财政预算，美国联邦政府曾被迫关门。虽然后来美国国会众参两院于2014年2月分别通过了无条件提高举债上限的法案，经总统奥巴马正式签署，将财政部发债权限延长至2015年3月15日，美国政府的违约警报得以阶段性解除。② 但这或许并不是从根本上解决问题的方案，因为从本质上讲，美国债务依赖型体制不可能有根本性的改变。

就政府债务占国内生产总值的比例而言，日本是目前世界上负债最严重的发达国家。截至2011年6月，日本中央政府债务余额总计高达943.81万亿日元，是日本GDP的两倍，在全世界所有国家中仅次于非洲重债国津巴布韦。以人口计算，日本人均债务负担740.96万日元。据IMF预测，如果加上地方政府负债，到2011财年，日本公共债务总额将达到997万亿日元，债务总水平可能会达到当年GDP的229%；到2012年和2016年，日本公共债务占GDP的比重将分别达到233%和250%。③ 在20世纪90年代初期，日本的国债发行占财政收入的比例还不到10%。在20世纪90年代泡沫经济破灭、1997年东亚金融危机和2007年美国金融危机之后，日本采取扩张性的财政政策刺激经济增长，导致财政支出的大幅增加，大量发行国债。然而，大规模财政刺激计划并没有促进日本经济复苏，反而使经济和财政对国债的依赖程度越来越高，债务负担也越来越重。鉴于日本政府财政状况恶化，债务风险不断加大，穆迪于2011年8月下调日本国债信用评级至Aa3。

---

① 上述美国债务，主要指美国联邦政府总债务（国债），它是联邦财政部或其他政府机构发行的联邦政府所有未到期债务总额（余额），不包括州和地方政府债务。美国联邦政府债务由两个部分构成：一是由联邦政府账户持有的联邦政府债务，也就是联邦政府各项基金，如社保和医疗信托基金等持有的联邦政府债务；二是公众持有的联邦政府债务。参见贾康：《理解美国联邦政府债务》，载陈元等主编：《美债与欧债：拖累全球经济的孪生兄弟》，北京，中国经济出版社，2011年，第1版，第29页。

② 《南方周末》电子报：《奥巴马签署提高债务上限法案》，http：//www.infzm.com/content/98189。

③ 何帆、伍桂：《发达经济体主权债务问题的前景及影响》，载王洛林、张宇燕主编：《2012年世界经济形势分析与预测》，北京，社会科学文献出版社，2012年，第1版，第264页。

虽然从政府债务总规模及其占 GDP 的比重看，日本的债务问题比近来爆发主权债务危机的"PIIGS"等欧洲国家都要严重得多，但日本并没有爆发主权债务危机。这是因为日本国债主要由国内投资者持有，日本拥有巨额的外汇储备且保持着经常账户顺差，加上日本国债中长期债券比重较高，短期内不会存在债务风险，但如果该状况不能改善，不排除在将来日本政府发生主权债务危机的可能，其债务可持续性面临严峻挑战。

综上所述，世界主要发达国家出现的债务危机，其直接原因（诱因）是 2008 年的全球金融危机。由于危机期间发达国家政府为拯救身陷困境的金融机构和私人经济部门而将它们的"问题资产"背到自己身上，从而在短短三年内使债务与 GDP 之比提高了大约 30 个百分点①，结果许多国家成为"问题国家"；但深层次的原因是，发达国家普遍实行高福利政策，且人口老龄化问题严重，导致政府支出难以削减，财政收支失衡，债务水平在经济衰退时期逐步上涨，但却没有在繁荣时期下降。即高额财政赤字、医疗保险费用和养老金的增加导致发达经济体公共债务占 GDP 的比值自 20 世纪 70 年代中期以来持续上升，积重难返而出现目前的债务危机。对于已融入经济全球化的中国而言，世界发达经济体的主权债务危机一方面具有重要的警示作用，它告诫我们，一国政府债务规模必须适度、储蓄和投资必须均衡、社会福利政策和经济发展阶段必须匹配；另一方面，受债务问题拖累，目前全球经济复苏乏力已成共识，美国 2014 年上半年经济平均增长为 1%；欧元区上半年经济平均增长率出现下滑，仅为 0.4%，在欧债危机最严重的阶段，经济衰退主要集中在希腊、葡萄牙、西班牙等外围经济体，而后萎靡蔓延至法国、德国、意大利等核心经济体；日本则更严重，2014 年上半年平均跌幅为 0.3%，有可能再次回到衰退状态。② 总之，全球金融危机的阴影尚未完全消除，目前世界经济虽已开始缓慢复苏，但鉴于此次危机造成的严重影响，从中长期而言，危机后的复苏之路必将是曲折的，使中国的外部经济环境充满了不确定性。

二、机遇与挑战并存的国内经济环境

改革开放以来，中国保持了 30 多年年均 9% 以上的高速增长。预计"十二五"时期，中国经济社会保持平稳较快发展的基本条件和长期向好

---

① 张宇燕、徐秀军：《2011～2012 年世界经济形势分析与展望》，载王洛林、张宇燕主编：《2012 年世界经济形势分析与预测》，北京，社会科学文献出版社，2012 年，第 1 版，第 12 页。

② 褚国飞：《发达经济体亟须结构再造》，《中国社会科学报》2014 年 9 月 1 日。

的趋势不会改变，因为中国正进入工业化中后期，城镇化加速推进，区域差距逐步缩小，居民消费结构快速升级，扩大内需有着巨大的空间和潜力；经过新中国成立60多年来特别是改革开放30多年来的发展，中国经济社会发展具备了较好的物质技术基础，形成了比较完整的国民经济产业体系，基础设施不断完善；中国劳动力资源丰富、成本相对较低和国民储蓄率较高的优势还会在较长时期内继续存在。但同时必须看到，今后一个时期也是中国经济社会矛盾凸显时期，新老问题交织，面临许多挑战。

由于中国将长期处于社会主义初级阶段，生产力还不发达，制约发展的一些长期性深层次矛盾将会更加显现：

一是经济发展方式粗放，这种粗放型增长方式呈现出"三高五低"——高能耗、高物耗、高污染，低劳动成本、低资源成本、低环境成本、低技术含量、低价格竞争。这种增长方式导致资源环境约束压力增大。目前中国土地、水资源、矿产资源、劳动力等各类要素成本都在上升，部分地区生态环境承载能力已接近极限。

二是经济社会发展不协调，社会矛盾更加突出，表现为财富分配不平衡，社会保障、户籍及土地管理等制度不完善，消费信用体系和法制环境建设仍较滞后，城镇化任务艰巨；

三是就业形势严峻，国内总体就业格局仍然是供过于求，就业总量压力较大，实际失业率较高，同时还存在结构性就业矛盾，如大学生就业困难，国内技术工人短缺，发达地区农民工短缺与总量就业不足的现象并存。

四是国民收入分配结构长期失衡，国内居民收入占 GDP 的比重持续走低，2010 年下降至 43%[①]，此后持续保持在四成左右，由此导致中国消费需求难以提升，居民最终消费率一再走低，经济增长无法摆脱对投资和出口的过度依赖。2001~2010 年，中国投资率从 36.5% 上升到 48.6%，而消费率从 61.4% 下降到 47.4%，其中居民消费率从 45.3% 下降到 33.8%。[②]

五是产业结构不合理、产能过剩问题突出。虽然长期以来我们一直在强调转变增长方式或转变发展方式，但依然没有多大改观，工业大而不强，缺乏自主创新能力，战略性新兴产业的产值只占 GDP 的 4% 左右。服

① 蔡昌等：《中国财税研究——前沿·政策·案例 2011~2012》，上海，立信会计出版社，2011 年，第 1 版，第 4 页。
② 姜波：《保增长和调结构不能兼得怎么办》，载王东京主编：《中国经济观察》2011 年第3 册，北京，中国青年出版社，第 1 版，第 20 页。

务业发展相对滞后，高附加值的现代服务业发展缓慢，加快推进中国产业结构优化升级已刻不容缓。

六是金融体系尚不健全、非竞争性的市场准入条件限制、基础产业和基础部门的国有垄断问题依旧存在，民间投资和民营经济的发展受到严重制约。金融体系不健全首先表现为金融市场本身内部结构失控，最突出的是高度依赖间接融资。社会融资贷款和票据占80%，不足20%来自股票和债券融资。2011年底银行贷款余额占54%，企业股票市值和债券余额占到29%，这一比例不仅低于美国和英国（分别是73%和62%），也低于德国和日本。再是投资者结构不合理，机构投资只有15.6%，发达国家达到60%~70%。以商业银行为主的金融体系当中，政府相关企业占有的资源比较明显，中小企业获得的服务非常有限。2011年的数据显示，1000多万家中小企业贡献的税收占总额的50%，创造了国内生产总值的60%，完成的创新是70%，解决的就业是80%，占全国企业数量99%。[①]但它们参与资本市场的渠道却非常狭窄。

七是资产泡沫化风险显现。由于近年来工业领域投资机会的减少和货币因素的压力，国内众多企业涉足房地产领域，推动了房地产价格上涨，房地产泡沫化风险明显增加。而房地产业与水泥业、钢铁业等多个产业具有紧密的关联性，房地产的泡沫会引发中国经济总体资产泡沫化风险增加。为此，2011年以来，中央政府加大了对房地产市场的调控，各地政府也纷纷提出地方调控目标，虽然取得了一定成效，但房地产价格上涨趋势仍然难以有效遏制，多数地区的住房成交价格仍呈现环比上涨[②]，调控任务艰巨。

为应对世界金融危机，中国自2008年底以来实施了全面扩张的宏观调控政策，有效地遏制了经济下滑态势，但救助措施的实施也带来了一些新的经济问题，一是大量的货币信贷投放，在使财政赤字恶化的同时，给国民经济带来严重的通货膨胀压力。继2010年CPI突破3%后，2011年继续攀升至5.4%，此后两年，CPI涨幅得到了较为有效的控制，均为2.6%。由于中国目前的通货膨胀成因有一些新的特点（如具有显著的成本推动特征、具有一定的国际输入性和国际收支的失衡已成为推动通货膨胀的重要动因等），治理难度较高。二是由于投资主要集中在政府和大型

① 郭树清：《中国资本市场没有理由不成为世界一流》，新浪财经：http://finance.sina.com.cn/stock/y/20120629/101912436501.shtml。

② 蔡昌等：《中国财税研究——前沿·政策·案例2011~2012》，上海，立信会计出版社，2011年，第1版，第5页。

国有企业的固定资产投资领域，民间投资较难跟进，使得投资领域进一步集中，投资结构无法优化，经济结构失衡问题更加严重。三是固定资产项目资金比例的调整，提高了债务性资金在资金结构中的比例，从而事实上拉高了杠杆率，增大了经济运行的风险，而金融监管体系并未做出相应调整，从而加大了引发系统性风险的可能。①

总之，现阶段中国宏观经济面临的主要问题是，既有经济增速放缓（下行）的威胁，又有通货膨胀的压力，尤以经济下行压力加大问题更为突出。2014 年中国 GDP 增长率为 7.4%②，由经济高速增长期步入"新常态"。鉴于目前复杂的国内外形势，国家的宏观调控政策已从反危机时期的全面扩张（更加积极的财政政策和适度宽松的货币政策）向"松紧搭配"（积极的财政政策和稳健的货币政策）转变。未来一段时间内，中国财政应对形势变化的基本原则应是：保持财政政策的连续性和稳定性，继续实施积极的财政政策。因为中国经济走向稳定增长，还需要适当的财政政策刺激力度的支持，如启动"十二五"规划重大项目工程，加强经济社会发展的薄弱环节，加大民生支出，完成在建项目和后续工程，这些都需要适度的财政赤字和国债规模，财政政策仍需要保持积极姿态和一定的扩张性。但同时必须注意把握积极财政政策实施的力度、节奏和重点，积极防范和控制财政风险。

第二节　调整完善后危机时代的国债政策

根据上述国内外的宏观经济形势，调整和完善后危机时代的中国国债政策，主要应从加强国债管理、合理控制国债规模以防范财政风险、优化国债资金投放取向、加强国债政策与财政政策、货币政策的协调配合等方面着手。

一、合理控制国债规模，防范国债风险

国债政策对社会经济发展有着重要的促进作用，尤其是当前应对世界金融危机时期，积极财政政策的实施在客观上需要通过积极使用国债政策

---

① 吴晓灵主编：《中国金融政策报告 2011》，北京，中国金融出版社，2011 年，第 1 版，第 152 页。

② 张君荣：《达沃斯论坛：为不确定的世界经济提供中国信心》，《中国社会科学报》2015年 1 月 26 日 A03 版。

来为经济结构调整、民生建设、环境保护等保驾护航。但从宏观和长期考虑，也需要科学确定财政赤字水平和国债规模，以防范可能出现的财政风险。

从根本上说，一个国家合理的国债规模是由其经济发展势头和国民经济总量决定的。如果国家经济基础坚实、信用度高，经济增长水平较高，人们对未来社会经济发展预期积极，持续扩大国债规模就较为有保障。但从长期来看，国债规模不可能一直保持超常规增长，必须与财政收支水平和 GDP 水平保持协调一致，一个最基本的限制指标就是，国债的增长幅度不能超过 GDP 的增长幅度。

从当前形势出发，借鉴国际经验，中国控制国债规模可以考虑从以下几方面入手：

（一）把控制赤字和债务规模目标纳入中长期财政发展规划

税收和国债是国家财政收入的主要来源。在短时期内，税收总额不会发生飞跃增长，尤其是在经济低迷的时期，在累进税率制度下，税收还会出现下降。这时，为了推动经济增长，就有必要通过扩大发债的方式来落实积极的财政政策。

但从长期来看，扩张性的财政政策仍属于非常之策，不能长期过度使用。财政赤字和债务规模在长期也需要保持在一个合理范围内，否则将有违国民经济发展机理，不利于宏观经济的持续健康发展。为此，在世界金融危机导致的经济增长压力减缓之后，应当及时调整财政政策的性质，以便控制赤字和债务规模，努力实现长期下的财政平衡。

为了有效控制赤字增长，要不断完善财政支出政策，规范政府支出行为。一方面，按照公共财政的要求，合理确定财政支出范围，把财政支出限制在能够提供公共需求和提高社会效益的领域与事物中来。财政资金退出一般性竞争领域，投放到公益事业和公共基础设施建设，用于支持不发达地区经济发展以及有利于技术进步和高技术产业发展的领域。另一方面，应当合理确定财政支出占 GDP 的比重，防止财政支出增长长期超前于经济增长。此外，还应当不断推进政府机构改革，精减行政机构人员，努力压缩政府的行政开支。

（二）优化国债产品结构，促使国债利率步入正轨

从理论上说，国债是一种低风险、高流动性的金融产品，按照风险与收益对称的原则，国债利率理应低于银行存款利率，并成为市场基准利率。而在实践中，中国国债利率的确定却是以银行利率为依据，并略高于银行利率水平。这种利率倒挂加大了国债还本付息的压力，从而不利于压

缩国债规模，另外，也无法发挥国债利率的基准利率作用，从而阻碍资本市场的正常发展。要扭转这一局面，根本途径是培育成熟的国债市场，提高国债流动性，实现国债期限结构、持有者结构和品种结构的合理化。

成熟的国债市场要求实现短、中、长期国债等各类国债产品的多元化，从而既能满足持有者的不同风险偏好，有助于发行工作顺利展开，又能错开不同期限国债的偿还，能在很大程度上缓解国债发行规模增长过快的问题；要求实现个人持有者与机构投资持有者数量和结构比例的优化，从而提高国债的流动性，加速国债市场的规范和发展；要求有发达的一级市场和具有一定规模的二级市场，从而减少价格风险，支撑央行公开市场业务中对国债数量的吞吐量。

在成熟的国债市场中，市场流动充分，利率信息传播高效，从而有利于基准利率的形成，也有助于国家货币政策的执行和传导。在这种条件下形成的国债利率水平，将低于同期银行存款利率。随着国债还本付息压力的降低，国债整体规模将获得更为理想的可持续发展条件。

（三）建立健全偿债基金制度

偿债基金是政府作为债务人所设立的、用来偿还政府举借的债务专门基金。其作用在于：第一，发挥担保功能，提高国债信誉。偿债基金是现实存在的后备资金，它能给潜在的国债投资者增加心理安全感，使其愿意进行国债投资，从而保证国债的顺利发行和政策实施。第二，偿债基金的存在有助于限制财政举债，有助于压缩财政支出，从而有助于实现财政收支平衡。第三，有助于国债市场建设。从国际经验看，偿债基金可以用来进行公开市场业务操作，这一方面能提高国债的流动性，另一方面可以通过提前购进债券方式提前还本付息，减少国债存量。

中国曾于 20 世纪 80 年代末 90 年代初进行过设立偿债基金的尝试，但未将其加以制度化。随着中国国债发行规模的不断扩大，为了保证到期债务的偿还，有必要建立国债偿债基金制度，发挥其缓解偿债高峰、平衡国家预算的作用。

偿债基金应由专门成立的基金管理公司经营管理，其资金来源渠道主要有以下几方面：一是超计划发行的国债；二是财政收入拨付的专项资金；三是国债投资项目的收益。当基金开始运作之后，所得收益也应当用于扩充本金，进行再投资，从而保证偿债基金规模的不断壮大，以备偿债高峰期到来时调拨使用。

此外，为有效控制国债规模，还必须注意以下两点：一是加强对国债资金的使用管理，用更少的钱办更多的事，从而尽可能减少未来发新债的需求；二是及时化解和消除各类隐性债务和或有债务，将潜在债务的风险消弭于无形。这两方面的问题将在下文详论。

二、加强国债管理，防范财政风险

国债政策要实现的是一个综合性目标，除了实现国债自身运行风险的最小化，还要通过国债政策的合理运用达成宏观调控目标。因此，国债管理要同时注重这两个目标，既实现国债融资成本的最小化，同时又不影响国债政策发挥其宏观调控职能。为了实现这些目标，下一步国债管理可以考虑从技术层面做以下调整。

（一）调整国债期限结构

从发达国家的经验看，除了实现政府融资和宏观调控目标之外，有计划、有规律地发行不同期限组合的国债，通过二级市场的大规模交易，能够形成不同期限的无风险利率，从而为金融资本的配置提供交易价格基准，从而引导社会资源合理配置。

在过去很长一段时间里，中国的决策部门更多的只是把国债视为弥补财政赤字的工具，对其推动金融市场体系建设的作用认识不足。因此，所发国债以 3~5 年的中期国债为主，从而导致国债期限结构分布不够合理，既缺少 10 年以上期限的长期国债，也缺少有利于财政部门调节季节性或临时性资金短缺、利于央行进行公开市场操作的短期国债。以中期国债为主的国债期限结构，直接造成国债偿还期集中，一定时期内还本付息压力巨大的局面，也无法满足投资者在金融资产方面多样化的需求，此外还阻碍了市场基准利率的形成，从而不利于金融市场的健康发展。同时，具有一定的余额和足够数量的短期国债是进行公开市场操作的基本条件，中国短期国债存量不足的情况已对公开市场操作造成了一定制约。

为了完善中国国债期限结构，要不断提高财政政策和货币政策在国债交汇点上的协调性，结合财政政策和货币政策各自的松紧状况形成最佳配合，有必要在已经实现国债余额管理制度框架下更多地发行短期国债。发行短期国债对于调节国库收支和央行灵活运用货币政策进行宏观调控有着积极作用，而且短期国债当年内还本付息，也不会影响人大批准的全年国债余额。

2003 年之后，为了避免通货膨胀，央行大规模发行央行票据对基础货币投放量进行对冲，央行票据成为货币市场的主体交易品种，也成为央行回收流动性的主要手段。2008 年，中国发行一年以下短期国债 980 亿元，而一年以下央行票据的发行量达到 33280 亿元。央行票据是一种短期中央银行债券，它在一定程度上弥补了中国短期国债存量不足的问题。但与发行国债相比，央行票据的大量发行将埋下更大的金融风险隐患，因为央行票据的偿还主要依靠发行货币，这隐藏着新的通货膨胀可能。而且，其发行存在一定成本，票据利息的积累和发行新票据偿还旧票据现象的存在，也使其可用于冲销流动性的空间逐步缩小。因此从长期来看，有必要增加短期国债在国债存量中的比重，以其代替央行票据用以回收流动性。

中国长期国债在全部国债中的比重也比较低。2013 年，中国发行十年期以上国债 1420 亿元，这一数量仅占当年全部国债发行额的 7.03%。[①] 从中长期看，未来中国应当继续加大长期国债的发行力度。一方面，中国大部分财政赤字仍然需要依靠长期国债加以弥补，另一方面，长期连续地发行长期国债也有利于稳定投资者对宏观经济的信心，有利于投资者保持投资心理和市场行为上的连续性和稳定性，这对国债市场的长期发展有着重要意义。

在中期国债方面，中国一直是以发行 3 ~ 5 年期国债为主。未来应当对中期国债的期限加以进一步细分，尤其要注意不同期限之间的对接。只有这样，才能最大限度地吸纳各类社会资金，同时避免偿债期过度集中给财政造成过重的负担。

（二）调整国债品种结构

20 世纪 80 年代中国恢复发行国债以来，国债品种不断得到丰富，陆续发行了国库券、国家重点建设国债、国家建设债券、特别国债、保值国债等多个品种的国债。1995 年之后，财政部按照国际上通行的分类方式，对中国的国债品种进行了整理。此后发行的国债逐渐统一按券面形式划分为无记名国债、凭证式国债、记账式国债三种。

无记名国债是一种实物债券，它以实物券的形式记录债权，不记名，不挂失，可上市流通，到期一次还本付息。在发行期内，投资者可直接在销售国债机构的柜台购买；发行期结束后，投资者者可在柜台卖出，也可将实物券交证券交易所托管，再通过交易系统卖出。2000 年 5 月，中国最后一期无记名国债到期兑付后，这种债券就退出了国债市场。此后几年里，市场上的国债只有凭证式国债、记账式国债这两种形式。

凭证式国债是用填制国库券收款凭证方式发行的国债。它以国债收款凭单作为债权证明，不可上市流通转让但可以提前兑付，提前兑付时按实

---

① 根据《中国证券期货统计年鉴 2014》（中国证券监督管理委员会编，北京，中国统计出版社，2014 年，第 1 版）"表 3 - 13　中国债发行情况明细"中所列数据计算而得。

际持有时间分档计付利息。

记账式国债是以记账形式记录债权、通过证券交易所的交易系统发行和交易的国债，可记名，可挂失。投资者买卖记账式国债必须在证券交易所设立账户。按照流通性划分，记账式国债分为可流通国债与不可流通国债两种，前者在发行期过后，可以在公开债券市场上自由流通交易，其交易价格随市场供求关系以及利率、物价等因素的影响而变化；后者按规定不进入市场流通，只能按规定时间兑付，主要是基于满足特定购买者群体的投资需求及相关目的而发行。按照付息方式划分，记账式国债分为记账式贴现国债和记账式附息国债两种，前者以低于面值的价格贴现发行，到期按面值还本，期限为一年以下（不含一年）；后者定期支付利息，到期还本付息，期限为一年以上（含一年）。

为了丰富国债品种，改进国债债权管理模式，提高国债发行效率，方便国债投资者，2006年7月，财政部首次发行了电子式储蓄国债。这是一种只面向境内中国公民个人发行的，以电子方式记录债权的国债，按单期国债设个人国债账户最低、最高购买限制额，不可流通转让，但可以办理提前兑取、质押贷款、非交易过户等，并扣除一定的利息。到期后，承办银行自动将投资者应收本金和利息转入其资金账户，利息免征所得税。从形式上说，电子式储蓄国债兼具凭证式国债和记账式国债的一些特点，与凭证式国债的相同点在于：都属于储蓄国债，相同期限的这两种国债其收益水平基本相当，都免缴利息税；与记账式国债的相同点在于，都采取电子方式记录债权，都需要开立资金账户之后才能购买。而从流通性、收益率这些本质特征上看，电子式储蓄国债与凭证式国债更为相似。

近年来，中国国债的品种结构得到不断优化，记账式国债的发行比重逐渐加大，目前比例大致稳定在75%左右。而凭证式国债方面还有一些有待改善之处：首先，期限有待进一步多元化。凭证式国债期限以3~5年为主，这无法满足日益多元化的投资者需求，因此无法最大限度地吸纳社会闲置资金。其次，利率设置有待灵活化。凭证式国债的利率无论期限多少，一律参照当期银行利率设计，且一旦发行便固定不变。对于期限较长的凭证式国债来说，这种利率设计过于僵化，与市场经济条件下多变的经济形势不相适应，因此无法最大限度地吸引投资者的购买热情。因此，从未来发展看，凭证式国债应当考虑提供更多符合市场需要的期限和利率组合，适当增加长期国债的比重。同时，逐步向电子式储蓄国债转变。

除了券面形式的多样化，还可以考虑发行指定用途的国债新品种，如教育国债、社保国债等等，以满足经济发展方式转变、建设和谐社会的要求。

(三) 调整国债持有者结构

20 世纪 80 年代恢复国债发行之后的很长时间里，国债的持有者主要是个人。这种国债持有结构存在着发行期过长、发行成本偏高、债券期限较短等问题。1998 年 5 月，央行恢复了国债公开市场业务，随着国家建设以及公开市场操作对国债需求量的不断增加，在国债发行规模不断增加的同时，机构投资者持有国债的比重也逐渐加大。如表 7 - 1 所示，到 2013 年底，个人投资者持有的国债占全部国债投资比重仅为 0.004%。在机构投资者中，商业银行、特殊结算成员的国债持有比例占绝对优势，达到 88.861%。

表 7 - 1　　　　　　　2013 年底国债持有者结构　　　　　　　单位：亿元,%

持有者	持有额	比重
特殊结算成员	15634.45	20.013
商业银行	53784.95	68.848
信用社	703.62	0.901
非银行金融机构	260.00	0.333
证券公司	71.39	0.091
保险机构	2899.97	3.712
基金	975.93	1.249
非金融机构	26.87	0.034
个人投资者	3.14	0.004
交易所	2394.37	3.065
其他	1366.15	1.749
合计	78120.85	100.00

资料来源：根据中国债券信息网公布的数据计算。

从发达国家的经验看，以机构投资者为主的国债持有结构有利于节约国债筹资成本，同时能够提高国债流动性、充实公开市场操作载体，更充分地发挥国债市场的经济调节功能。在中国的实践中，从比重上看，机构投资者已占据国债投资的绝对主体，但机构投资者群体的结构配置还有待优化：一方面，不同类型机构投资者在国债市场中的力量对比和地位悬殊，其中，集中在商业银行上的比重最高；另一方面，不同类型的机构投资者在投资理念、投资行为等方面差异不大，其配置性需求大大高于交易性需求，这不利于国债流动性的提高，也不利于国债市场价格发现功能的发挥。

目前，投资量较大的机构在中国国债市场中占据了垄断地位，账户数量比重超过一半以上的非金融机构发挥作用明显不足。交易主体过于集中、单一，直接限制了国债市场的扩大。从国际经验看，成熟的债券市场中投资主体应该是多元化的，其中保险机构、非银行金融机构、非金融机构所占比重较高。未来应当进一步促进国债投资主体的多元化，充分发挥非金融机构投资者的作用，以不断拓宽国债市场的深度和广度。

（四）调整国债利率结构

国债利率决定着国债的融资成本和投资者的收益水平，恰当的利率设计是控制国债风险，避免债务危机的关键所在。如国债发行价定得过高，则收益率偏低，这将导致国债销售困难；若国债发行价偏低，收益率偏高，会加大国债的融资成本，从而增加未来的偿债压力和财政风险。此外，国债发行价格还会对二级市场上的流通价格产生直接影响，过高或过低的发行价格都不利于国债流通市场的稳定。

和市场上其他金融产品一样，国债的利率水平要受到供求关系的影响。虽然在成熟的市场上国债利率是基准利率，但具体到某一期国债的发行，其利率的确定也要参考对市场利率的预期。不同期限的国债，其利率确定时对市场利率预期的弹性不同，这种差异将在利率期限结构中有所反映，而国债二级市场中的利率期限结构是形成市场基准利率的基础。这表现出市场利率与国债利率互相影响的关系。

除此之外，通货膨胀率对国债发行利率的制定也有着重要影响。利率制定的基本原则是国债收益率要高于通货膨胀率，否则将影响国债的顺利发行。中国发行的国债绝大多数为固定利率，如果在通胀率较高时期发行国债，而发行结束后通胀率出现下降，政府将因此付出额外融资成本。因此，在通货膨胀率较高时，应当多发行短期国债，以降低融资成本，而在通货膨胀率较低时，可以选择多发行长期国债以节约融资成本。

除了合理安排国债期限与利率的组合之外，为了降低国债融资成本，未来可以考虑加大浮动利率国债的发行。根据中国人民银行的定义，浮动利率债券是指债券发行人根据一定规则调整票面利率，并依此利率定期支付利息的债券。在市场利率变动较为频繁的时期，浮息债券能根据市场情况的变动定期调整利率，从而能够有效地降低投资者面临的利率风险。

关于调整规则，可以考虑使国债利率的浮动水平与市场利率挂钩，这样一来，在市场利率水平较高时期发行的浮动利率国债，当未来市场利率走低时对利率加以调整，能有效地降低发行者的融资成本。另外，还可以考虑将国债利率浮动水平与经济增长水平挂钩。在这种规则下，当实际

GDP 增长速度超过预期水平时，国债发行者将向投资者支付更多利息；当实际 GDP 增长速度低于预期水平时，国债发行者支付的利息将低于原定水平，从而降低融资成本。这种利率挂钩方式具有反经济周期的效果：当实际 GDP 增长速度低于预期水平时，国债融资成本降低，财政还本付息的压力由此减轻；当实际 GDP 增长速度超过预期水平时，虽然政府需要支付更多的国债利息，但此时政府的财政收入也因经济景气而有所增加，因此融资成本与偿还能力是同步上升的，不会产生额外的债务风险。

（五）合理控制国债规模

前文已对如何合理控制中国国债规模提出若干政策建议，此处不再赘述。

三、优化国债资金投放取向

为了应对 2007 年下半年爆发的国际金融危机和国内经济增长下滑的双重因素影响，2009 年起中国重新开始实施积极的财政政策。与此相适应，国债资金的使用方向又有了新的调整，发行的长期国债主要用于以下几个方面：一是支持"三农"工程，主要包括国家粮食安全工程、重大农业基础设施工程以及农村民生工程三个方面。二是重大环保生态和节能减排工程。包括污水、垃圾处理设施、天然林资源保护、重点防护林工程、重点流域水污染治理、十大重点节能工程、循环经济和重点工业污染治理等。三是重大能源、交通基础设施建设。加快建设铁路，解决运输瓶颈，尽快缓解铁路建设滞后的矛盾，包括兰渝、西格二线、贵广、南广等一批国家规划内的重大铁路建设项目，西宁机场、进藏公路，以及西气东输、西电东送和石油储备工程等。四是廉租房建设和棚户区改造工程。包括廉租房建设，国有林区、垦区、中西部中央下放煤矿棚户改造工程等。五是自主创新、结构调整和产业转型项目。包括核电设备国产化等重大装备、重大科技基础设施、国家工程研究中心和工程实验室。六是促进协调发展的重点项目。包括高等教育"211"工程、全国社区卫生服务中心、国家应急体系建设等。①

当前中国既处于发展的重要战略机遇期，又处于社会矛盾凸显期，这是社会经济发展阶段所决定的，但也有民生、环保等领域历史欠账的因素。如前所述，此时国家加大在民生、环保等领域的投资，既能及时

① 《国家发改委初步确定 2009 年长期建设国债投资方向》，http://www.dzbio.com/2010/0316/54.html。

弥补历史欠账，增进国民福利，维护社会稳定，又能通过改变民众预期来提升他们的消费需求和企业的投资需求，从而克服有效需求不足的顽症。而且，有日益强大的综合国力作保障，这种投资也是有偿还保障的。

未来一个时期，按照促进国民经济和社会可持续发展的原则，国债资金的投放重点目标主要应当包括以下几方面：

（一）加强社会保障，不断改善民生

目前，中国社会保障制度改革仍滞后于经济增长，这既不符合以人为本的科学发展观，也在现实中抑制了社会消费需求的增长。只有建立健全社会保障体系，民众才会形成稳定的心理预期，这是储蓄顺利转化为投资，增加有效需求的基本条件。

国债投资用于社会保障制度建设的着力点主要包括：第一，建立健全社会援助体系，确保下岗职工等需要得到社会救助的低收入群体的基本生活，逐步扩大保障的覆盖规模和覆盖力度；第二，投放国债资金，逐步扩大城乡居民社会养老保险的覆盖面。同时，可以考虑发行特种国债来弥补部分养老金支付缺口，消化历史欠账，补齐个人账户，从而为社保资金的正常运转创造条件。

（二）促进城乡基本公共服务均等化，实现社会公平

城乡基本公共服务均等化是统筹城乡发展，贯彻落实科学发展观的必然要求。与城市相比，目前中国农村不但经济发展水平落后，社会事业发展的差距也很大。农村地区的教育、科技、文化、卫生等公共事业的发展水平远远落后于城市，这不但影响农村精神文明和社会文明的建设，还制约了农村经济的发展，阻碍着城乡经济的协调发展。

为了扭转这一局面，需要加大财政在基本公共服务领域的支出力度，尤其要建立健全向农村适度倾斜的公共产品供给制度。因此，国债资金无疑应发挥巨大作用，其着力点主要有：增加与农民生活、农业生产和农村发展相关的（如道路交通、广播通信、饮水设施等）基础设施方面的建设投资；提高农村义务教育水平，加大农村义务教育"两免一补"实施力度；繁荣农村公共文化，加强农村精神文明建设，广泛开展农村体育健身活动；推进医药卫生改革，建设农村医疗设施和卫生体系，完善新型农村合作医疗制度，逐步建立农村公共卫生经费保障机制，提高重大疾病的预防控制能力；建立健全农村社会保障体系，探索建立农村养老保险制度；不断提高扶贫开发水平，加大对农村贫困人口和贫困地区的扶持力度，等等。

（三）提升人力资本，加速科技进步

人力资本和技术进步都是经济增长的主要动力来源，在这两个方面加大国债资金的投放，对于提高全民族人口素质，实现经济增长的"两个转变"具有重要意义。

为此，要加大国债资金对教育尤其是基础教育领域的投资，以提高全民族人口素质，从而增加人力资本的存量。人力资本存量增加，可以产生自然资源的替代效应，减轻经济增长给环境资源造成的压力，同时，还有助于转变经济增长方式，实现经济社会的可持续发展。

在促进技术进步方面，应当加大国债资金在科技研发尤其是基础科技和高新科技研发的投入，努力增强产业的技术创新能力，促进创新型社会建设。还可以使用国债资金增加财政对企业技术改造投资的贴息规模、扩大贴息范围，为实现产业升级和经济结构调整做出贡献。

（四）增加环境治理和保护投资，保护生态环境

未来一个时期内，中国生态环境形势依然严峻，为此应当继续加强治理，重视对生态建设和环境治理方面的资金投入。生态环境治理具有明显的外部性特征，属于公共产品范畴，因此主要应当由政府出面提供，在这方面，国债资金可以承担起一定的责任。同时，生态治理是惠及子孙后代的事，后代将从前人经过努力实现的生态改善中获益，按照权利与义务相对称的原则，后人应当从经济上为前人的环境治理工作做出一些分担。国债的经济负担恰恰具有前人借债、后人偿还的代际特征，从这一点来说，运用国债资金进行环境治理和保护投资是很恰当的。虽然用于生态环境保护和治理的投资很难产生直接经济收益，但这项工作对于改善经济建设环境和人居环境有着重要作用，而由此产生的间接经济效益和社会效益将是巨大和持久的。

（五）加强中西部经济建设，缩小地区差距

地区发展差异明显，是造成中国经济结构失衡和有效需求不足的重要原因之一。这种差异，主要是指东部沿海地区与中西部地区特别是东部与西部地区之间的差距。20世纪90年代，随着市场经济建设的深化，这种地区差距一度呈现出逐年扩大的趋势。地区发展差距过大导致不同地区居民的收入水平和生活水平存在较大差距，明显不利于社会稳定和经济社会的长期稳定发展，与以人为本的科学发展观的要求也是背道而驰的。

为了扭转这一局面，国家先后提出了"西部大开发"和"中部崛起"战略。同时，科学发展观也要求实现区域的统筹发展。为了实现这些目

标，1998年实施积极财政政策之后，国家在安排国债投资时一直注重向中西部地区倾斜，这一政策使中国地区投资结构出现了积极变化，中西部地区的基础设施建设取得了长足发展，当地的生产力布局也得到了及时的调整和优化。但是应当看到，受思想观念和传统习惯限制，中西部地区在投融资方面还存在着许多体制性障碍，自身的造血功能也仍显不足。在此局面下，将国债资金继续投入到已在局部呈现饱和迹象的基础设施建设领域已经显得很不够，未来中西部地区国债投资的重点应放培育市场多元化投资主体上，要通过国债资金的引导和扶持鼓励外资和东部企业到中西部投资，并鼓励当地中小企业投资。同时，要利用国债投资加速中西部地区人力资本积累，逐步缩小中西部地区与东部沿海地区在人力资本等软件方面的差距，这样既能加速中西部地区的经济发展，又能因中西部智力水平的提升而提高未来国债投资的使用效率。

四、完善国债政策与财政政策、货币政策的协调配合

财政政策和货币政策是宏观调控过程中两种不同的政策工具，而国债成为这两种政策工具的交汇点之一。首先，国债是弥补财政赤字的重要手段，而且国家通过调整发债规模来实现扩张或紧缩的财政政策目标。当国债进入二级市场之后，中央银行则通过回购或逆回购国债的方式来调节货币供应量，并影响市场利率水平，从而实现金融政策目标。

2007年，中国财政部发行15500亿元特别国债购买国家外汇储备中的部分超额储备，用所筹资金成立了主权基金。而中国人民银行通过商业银行买入这笔特别国债，增加了其进行公开市场操作的载体。国家的这一举措成为财政政策和货币政策在国债这个交汇点进行协调配合的创新性做法。

但是，财政政策和货币政策在国债管理方面存在着目标不一致的问题。例如，在经济过热时，紧缩的财政政策要求减少国债发行，但此时为了回收流动性，央行却需要更大量的国债作为载体。而且，商业金融机构也需要持有一定规模的国债，以维持其资产的流动性。这种情况下，国债规模的控制很可能出现财政部门和金融部门的博弈，这其中就隐藏着国债风险。

从本质上说，财政政策与货币政策的最终目标是一致的，都是力求在动态过程中达到社会总供求的平衡和结构的优化，实现宏观经济持续、稳定、协调的发展。在对这一共同目标形成共识的基础上，为了防范可能出现的由技术手段和阶段性目标不一致而引发的国债风险，有必要加强财政

部门与金融部门就国债管理政策的协调和磋商，而从长期看，双方应当努力建立起一套针对国债工具的科学决策和合理选择政策组合的决策程序和协调机制。

五、积极尝试扩大地方政府发债权，分散中央政府的债务风险

1994年实行的分税制，将中央政府和地方政府的财权进行了重新划分，但双方的事权却未得到相应的分配，由此造成地方政府财权与事权的不对称。地方政府要管理、兴办的事业很多，但财力不足，按照现行法律规定，地方政府又没有发债权。为促进地方经济发展，地方政府只能通过其他渠道，包括一些非正常渠道来筹集资金。由此产生的大量隐性和或有债务，由于筹集随意性大，使用效率低，缺乏有效监督，因而形成了巨大的财政风险。

另一方面，1998年亚洲金融危机爆发之后，中国曾通过发行长期建设国债并转贷给地方的方式，增加地方政府财力。而后每年发行的国债有相当一部分由中央政府转贷地方政府，用于地方性公共工程和基础设施建设并由其负责偿还，这种实际上是中央替地方政府发债的操作方式存在着很大风险：首先，这种方式加大了中央财政偿还债务的压力，并将所有的国债风险集于一身；其次，这种方式实际上相当于是中央政府为地方政府的债务提供了担保，不利于强化地方政府的债务责任约束；最后，中央转贷的国债资金往往要限定使用方向，这既不利于地方政府因地制宜地根据自身需要来筹措资金，也不利于充分发挥国债资金的使用效益。

为了配合2008年11月中央政府出台的4万亿经济刺激计划，2009年，中央政府首次代发了2000亿元地方债。2009年和2010年地方政府债券由财政部代理发行，代办还本付息。2011年和2012年，经国务院批准，上海、浙江、广东、深圳试点在国务院批准的额度内自行发行债券，但仍由财政部代办还本付息。2013年，新增江苏、山东为试点地区，其他地区仍由财政部代理发行、代办还本付息。与"转贷"相比，"代发"将地方政府置于了偿债主体的位置上，在一定程度上分散了中央政府的国债风险。

2013年召开的中共十八届三中全会和中央经济工作会议提出"建立规范合理的中央和地方政府债务管理和风险预警机制"、"着力防控债务风险"等要求，国务院也提出将"建立以政府债券为主体的地方政府举债融资机制"作为2014年深化经济体制改革的重点任务。为了进一步消

除偿债主体不清晰问题，进一步强化市场约束，控制和化解地方债务风险，探索建立地方债券市场并推动其健康发展，经国务院批准，2014 年上海、浙江、广东、深圳、江苏、山东、北京、江西、宁夏、青岛等十个地区开始试点地方政府债券自发自还，自发自还债券总规模为 1092 亿元。试点地区债券期限为五年、七年和十年，结构比例为 4：3：3，这既有利于缓解地方偿债压力，又有助于优化地方债务结构。同时可以降低国债依存度，从而降低国债风险。

2014 年 8 月新修订后的《预算法》，赋予地方适度举债权，从而规范地方融资体系，实现地方发债"关后门开前门"，以此将地方债管理纳入法治化轨道，使地方政府直接发债逐步取代财政部代发。

长期以来禁止地方政府发行公债，很重要的一个原因是人们担心地方政府缺乏自我约束力，一旦拥有了发债权，其无限扩大支出的偏好和冲动将导致更为严重的地方债务风险。为此，在逐步放开地方发债禁令的同时，必须完善相关法律法规的建设，杜绝因地方政府决策失误而导致债务危机的可能。为了防范债务危机，应该由中央政府统一控制地方发债的总规模，由地方政府的人大对债务的发行规模、使用方向、还本付息等相关内容进行具体审批和监督。在地方债资金的使用上，除短期债务外，应当规定地方政府举债所得只能用于基础性和公益性投资项目支出，不能用于弥补地方政府经常性预算缺口。为了确保偿还，防止产生新的债务危险，地方财政应当建立专门的偿债基金用于还本付息，由中央设立相应的管理部门对各地偿债基金的安排和使用进行监督和检查。

第三节　加强后危机时代的国债市场建设

针对前文提出的目前中国国债市场运行中存在的问题，后危机时代的国债市场建设，应坚持"创新、发展、规范、协调"的八字方针[1]，以产品创新和机制创新为核心，以完善制度建设和规范发展为依托，不断推进国债市场的互联互通，以提升市场的整体效率，推动市场全面发展，从而在中国国民经济平稳健康快速发展中做出应有的贡献。

---

[1]　杨农主编：《中国债券市场发展报告 2011》，北京，中国金融出版社，2012 年，第 1 版，第 40 页。

一、加强国债相关法律制度建设

(一) 国债立法的国际经验

目前，美国、日本等发达国家都建立了较为完善的公共债务①法律法规，可以为中国国债法律制度的建立和完善提供借鉴。

美国有着全球最大的债券市场，其政府债券主要有国债（即联邦政府债券）、地方性政府债券和政府机构债券三种。国债是由美国政府发行的债券，主要包括美国短期国库券、中期国库券和长期国债。美国的国债法律制度是根据美国基本法的规定单独制定的，美国已经建立起了一套比较完善的国债法律体系，如 1917 年颁布了《自由公债法》，1942 年颁布了《公共债务法》，1986 年颁布了《政府债券法案》，这些法律对国债的发行、使用、兑付、流通等事项均有较为明确的界定。《自由公债法》的主要内容是授权联邦政府财政部发行债券，并且就举借的债务总数设定了一个上限，即债务"天花板"（ceiling）；《公共债务法》是在 1917 年《自由公债法》的基础上，授予财政部制定有关政府债务的法规；《政府债券法》主要是对政府债券的交易及其监督体制作了较为详细的规定。1993 年该法进行了进一步修订，主要对政府债券自营商、中间商（经纪商）以及客户、交易商、国债交易大户的持仓量、国债拍卖过程和国债限额做出新的规定。②

日本政府发行国债的历史可以追溯到 19 世纪 70 年代初，由于国债市场起步较早，其相关法律体系也相当完善。日本的国债法律制度借鉴了美国的经验，公共债务相关法律体系也相当完善。第二次世界大战后的 1946 年，日本颁布新的《日本国宪法》，正式确立了现代资本主义三权分立的财政运营框架。日本宪法对公共债务的规定主要体现在处理国家财政的权限必须基于国家最高权力机构——国会的议决，其中包括：国费开支或国家负债，须根据国会议决进行；内阁每年编制的财政预算，必须提交国会，由国会审议决定。1947 年日本颁布了财政基本法，即《日本财政法》，并先后经过 12 次修改（最近的一次修改是在 2003 年）。该法确定了预算平衡原则，规定中央政府的财政制度必须以公债或借款以外的财政

---

① 广义的公共债务包括所有公共机构（政府、公共企业和公共事业）所举借的债务，狭义的公共债务仅指政府部门（包括中央政府和地方政府）对内和对外举借的债务。无论是广义的公共债务还是狭义的公共债务，中央政府债务（国债）是其最重要的部分。

② 参见李士梅：《公债经济学》，北京，经济科学出版社，2006 年，第 1 版，第 320～324 页。

收入作为其财源，但是作为公共投资、出资及融资的财源，可在经国会审议通过的最高上限范围内发行公债和借款。对公债的发行和偿还，该法的第五条、第六条作了原则性规定。由于《财政法》规定的预算平衡原则的限制，为了发行赤字公债，日本还颁布了《特例公债法》。自 1975 年至今（1991~1993 年除外），日本几乎每年都制定针对"赤字国债"的特别法案，2012 年 11 月颁布的《特例公债法》规定日本在 2012 年发行赤字公债的限额为 38 万亿日元，约占日本 2012 年度预算支出的 40%。[①]另外，日本还颁布了《证券交易法》、《政府债券法》、《政府债券发行法》、《日本银行对于政府债券的行政处理法》以及《日本银行对于政府债券本息特别处理程序法》、《公债整理基金特别会计法》等，对于公共债务的发行、流通、偿还和监管等都做了具体规定。

从上述美国、日本等国家的公共债务法律制度中，主要有以下几点经验值得我们借鉴：一是依法赋予政府举债权。发达国家往往是以宪法或财政法明确政府举债的权利和程序。二是依法实施债务额度管理。发达国家往往通过立法明确"余额管理制度"或"年度发行额管理制度"的相关实施权限和程序。[②] 三是各国的公共债务法律制度具有系统性，分别在宪法、预算法、财政基本法、证券法和专门的公共债务法等不同位阶层次的法律中对公共债务的举借、发行、流通、监管和偿还等系列的法律行为做出全方位的规定，不仅提高了公共债务法律制度的立法级别，也使得这些法律之间相互协调，相互衔接，将公共债务纳入议会和行政机关的审批和监督之下。[③] 四是依法保证政府债券市场监管。国际经验表明，构建政府监管和行业自律管理并重的多层次监管体系，有利于政府债券市场稳定健康发展。五是依法保障公共债务的偿还。发达国家往往通过依法建立偿债基金制度，用于保障公共债务的偿还。六是立法随政府债券市场的发展不断完善和创新。发达国家不仅注意及时修订已滞后于市场发展的相关法律规定，而且注意为市场的创新发展提供良好的法律环境。[④]

（二）尽快制定颁布《国债法》

中共十八届四中全会做出了全面推进依法治国的决定，《国债法》是

① 杜仲霞：《公共债务法律制度研究》，安徽大学博士学位论文 2014 年，第 43~44 页。
② 中国国债协会课题组：《〈中华人民共和国国债条例〉立法课题研究（摘要）》，载《2012 年中国国债市场年报》，北京，中国财政经济出版社，2013 年，第 1 版，第 39 页。
③ 杜仲霞：《公共债务法律制度研究》，安徽大学博士学位论文 2014 年，第 59~60 页。
④ 中国国债协会课题组：《〈中华人民共和国国债条例〉立法课题研究（摘要）》，载《2012 年中国国债市场年报》，北京，中国财政经济出版社，2013 年，第 1 版，第 39 页。

社会主义市场经济法律体系的重要组成部分，有必要尽快制定和颁布，以规范国家信用和融资行为，确保国债资金使用的安全及效率。由于《国债法》是国家制定的调整国债关系的基本法律规范，因此必须明确国债立法的基本宗旨和基本原则，在此基础上构建国债各项具体制度，才能做到科学合理。

1. 国债立法的基本宗旨

国债立法的基本宗旨主要体现对国债各项活动的规范，对国债市场参与主体权益的保护，并最终上升到促进中国经济发展的高度。因此，可以将国债法的立法宗旨概括为"规范国债市场活动，保护公共债务债权人的利益，保护国家财政健全，促进市场经济发展"[1]。

2. 国债立法的基本原则

中国国债法的制定首先应遵循《立法法》规定的的宪法、法治、民主、科学原则以及财政健全原则。同时，《国债法》的制定应体现以下原则：一是突出国债在宏观经济调控和管理中的作用；二是建立健全内容完善的国债管理制度；三是总结吸收既往国债管理制度的经验；四是坚持公开透明原则，平等保护各利益相关者的合法权益；五是建立部门协调配合机制，逐步完善国债管理体制；六是注重制度的前瞻性和开放性。[2]

3.《国债法》的基本框架

《国债法》的基本框架应包括以下内容：总则。主要就国债法的立法宗旨、立法原则、应用范围等一些原则性的内容进行规定，同时应包括国债与国债市场的定义及分类、国债市场的参与者、国债管理目标、国债市场的政府管理、国债市场的行业自律管理国债市场的对外开放等主要内容。国债发行。应当明确规定国债发行的审批原则和审批机关及审批程序，应当对国债的发行规模结构、期限结构、利率结构、发行方式、发行时间以及国债余额水平、负担率、偿债率等做出规定。国债流通。应当阐明国债流通的定义、国债交易场所和交易方式、国债自营业务和代理业务、国债做市商制度、国债交易信息披露、国债交易税务处理、国债交易监管等主要内容。国债登记、托管与结算。阐明国债登记与托管及结算的定义、机构、方式、信息披露、监管和国债结算风险控制、国债转托管、

---

① 石敏：《构建和完善中国国债法律制度的对策》，山东大学硕士学位论文2013年，第34页。

② 中国国债协会课题组：《〈中华人民共和国国债条例〉立法课题研究（摘要）》，载《2012年中国国债市场年报》，北京，中国财政经济出版社，2013年，第1版，第40页。

国债非交易业务等主要内容。[1] 国债偿还。应当就国债偿还的主体、原则、方式、程序以及资金来源加以规定。国债监管。对于国债的监管，一方面应当力求以法定的方式明确国债市场的唯一主管部门，对市场进行统一管理，从而加强监管力度，提高监管效率；另一方面，应当对国债资金的使用加以规范，明确国债资金的使用方向、绩效考核方式、审计监督、问责制度等。国债风险管理。阐明国债余额管理制度、国债风险监测制度等主要内容。[2] 此外，对于违反上述各环节法律规定的单位和个人，《国债法》还应该对其应当承担的法律责任加以规定。

同时，在借鉴前述发达国家经验的基础上，结合中国的国情，《国债法》在立法过程中要注意和《宪法》、《预算法》、《证券法》、《担保法》等相关法律法规的协调和配合。应特别重视《国债法》颁布之后的执法，严格按法定程序追究相关人员的法律责任，做到有法可依、有法必依、执法必严、违法必究。

二、借鉴国际经验，完善国债发行制度

2013 年 7 月，中国全面放开金融机构贷款利率管制，标志着中国利率市场化改革迈出新的步伐。金融机构间的利率竞调对中国的国债发行带来了巨大挑战，完善国债发行机制对中国国债可持续发展具有重要意义。

（一）完善国债预发行制度

国债预发行是指国债尚未正式发行之前，市场就对其先行进行报价买卖的行为。这种买卖行为通常是在一级自营商和投资者之间以远期合同交易的方式来完成，通过远期合同的交易情况，一级自营商可以制定对自己更为有利的投标和承销策略。国债预发行制度具有价格发现功能，它能促使国债承销商对未来利率水平的看法渐趋一致，并可将预发行价格作为投标价格参考，使国债的定价更加准确并市场化，从而提高发行市场竞标的透明度。而且，一级自营商通过预售可以提前确定一部分销售额，从而减轻正式销售时的压力。

另外，国债预发行制度也为投资者提供了一个投机套利的工具。如果投资者认为自己对预发行国债收益率水平的判断更接近于未来公布的实际利率，且实际利率低于市场普遍预期的中标利率水平，那么该投资者可以

---

① 中国国债协会课题组：《〈中华人民共和国国债条例〉立法课题研究（摘要）》，载《2012 年中国国债市场年报》，北京，中国财政经济出版社，2013 年，第 1 版，第 41 页。

② 中国国债协会课题组：《〈中华人民共和国国债条例〉立法课题研究（摘要）》，载《2012 年中国国债市场年报》，北京，中国财政经济出版社，2013 年，第 1 版，第 42 页。

选择以市场普遍预期的国债价格预购进国债。若国债正式发行时的利率确实低于市场估计，则投资者可以以低于实际面值的价格从承销商手中买进该笔国债，从而获得套利收益。因为判断市场普遍预期利率水平的根据来自二级市场的同期限国债收益率，因此实行国债预发行制度将使国债一、二级市场的联系更为紧密。

为适应利率市场化改革逐步深化对国债管理、国债市场产生的影响，2013 年 3 月 13 日，财政部、中国人民银行、证监会下发了《关于开展国债预发行试点的通知》，正式启动预发行试点。7 月，确定七年期记账式国债为首批试点券种。10 月，预发行率先在交易所债券市场开展，运行平稳。①

从境外经验来看，国债预发行业务在成熟市场非常普遍，是各国利率市场化进程中完善国债市场化发行制度的重要配套举措。中国下一步还应当对这一制度不断加以完善，使其发挥更大的积极作用。

（二）健全国债续发行制度②

国债续发行是指对已上市交易的单期国债予以增量的发行。续发行国债的交易代码、票面利率、还本付息日等各项要素均与原国债相同，上市后与原国债合并。

美、英两国是较早引入国债续发行的国家。其中，美国于 1980 年 5 月首次对 1979 年发行的 10 年期国债进行了续发行，随后在 1980 年 8 月对 1979 年发行的 30 年期国债进行了续发行。英国对 1981 年发行的 15 年期、25 年期国债在较长时期内分别进行了 2 次、19 次续发行。美、英两国逐步形成了各具特色的续发行模式。美、英两国在国债续发行方面的做法很快显示出优越性，引起其他国家争相效仿。发达经济体纷纷在 20 世纪 80 ~ 90 年代开始进行国债续发行，新兴市场国家随后也普遍引入了续发行技术。

近年来中国在运用国债续发行技术以改善国债市场流动性、减少国债只数、形成规范有序的到期结构方面取得了初步成效，已经成为一项较为成熟的技术。2011 年以前中国进行过 6 次记账式国债续发行。2011 年中国加大了续发行运用力度，对当年发行的大部分记账式国债均进行了一次续发行，全年续发行共计 16 次。在总结 2012 年续发行经验的基础上，

---

① 中国国债协会编：《财政部国库司翟钢司长在 2014 年国债发行工作例会上的讲话》，载《2013 年中国国债市场年报》，北京，中国财政经济出版社，2014 年，第 1 版，第 22 页。
② 本部分内容主要参考中国国债协会编：《借鉴国际经验　建立中国国债续发行框架》，载《2012 年中国国债市场年报》，北京，中国财政经济出版社，2013 年，第 1 版，第 30 ~ 36 页。

2013年按照三年、五年期记账式国债续发一次，七年、十年期记账式国债续发两次的规律进行续发行，其中七年期形成了每季度第一个月新发、后两个月续发的模式，初步建立起国债续发行的基本机制。但与国外发达的政府债券市场相比，中国在通过续发行制度提高国债流动性、提高关键期限国债的市场地位、促进国债定价效率方面，还存在明显的不足，主要表现为：关键期限国债的流动性不高；关键期限新发国债数量过多，降低了基准债的单只规模；续发行随意性较大，事先无明确的发行计划和各类国债的定期发行规则；对市场交易信息了解不充分，不能及时掌握持有者结构对国债流动性的影响；受制于国库现金管理制度改革滞后、中央银行票据对短期国债的替代效应，短期国债市场存量极低等。① 因此，需要充分借鉴国际经验，科学设计国债续发行框架，其基本设计原则：一是立足中国国债市场发展实际，与中国国债发行规模、期限结构、投资者结构等相适应。二是充分考虑国债投资者需求，尽量满足各类投资者进行资产负债匹配、资金流动性管理等方面的需要。三是符合国债市场长期发展要求，能够满足未来年度不同国债发行规模需要，适应国债市场逐步对外开放对投资者结构带来的改变等。四是兼顾框架长期稳定性和具体实施的灵活性，能够在框架内根据年度发行情况或国债市场发展情况做灵活调整。总之，国债续发行框架是对国债期次、单只国债规模、还本付息日进行长期规划的一项基础制度，需要长期坚持才能取得实效。② 随着中国国债余额增长和国债市场发展，应当尽早实施并完善中国国债续发行框架。

（三）完善国债做市商制度

中国债券市场的做市商制度于2001年初步建立，2007年在银行间债券市场正式建立。实践证明，这一制度在提高银行间市场流动性、完善价格发现机制方面发挥了重要作用。但由于中国债券市场存在商业银行一方独大、投资行为趋同等问题，导致做市商制度在运作中面临着一些现实的困难。比如投资行为趋同造成中国债券市场中存在着"单边市"问题，市场成员在资金宽松时往往争相购买债券，在资金紧张时又纷纷抛售债券，在这种市场环境下，做市商在按照规定履行双边报价并在所报价格上必须进行交易的义务时，经常会处于不利地位：当市场行情看涨时，会因此损失应有收益；行情下跌时，会因为要被迫买下大量抛售的债券，承受

---

① 于鑫、龚仰树：《意大利国债续发行制度对中国的启示》，《国际金融研究》2012年第2期。

② 中国国债协会编：《借鉴国际经验 建立中国国债续发行框架》，载《2012年中国国债市场年报》，北京，中国财政经济出版社，2013年，第1版，第36页。

债券价格下跌的损失。为了避免被动持仓，在债市行情走低的时候，有的做市商会中断报价，即便报价券种也日趋减少或者报出远远偏离市场行情的买卖差价，导致无法真正稳定市场价格，提高流动性。

为了克服上述问题，未来应当继续扩大做市商队伍，丰富做市商组成结构，鼓励更多交易活跃且有意愿、有能力的金融机构加入做市商队伍。另外，要完善做市商关键期限国债报价机制，增加报价券种尤其是更多地将新发国债纳入报价券种，以促进市场流动性，完善国债收益率曲线。还要健全做市商评价机制，由中国人民银行定期对做市商进行评价，建立退出机制，从而根据考评情况对做市商队伍做出调整。为了解决国债市场行情下跌时做市商做市积极性不足的问题，应当在适当的时候引入做空机制，为做市商提供必要的避险工具。

三、健全市场运行机制，完善国债流通市场

随着中国利率市场化的逐步推进，为建立统一、高效的国债市场，尤其是促进中国国债流通市场的发展，推动国债利率成为基准利率是一项十分迫切的任务。

（一）逐步统一国债的两个市场

1. 建立全国统一的国债托管清算结算系统

目前，银行间债券市场实行的是一级托管体制，机构投资者在中央国债登记结算公司（中央国债公司）直接开立债券账户从事债券交易和结算，由中央国债公司为投资者办理结算业务。交易所债券市场实行的是二级托管体制，即中国证券登记结算公司（中证登公司）在中央国债公司开立名义托管账户，交易所投资者在中证登公司开立债券账户，交易所承担交易所市场债券的二级托管职责，投资者以该账户在交易所市场进行债券交易和结算，中证登公司为投资者办理债券结算业务。商业银行柜台交易市场也实行二级托管体制，即债券在中央国债登记结算公司总托管，开展债券柜台交易业务的银行承担二级托管职责。

2002 年以来，中国人民银行和财政部实施了多种措施来加强两个国债市场间的联系，但分割的现状并不是一朝一夕能够彻底解决的。而且，对应于银行间国债市场与交易所国债市场投资主体的不同特点，两个市场各自的交易和结算方式有着与之相协调的一面，比如大型商业银行是银行间国债市场的主要参与者，一次交易涉及的金额通常很大，银行间市场一对一谈判的交易方式与之相适应。交易所国债市场的参与者中有大量中小投资者和个人，集合竞价的交易方式也与之相适应。因此，用其中某一种

交易结算方式来统一两个市场是不现实的，目前可以从统一两个市场的国债托管入手。

在目前的国债托管方式中，中证登公司不掌握二级托管结算成员的明细账目，也缺少国债余额实时查询系统。而中央国债公司对所有客户的债券托管实行实名制，掌握所有客户的明细账目，并建立起实时国债余额实时查询系统，这样就避免了交易所市场中存在的一些机构借代办国债保管之名，大肆挪用普通投资者委托保管的国债的问题。因此，统一两个市场国债托管的改革方向应当是，明确由中央国债公司作为所有国债的总托管人，银行间和交易所两个国债市场的投资者统一在中央国债公司开立唯一的国债托管一级账户，然后可以在该账户下开立三个子账户，分别对应银行间市场和上海、深圳两个交易所市场的交易活动，而投资者持有的国债应当可以按其意愿在三个子账户内自由流动。两个国债市场的交易和结算目前仍可以保持现状。国债柜台市场也可以继续保留目前的二级托管体制。

当然，国债托管清算结算系统最终的发展方向仍是实现完全统一，即用同一套系统来完成所有国债市场的托管、交易和结算。只有这样才能更好地均衡不同市场的国债收益率，形成更为科学的收益率曲线，完善发挥国债流通市场的价格发现功能，提高国债市场运作效率。同时，也有利于决策层全面充分掌握国债市场的整体情况，为制定中长期宏观经济政策提供参考。

2. 促进场外市场发展

从国际经验看，场内、场外市场并存，场外市场占据主体地位是成熟市场的普遍特征。场外市场成为国债交易主要场所的原因是，国债具有收益固定、回报率相对较低、品种期限结构复杂、机构投资者之间交易量大等特征，而场外市场交易方便、交易成本低的特点正适合机构投资者之间开展大宗交易。中国国债规模不断扩大、品种日益丰富，央行进行公开市场操作也需要大批量吞吐国债，这些特征正与场外市场的特点相吻合，从促进中国国债市场的发展角度出发，大力发展场外市场很有必要。

从现实出发不难发现，受种种因素的影响和制约，在一定时期内，银行间国债市场和交易所国债市场并存的局面不会发生大的变化。从本质来说，统一的国债市场并不意味着只能有一个国债交易市场存在，如果交易主体能够在一定规则制约下自由地选择交易市场和交易方式，资金也可以在不同市场间自由流动的话，场内市场和场外市场并存并不影响国债交易的效率。但从国债交易自身的特点出发，中国国债市场的发展应当参考世界先进经验，形成一个以场外交易为主、场内交易为补充，各有分工、各有侧重的市场格局。

（二）加强国债收益率曲线的编制和应用

在发达的市场经济国家，由于国债的风险相对较小且流动性强（仅次于通货），国债收益率通常成为金融市场上的基准利率[①]。国债收益率曲线作为描述国债投资收益率与期限之间关系的曲线，其重要性已经远远超出了国债领域，是金融产品的定价基准，反映资金面、政策面和经济面的情况，更是衡量国债市场乃至债券市场成熟程度的主要标志，对国债发行、风险管理、引导投资等具有重大意义。

在改革开放后的较长一段时间，由于中国的国债市场规模相对较小，而且国债的流动性较差，国债收益率不但没有成为金融市场上的基准利率，国债发行反而要以银行存款利率作为定价基准。近年来，随着国债市场初具规模和国债流动性的提高、国债期限品种的日益丰富以及基准期限国债的发行，连续的国债收益率曲线已基本形成。但国债收益率曲线还不具备成为决定整个金融市场利率基石的条件，这主要是因为中国的金融市场还存在一定的非市场化因素，一年以内的短期国债和十年以上的长期国债还比较少，再就是前述国债品种少和分割的市场以及缺乏做市商等制度，导致国债二级市场交易不活跃，国债流动性有待提高，与西方发达国债相比，中国国债的二级市场（流通市场）发展明显滞后于一级市场（发行市场）。中共十八届三中全会《决定》明确提出"发展并规范债券市场"、"健全反映市场供求关系的国债收益率曲线"的要求后，财政部加快了编制国债收益率曲线的步伐。如积极配合有关部门研究推进国债期货交易业务，与证监会期货监管部门共同牵头建立了国债期货跨部委协调机制，组织召开了国债期货交割业务协调会议，牵头落实国债期货交割相关事宜。经过一年多的国债期货仿真交易运行，未来市场参与者通过仿真交易熟悉了交易流程，2013年9月，五年期国债期货成功挂牌上市，运行平稳，交割顺利。国债期货时隔18年后重返中国资本市场，国债期现货价格走势联动性良好，价格发现、风险规避等功能得到初步发挥，为债券市场提供有效定价基准、形成健全完善的基准利率体系、提高国债市场的流动性，推动两个市场的统一互联等发挥了较好的作用。2014年11月2日，财政部正式发布由中央结算公司编制提供的中国关键期限国债收益

---

① 基准利率即金融市场上被公认的具有普遍参考价值的利率。参见刘华：《公债的经济效应研究》，北京，中国社会科学出版社，2004年，第1版，第201页。

率曲线①，这是中国债券市场发展史上具有里程碑意义的重要举措，它落实了十八届三中全会的有关精神，进一步增强了国债市场和国债收益率曲线在中国经济体系运行中的基准性作用。当然，中国目前的国债收益率曲线深度仍有待扩展，主要是短期限和超长期限（十年以上）国债的活跃度不如中长期限国债，从完善国债收益率曲线的角度考虑，建议适当增加短期限和超长期限国债的发行数量，提高发行频率，有助于短端和长端国债市场的进一步活跃，为国债收益率曲线的形成提供更丰富的市场价格信号。另外，国债收益率曲线的宣传和应用也有待加强，以扩大国债收益率曲线的影响力，对存贷利率市场化发挥更多积极作用。

（三）增加国债投资基金数量，完善国债投资渠道

目前中国国债二级市场参与者结构不科学的主因之一是商业银行一方独大，其他机构投资者的自有资金实力与之相去甚远。商业银行数量有限，其他机构投资者实力不足，这在很大程度上会造成国债发行困难以及承销和竞争招标中的串通垄断。建立国债投资基金或国债基金的目的是为了培养国债机构投资者，加速完善国债二级市场功能、促进国债市场从零售市场向批发市场的转化。其实，早在1993年财政部就提出了建立国债投资基金的问题。建立国债基金的最初动机是为了方便城市、农村和边远地区的个人进行国债投资活动，因为机构投资者的参与在很大程度上"挤出"了个人投资者，导致这些个人投资者很难参与国债投资。财政部讨论了发展国债基金的可能性问题，认为发展国债基金有利于解决中小投资者所面临的国债购买难问题，从而能满足中小投资者的国债投资愿望。然而，在20世纪90年代中期，金融机构非法操作盛行，为避免给本已十分混乱的金融秩序添加新的不稳定因素，财政部决定暂缓推出国债基金，适当推迟国债基金的正式推出时间表，并采取试点方式逐步推出。② 在目前形势下，增加国债投资基金的数量，一方面有利于改善国债二级市场中机构投资者结构，促进承销团队伍结构的合理化；另一方面有利于最大限度地吸收社会上零散的投资资金用于国债投资，从而为新发国债创造稳定的需求。

---

① 中央政府门户网站：《财政部：2014年国债收益率曲线走势分为四个阶段》，http://www.gov.cn/xinwen/2015-02/11/content_2818012.htm。

② 高坚：《中国债券资本市场》（中文版），北京，经济科学出版社，2009年，第1版，第255页。

第八章　严格控制隐性债务和或有债务风险

　　政府债务的分类方法主要有两种：一是按照是否必然发生划分，可分为直接债务和或有债务两类。前者是无论何种条件下都必然发生的债务，政府具有当然的偿还义务，后者则可能发生也可能不发生，而且只有具备某些条件后才会成为政府的偿还义务。二是按照表现形式划分，可分为显性债务和隐性债务两类。前者是法定的、明确的政府债务，后者是未经法律认定，但出于维护社会正常经济秩序和政治稳定的需要，最终只能由政府负担的债务。这两个分类方法并不是独立并行的，直接和或有侧重判断当下是否有债务存在，显性和隐性侧重判断政府是否属于法定债权人。有些债务无论是否经过法律认定，也就是说无论显性还是隐性，都必然要由政府偿还，属于直接债务；有些债务无论是否实际发生，也就是说无论直接还是或有，从法律角度讲政府都拥有偿还义务，属于显性债务。也就是说这两类债务分类中的四种债务在现实中存在着四种不同组合：直接显性债务、直接隐性债务和或有显性债务和或有隐性债务。

　　本书的前面部分主要分析了中国的直接显性债务，对隐性债务和或有债务略有提及。考虑到中国目前存在的隐性债务和或有债务具有隐蔽性（债务规模大大超过显性债务，导致总体债务透明度很低）、长期性（这些隐性债务和或有债务是长期作用的结果，是渐进性形成的，消化这些债务也需要一个较长的时期）、体制性（这些隐性债务和或有债务可归源于新旧体制转换的不彻底和体制衰变弱化下的风险累积）等特点，[①] 潜在的政府债务风险不容忽视，专章分析中国的隐性债务和或有债务问题实属必要。

---

　　① 宗军：《防范政府债务危机的对策研究》，财政部财政科学研究所博士学位论文，2011年5月，第82页。

· 202 ·

第一节 隐性及或有债务成为中国政府债务的主要风险源

从政治、财政等管理体制出发，中国的隐性债务和或有债务可分为中央和地方两个层次类别，地方层次的又可根据政治层级大体划分为省、市县、乡镇这三级隐性和或有债务。下面对中央和地方两个层次的隐性和或有债务分别进行分析。

一、中央政府隐性债务和或有债务的现状

从中国实际情况出发，中央政府的财政风险矩阵基本可以勾画如表8-1所示。

表8-1   中国中央财政的风险矩阵

债务	直接债务	或有债务
显性债务	1. 国债； 2. 中央政府举借的外债； 3. 中央政府举借的其他债务。	1. 非主权外债； 2. 国家为政策性银行和担保公司提供的担保； 3. 为公共部门债务提供的担保； 4. 资产管理公司持有的不良资产； 5. 国债投资项目配套资金； 6. 国有粮食流通企业的亏损挂账。
隐性债务	1. 社会养老保险等各类公共基金的支付缺口； 2. 国债建设项目资金缺口形成的各种债务； 3. 公共项目未来的建设及维护支出。	1. 国有银行不良资产； 2. 国有企业尚未弥补的亏损； 3. 商业银行和私人企业举借的外债； 4. 地方政府因担保形成的各种债务； 5. 地方政府性融资平台向金融部门借款或向社会发行债券形成的债务。

（一）中央政府的直接隐性债务

社会养老保险支付缺口是中央政府直接隐性债务的主要组成部分。中国于1997年起实行养老保险制度改革，开始实行社会统筹和个人账户相结合的制度，这是一种在社会统筹部分实行现收现付模式，在个人账户部分实行基金模式的混合式的养老保险制度。制度设计之初，有关部门对养老保险的隐性债务估计不足，政府没有采取专门措施处理改革转轨成本，而是期望通过从养老保险制度内部进行消化。在这种情况下，企业和在职职工既要建立个人账户交纳保险费，同时又要为退休职工提供养老金。为了满足这种资金额度需要，必须设计相当高的费率，但高费率必然会影响

企业和个人缴费的积极性。致使社会统筹的缴费部分根本不足以支付离退休职工养老金，为了保证这部分款项的发放，只能挪用在职职工个人账户中的资金。结果导致在职职工的个人账户变成空账运转，建立基金制养老保险制度也成为空谈。

据统计，截至 2005 年底，国内个人养老保险账户"空账"达到约 8000 亿元，并以每年约 1000 亿元的规模迅速扩大，2010 年已经攀升至 1.3 万亿元。①而据中国社会科学院《中国养老金发展报告 2013》中的数据显示，2012 年底，空账规模比 2010 年翻了一番，已超过 2.6 万亿元。②

基本养老保险是国家实施的强制性制度，是一种公共产品。因此，这一制度运行中出现的问题应当由国家出面解决，从而成为中央政府的直接隐性债务。

（二）中央政府的或有显性债务

1. 国债项目配套资金

从 1998 年至 2002 年，中国累计发行长期建设国债 6600 亿元，到 2002 年底累计可完成投资 24600 亿元。扣除中央政府 6600 亿元的直接债务，其余 18000 亿元是以商业银行贷款和地方政府资金形式投入的国债项目配套资金。1998～2005 年实施积极财政政策期间，中国累计发行长期建设国债 9100 亿元，按照 6600：18000 的比例测算，累计投入配套资金约 24800 亿元。在实际运行中，国债项目配套资金中的商业银行贷款部分通常来自政策性银行或者由政府加以担保，地方政府投入的资金则大多来自地方融资平台。由于很多国债项目的经济效益不明显且周期较长，偿还无保障，因此，国债项目配套资金就成为政府的或有显性债务。

2. 政策性金融债务

国家开发银行、农业发展银行、进出口银行等政策性金融机构发行的债券，实际上都是以政府信用作为保证，因此被研究界称为准国债。据不完全统计，截至 2013 年末，国家开发银行发行债券总余额为 58406 亿元③，农业发展银行发行金融债券余额 17739.5 亿元④。

---

① 新华网：《养老保险个人账户"空账"惊人》，http：//news. xinhuanet. com/fortune/2006 - 11/21/content_ 5354988. htm。

② 第一财经日报：《基本养老保险扩速放缓 个人账户空账超 2.6 万亿》，http：//money. 163. com/13/1213/01/9FUIJLC100253B0H. html。

③ 国家开发银行：《2013 年年度报告 财务概要》，http：//www. cdb. com. cn/web/NewsInfo. asp? NewsId =5244。

④ 中国农业发展银行：《2013 年年度报告 资金筹措与管理》，http：//www. adbc. com. cn/upload/accessory/20145/20145301038433173823. rar。

3. 国有粮食流通企业的亏损挂账

为了增加农民收入，1996 年以后，中国实行了"敞开收购、顺价销售"为主要内容的粮食流通体制改革。由于大部分粮食的保护价高于市场价，不能顺价销售，造成了国有粮食流通企业的亏损挂账。经过两次清理，1998 年 5 月 31 日以前的财务挂账大部分实行了停息，但地方财政消化本金的压力较大。同时，1998 年 6 月 1 日后又产生了新的粮食流通企业亏损挂账。到 2002 年，全国共形成 2400 亿元粮食企业亏损挂账。[1] 2008 年，全国国有粮食流通企业负担的各类历史经营性挂账还有 700 多亿元，每年仅利息就要支付 40 多亿元。[2] 这部分亏损由政策性亏损和经营性亏损两部分构成，但由于两者在实际上难以明确区分，而且是由政府推行粮食流通体制改革造成的，因此亏损的弥补最终只能由政府承担。

4. 非主权外债

除了主权外债之外，中国的外债还来自金融机构外债、内资企业外债、外资企业投资外债等等。其中，国有企业举借的外债具有明显的政府担保性质，金融机构举借的外债也在一定程度上具有这种性质，一旦发生偿还危机，这些外债都将转化成为政府的债务负担。

截至 2013 年末，中国登记外债余额为 8631.67 亿美元，其中主权债务余额为 343.26 亿美元，占 6.52%；中资金融机构债务余额为 2634.03 亿美元，占 50.01%；中资企业债务余额为 60.93 亿美元，占 1.16%。[3] 后两种合计近 2700 亿美元的债务余额都有转化成为政府债务负担的可能。

据有关学者研究，除了登记外债之外，中国还存在为数不少没有登记的部门和地方政府担保的外债，如采用项目融资和 BOT 方式吸引的外资，这些债务在一定情况下，也可能转化为中央政府的债务负担。

（三）中央政府的隐性或有债务

1. 国有企业未弥补亏损

根据天则经济研究所发布的研究报告《国有企业的性质、表现与改革》[4] 显示，1998 年底中国国有企业亏损未弥补累计 7531 亿元，此后亏损额不断增加。2001 ~ 2009 年，国有及国有控股工业企业累计亏损

---

① 刘少波、黄文清：《中国地方政府隐性债务状况研究》，《财政研究》2008 年第 9 期。

② 国家粮食局网站：《任正晓副局长在部分省区市国有粮食企业经营管理工作座谈会上的讲话》，http：//www. chinagrain. gov. cn/n16/n1062/n1182/4272064. html。

③ 新华网：《2013 年末中国外债余额为 8632 亿美元　同比增长 17%》，http：//news. xin-huanet. com/finance/2014 – 03/31/c_126336405. htm。

④ http：//www. china – review. com/xiazai/20110616. pdf。

17258.4 亿元，平均的真实净资产收益率为 –4.39%。

2007 年之前，财政每年对国有企业计划亏损进行一定数量的补贴，1994～2006 年，国家财政用于国企亏损的补贴总共达到 3652.92 亿元。随着中国加入 WTO 并承诺立即取消《补贴与反补贴措施协议》第三条范围内的所有补贴以及对国有企业的补贴，从国家统计局公布的数据上，已经看不到 2007 年后对一般经营性企业的亏损补贴。但是，事实上对于企业的补贴仍然存在。

国有企业持续亏损威胁到整个国民经济运行，并且不断侵蚀国有资产，向财政转嫁风险。亏损未弥补的部分实际上成为中央政府的隐性或有债务。

2. 金融机构不良资产

1998 年，国家成立了信达、华融、东方、长城四家资产管理公司，按账面值从工商银行、农业银行、中国银行、建设银行接收了 1.4 万亿元不良资产。为此，四家资产管理公司从央行获得 6041 亿元再贷款，又对四大国有银行及国家开发银行发行 8110 亿元金融债券，期限均为十年，财政部是四家公司的唯一股东，每家获得 100 亿元资本金。由于四大国有银行当时均未实施按风险为标准的贷款五级分类法，剥离的 1.4 万亿元贷款大多是在《商业银行法》和《担保法》出台前发放的，多数处于无担保或担保抵押无效的状态，其中信用贷款占 70%，并且有 40% 多属呆账。按照《金融资产管理公司条例》规定，央行再贷款和向国有银行发行的金融债实行固定年利率 2.25%。据此计算，每年四家资产管理公司需支付利息 315 亿元。四家资产管理公司成立以来，每年回收的现金扣除各项费用之后，绝大部分只能用于支付利息和央行再贷款，无力偿付本金。2008 年，在四家资产管理公司挂账的政策性金融不良资产损失合计仍约为 1.4 万亿元。[①]

此外，根据银监会公布的数字，截至 2010 年底，中国银行业金融机构不良贷款余额为 1.18 万亿元[②]，商业银行不良贷款余额为 5921 亿元[③]。

3. 地方政府的各种负债

根据国家审计署公布的数字，截至 2010 年底，中国省、市、县三级

[①] 蒋云翔：《资产管理公司政策性业务亏损超万亿　将财务重组》，《21 世纪经济报道》，http://finance.sina.com.cn/china/hgjj/20080827/01145239425.shtml。

[②] 中新网：《银监会：2013 年底银行业不良贷款余额 1.18 万亿元》，http://finance.chinanews.com/fortune/2014/05-30/6231472.shtml。

[③] 银监会网站：《商业银行主要监管指标情况表（法人）》，http://www.cbrc.gov.cn/chinese/home/docView/123C72BD103540C2B679F0A4BA19E903.html。

地方政府性债务余额共计 10.72 万亿元, 其中政府负有偿还责任的 6.71 万亿元, 负有担保责任的 2.34 万亿元, 可能承担一定救助责任的 1.67 万亿元。[1]

由于中国地方政府不存在财政破产问题, 目前也没有发债权和货币发行权, 因此无论其负担债务的性质如何, 一旦发生债务危机, 只能由上级政府进行救助。无法化解的危机层层上解, 最终只能由中央财政承担。

二、地方政府隐性债务和或有债务的现状

中国地方政府的财政风险矩阵基本可以勾画如表 8-2 所示。

表 8-2 中国地方财政的风险矩阵

债务	直接债务	或有债务
显性债务	1. 国债的转贷资金; 2. 通过财政部和银行转贷的外债; 3. 中央专项借款。	1. 地方政府担保的国内外贷款; 2. 粮食企业财务挂账、基金会挂账等政策性挂账; 3. 对自然灾害等突发事件的救助。
隐性债务	1. 拖欠的机关事业单位人员工资, 拖欠的企业工程建设项目施工款; 2. 地方公共项目未来的建设及维护支出; 3. 由地方政府承担的社会保障支出缺口。	1. 地方政府性融资平台向金融部门借款或向社会发行债券形成的债务; 2. 地方性金融机构的呆坏账; 3. 地方政府违规进行的有关担保; 4. 地方性国有企业难以偿还的债务。

中国地方政府债务由省、市、县、乡镇四级政府的负债构成, 产生原因比较复杂。由于 2015 年前实施的《预算法》禁止地方政府发债, 因此地方政府往往采取曲线方式举债, 缺乏必要的信息披露机制, 也无统一的统计口径, 因此很难明确判断地方政府的或有和隐性负债规模。

有学者将地方政府的隐性债务划分成五大部分: 地方政府担保的外债、担保或变相担保的银行贷款及融资平台贷款、县乡政府债务、地方政府使用的国债项目配套资金、地方政府的政策性债务。根据他们的估算, 2006 年中国地方政府的隐性债务总额接近 5.5 万亿元。[2]

根据财政部科研所的研究报告估计, 2007 年地方政府的显性或有债

---

① 国家审计署网站:《2011 年第 35 号: 全国地方政府性债务审计结果》, http://www.audit.gov.cn/n1992130/n1992150/n1992500/2752208.html。

② 刘少波、黄文清:《中国地方政府隐性债务状况研究》,《财政研究》2008 年第 9 期。

务总额约为 9000 亿元。①

审计署公布的《全国地方政府性债务审计结果》显示，截至 2013 年 6 月底，中国地方政府性债务余额 178908.66 亿元，其中，政府负有偿还责任的债务 108859.17 亿元，占 60.85%；政府负有担保责任的或有债务 26655.77 亿元，占 14.90%；可能承担一定救助责任的债务 43393.72 亿元，占 24.25%。② 根据国务院规定，政府负有偿还责任的债务，即由政府或政府部门等单位举借，以财政资金偿还的债务；政府负有担保责任的或有债务，即由非财政资金偿还，地方政府提供直接或间接担保形成的或有债务，债务人出现偿债困难时，地方政府要承担连带责任；可能承担一定救助责任的债务，即由相关企事业等单位自行举借用于公益性项目，以单位或项目自身收入偿还的债务，地方政府既未提供担保，也不负有任何法律偿还责任，但当债务人出现偿债困难时，政府可能需给予一定救助，最后这部分债务具有隐性债务的特征。

第二节　中国隐性债务和或有债务的成因

从总体上看，中国各级政府的隐性债务和或有债务的来源主要有三：一是转轨和改革需要支付的成本，如国有企业亏损、社保支付缺口、国有粮食流通企业亏损挂账等；二是各种政府性担保行为；三是对下级政府债务的"兜底"。地方政府隐性债务和或有债务的产生则更多地来自于体制性和政策性因素。其中，中央和地方政府面临的共性成因是政府的担保行为以及对非政府机构不良资产的承担。这都属于转轨时期的特殊问题，因为在成熟的市场经济中政府无须承担这些职责，因此也就不会产生此类隐性和或有债务。这说明中国政府在社会主义市场经济体制中的职能定位还不够明晰，还存在着某些需要纠正的"越位"行为。

具体来看，中国地方政府的隐性债务和或有债务的成因主要也有三方面：

一是分税制财政体制不完善。1994 年实行的分税制财政改革，在很大程度上规范了中央和地方之间的收入分配关系，但双方的事权划分并不

---

① 参见财政部财政科学研究所：《中国地方政府债务风险和对策》，《经济研究参考》2010 年第 14 期。

② 中新网：《审计署发布全国政府性债务审计结果（全文）》，http://www. chinanews. com/gn/2013/12 - 30/5680119. shtml。

明晰，地方政府被置于"事权不断下放，财权不断上收"的境地。愈到基层政府愈缺少稳定的税收收入来源，可支配财力匮乏，加之转移支付的力度和规模无法满足实际需要，地方政府尤其是乡镇政府一级，为了完成上级交付的各项工作，只能通过各种名目变相借债，从而形成隐性和或有负债。

二是投融资体制不健全。在计划经济条件下，政府是社会资源的配置主体，财政是国家分配的主体，在社会资源配置中居于主导地位，涵盖着生产、投资、消费的各个方面。随着市场经济制度的建立，社会资源的主要配置者由政府转为市场，但目前符合这一转变要求的投融资体制尚不健全，很多地方政府的投资范围超出了公共财政的职能界限。而且计划经济的思维方式在一定范围内依然存在，有些地方政府会出面干预本应由市场化方式进行的投融资活动，这种干预的代价往往是政府出面担保，由此便形成了本不该产生的隐性和或有负债。

三是行政管理体制有待改革。过去较长一段时间里，中央对地方的考核多以 GDP 为重要标准，由此导致地方政府在建设中"唯 GDP 马首是瞻"，发展方式粗放，重视投入数量，忽视产出的经济效益。这种外延式的经济增长路径需要大量投资做支撑，在自身财力不足的情况下，地方政府只能走违规借贷的道路。粗放式投资的项目，很多是急功近利的短期行为、政绩工程，建成之后难以真正产生经济效益，投资难于偿还便形成了隐性和或有负债。

在政策方面，从政策制定角度看，国债项目的投资方式存在一定问题。为了提高地方政府的责任心，发挥国债资金"四两拨千斤"的作用，国债建设项目的资金来源被划分为中央财政专项资金、银行信贷配套资金、地方财政配套资金三大部分。项目争取下来之后，自身财力不足的地方政府通过各种形式借贷搞配套。很多国债项目属于公益性项目，着力点在于长远的社会效益，经济效益尤其是短期的经济效益不明显，由此造成地方政府还债困难，从而形成隐性和或有负债。从政策执行角度看，很多地方政府的隐性和或有负债是在执行中央改革和发展规划过程中形成的，比如为落实农村合作医疗制度、"普九"义务教育政策形成的负债，为清理农村合作基金会债务形成的负债，为执行国家粮食购销政策形成的地方粮食企业亏损挂账，等等。很多地方政府的财力水平只能保基本开支、保运转，根本无力清偿这些政策性负债，由此便形成隐性和或有负债。

第三节　隐性债务和或有债务对国债政策的影响

　　如前所述，隐性债务是指未经法律认定，但出于维护社会正常经济秩序和政治稳定的需要，最终只能由政府负担的债务；或有债务是指只有具备某些条件时才会成为政府必须承担的债务，而需要政府承担的可能是债务的全部也可能是其中一部分。从整体上看，在一定时期内，隐性债务的规模和发展趋势是相对稳定的，比如社保资金缺口，其规模可以做出大致的判断。而或有债务要转化为实际债务，要受到各种条件和因素的影响和制约，不确定性较大。

　　一国的财政实力是由经济总量和综合国力决定的，在一个时期内，财政的债务负担总量是一定的。这里指的财政债务负担，既包括国债这样的直接显性债务，也包括各种隐性债务和或有债务。由于隐性债务的偿还期限不确定，或有债务的规模不确定，因此在某一时期相对确定的债务负担能力范围内，国债规模与隐性和或有债务规模之间呈现着此消彼长的关系，隐性债务规模小和或有债务转化为现实债务的可能低，则国家发债的"底气"就足；隐性债务规模小、或有债务转化为现实债务的可能高，则国债的发行空间会受到挤压。

　　除了这种潜在的制约，当隐性债务和或有债务被显性化的时候，若国家财政缺乏足够财力化解，往往只能通过发行国债的方法来解决。比如为了拨补四大国有银行的资本金，1998年国家发行了2700元特别国债，再比如学术界一直探讨的通过发行社保国债解决社保支付缺口，在国债规模需要加以控制，尤其是当前已经实行国债余额管理的情况下，此类国债的发行势必占用相当比例的国债发行份额，导致用于生产建设和社会公共服务的国债发行量减少，从而削弱了国债政策对国民经济发展的积极作用。

第四节　防范和化解中国隐性债务和或有债务的对策建议

　　中国各级政府隐性债务和或有负债的产生，既有体制性原因，也有政策性原因，还有些属于改革和转轨进程中难以避免的成本付出。为了防范债务风险，必须从源头下手，深化体制改革，改进不尽科学合理的相关政策，从而铲除隐性债务和或有债务产生的土壤，维护中国的财政安全。

一、转变政府职能，使其符合市场经济和公共财政的要求

（一）按照市场经济的要求转变政府职能

在改革开放 30 多年后的今天，政府与市场的关系已经发生了深刻的变化，但在一些领域和地区，由政府主导经济运行的特征依然比较突出，这也是诸多问题产生的根源之一。在成熟的市场经济中，政府的主要职责是提供公共产品，维护市场秩序，为经济活动参与者创造公平竞争的市场环境。政府职能的本质是服务，为了建设好服务型政府，应当弱化政府的资源配置功能，集中精力去解决那些市场不愿办、办不了和办不好的事情，同时，应当把主要的精力和财力用于发展社会事业和扩大公共产品的供给，切实解决好民生问题。

（二）按照公共财政的要求调整财政收支范围

在市场经济条件下，政府是社会的管理者，其所有行为都不应当以营利为目的，而只能以追求公共利益为己任。表现在财政收支方面，取得财政收入的目的应当是为满足社会公共需要而筹措资金，财政支出的目的是满足社会公共需要。与计划经济条件下的生产建设型财政不同，公共财政以满足社会的公共需要为基本着眼点，因此财政支出主要应当用于向社会成员提供公共物品和服务，包括公共安全、公共秩序、公共服务、公共工程等领域。政府退出经营性领域，财政不再充当营利性生产建设项目的出资人，不但符合市场经济和公共财政的建设需要，还会由于经济活动范围的调整大大减少产生隐性及或有负债的可能。

二、深化体制改革，消除产生隐性及或有债务的体制性因素

（一）建立健全财力与事权相匹配的财政体制

健全中央和地方财力与事权相匹配的财税体制[1]，是中共十八大提出的处理好政府间财政关系的改革方向，主要应当从两方面入手，一是不断完善分税制，二是进一步规范和完善转移支付制度。

2007 年之前，谈到政府间财政关系，财政理论界和实际工作部门一般强调各级政府的"财权与事权相匹配"。但实际上在实行分税制之后，为了加强对下级行政机关的控制力，地方的每一级政府都倾向于将财权尽

---

① 胡锦涛：《坚定不移沿着中国特色社会主义道路前进，为全面建成小康社会而奋斗》，载习近平等编著：《十八大报告学习辅导百问》，北京，学习出版社，2012 年，第 1 版，第 19 页。

量收到自己手里。而在需要做事的时候，为了减轻自身的支出压力，每一级政府又倾向于将事权尽量下放到下一级政府，从而导致地方各级政府都面临着不同程度的事权与财权不匹配。财权层层上收、事权层层下压的最终结果必然是基层政府陷入财政收不抵支的困境之中，不得不靠借贷度日，结果导致大量隐性和或有负债的产生。在中共十八大报告中，"健全中央和地方财力与事权相匹配的体制"成为处理好政府间财政关系的改革方向。与财权这一概念相比，财力显然更加"看得见，摸得着"。"财力与事权相匹配"也就是"一级政府实际可支配的财政收入"与"一级政府所承担的支出责任"相匹配。显然，这种匹配目标是一种更加实在，更能解决基层政府实际困难的目标。

基层政府的财力一般有两个来源，一是本级财政收入，二是上级转移支付。由于中国税种数量有限，主体税种比较匮乏，要在"中央—省—市—县—乡镇"这五级政府之间科学划分收入颇为困难。在当前主体税种改动不宜过大的前提下，缩减行政层级就成为一个较为现实合理的解决途径，而这需要行政体制领域改革的跟进和配合。当前这一改革尚未推行，在此背景下，财政领域实行的"省直管县"和"乡财县管"改革尝试具有重要意义。通过这两个改革举措，"中央—省—市县"三级财政得以凸显，中国现行的五级政府架构也在实际上得到了压缩。这一套改革方案使分税制在省以下基层政府的全面推行有了保证，也有利于解决由于各级财政层级间"事权重心下移、财权重心上移"导致的县乡财政困难问题。而县级财力的增强和乡镇财力的壮大，可以从源头上保证农村公共产品的供给与农村人口相匹配，从而有效提高农村居民的生活质量，这对于在中国实现基本公共服务均等化，统筹城乡发展无疑有着极其重要的意义。

在市场经济条件下，"以支定收"是公共财政的基本原则。在1994年实行的分税制改革中，通过税种的划分对几级政府的财权进行了确定，通过转移支付制度对政府间的财力余缺加以调节，但在事权的划分方面没有做出明确规范。因此，财政体制改革的重点内容之一是要从法律规章层面对各级政府的事权，即对支出责任的划分加以明确和固化。只有这样，才能对各级政府财力应达到的水平进行合理的确定，实现各级政府的财力和事权的有效匹配。

中国幅员辽阔，各地区经济发展水平很不一致，各地方拥有的自筹财力水平也很不一致。在这种情况下，要建设公共财政，实现城乡基本公共服务均等化，只能通过实行转移支付制度来弥补一些地方财力存在的缺口，实现财力分布的横向均衡。为了尽可能扩大转移支付在实现财力均等化方面的作用，应当增加一般性转移支付的比重和规模，逐渐缩小税收返还的规模，控制专项转移支付的规模，将专项转移支付整合归并，尽可能将其转为一般转移支付。

在当前的实践中，有一部分专项转移支付在下拨中采取的是配套的方式，财力不足的地区往往拿不出配套资金，为了获得转移支付资金，不得不通过各种渠道借债，因此产生隐性及或有债务，加大了地方的财政风险。这一结果显然有违转移支付的初衷，并扩大了地区间财力的不均衡。因此，未来应当有意识地减少配套专项转移支付的比重。同时，还要尽快建立健全转移支付资金使用的监督评价体系，从而提高转移支付资金的使用绩效，确保转移支付资金更多地用于基本公共服务领域。

（二）加快政府投融资体制改革

在投融资领域，政府应当退出竞争性经济领域，为民间投融资主体的发展留出足够的空间和必要的投资及融资空间。即便是公共产品的生产领域，政府也应当极力实现投资主体的多元化，从而减轻政府财政支出的压力，降低财政风险。

地方政府应当提高投融资平台和地方政府的负债透明度，加强对投融资平台设立、投资行为和资金运用的监管。同时，要规范地方政府与投融资平台之间的关系，严格控制政府担保的范围，按照统一规范的原则，加大对下级政府担保的监管力度，并对政府担保的项目实行从立项、计划、投资、评估到运营的全程管理，确保被担保人能按期偿还债务。

地方政府还应当建立偿债基金，严格执行中央政府提出的地方政府财政风险准备金制度，并在每年制定预算时从地方经常性收入中按一定比例提取债务还本付息的资金。

此外，应当在时机成熟的时候，有选择地赋予一些地方政府发债权，实现地方隐性债务的显性化，从而提高地方政府债务管理的透明度和规范水平。

（三）改革行政管理体制和干部考核机制

过去一个时期，中国各级政府对干部考评、擢升的主要依据是经济增长指标，这使得各级官员普遍重视经济增长，由此产生明显的投资冲动，不惜通过借债、卖地等方式搞投资、上项目，而轻视民生事业的发展，从而造成经济和社会发展的失衡。为此，应当尽快实现对干部的考评由以经济总量为基础向以民生建设为导向的转变，建立以公共服务为导向的干部政绩考评机制，实现坚持科学发展观与正确政绩观的有机统一。

三、分清责任，组织清欠，控制新增

在解决或有债务方面，存量化解和增量控制是解决问题的两个主要渠道。在存量化解方面，首先应当全面清查、确认、登记各级政府的或有债务，并分析确定各级政府或有债务的规模和结构。接下来，要明确偿债主体，科学划分偿债责任，通过政府直接偿还和债务重组、转换、转移等方法，化解存量债务，分散财政风险，降低各级政府或有债务的规模。

对于新增债务，应当加强债务管理，明确各级政府在债务形成中的责权利关系，通过程序化管理来明晰债权、量化责任。为此，应当理顺政府债务管理体制，扭转目前多头举债、分散使用、财政兜底的局面。同时，按照"谁借谁用谁还"的原则，建立责权利相一致的债务管理机制，明确偿债责任，规范偿债行为。

结　　语

　　新中国成立 60 多年来，中国的社会经济发生了翻天覆地的变化，
2013 年底中国的国内生产总值达到 56.88 万亿元，财政总收入从 1950 年
的 65.19 亿元增加到 2013 年的 129209.64 亿元，[①] 综合国力大幅提升，人
民生活水平显著提高。与此相适应，新中国的国债经济也取得了辉煌成
就，国债市场从无到有，从小到大，快速发展。国债年度发行规模从
1950 年的 2.58 亿元发展到 2013 年的 2 万亿余元（含地方债）[②]；国债管
理经过不断探索，取得了巨大进步，改革创新成效显著，稳步发展举世瞩
目。60 多年来，通过国债筹资，有力地支持了中国的经济建设和改革开
放的顺利进行，促进了国民经济和社会发展不断取得新成就，保证了关系
国计民生的重大基础设施建设，同时也为财政宏观调控提供了强有力的工
具。同时，伴随国债市场的建立和不断完善，国债发行和交易市场逐步成
为中国市场经济的重要组成部分。新中国国债 60 多年来的实践表明，国
债经济和国债市场是社会主义经济建设，特别是社会主义市场经济建设的
标志性成就之一。

　　回顾历史，可以发现，新中国国债 60 多年的发展历程始终随着中国
社会经济形势的变化而变化，其职能经过了弥补财政赤字—筹集建设资
金—调控宏观经济—改善人民生活的演变轨迹。新中国 50 年代的 "人民
胜利折实公债"、经济建设公债主要为国民经济的恢复和第一个五年计划
的实施而发行，发挥了极其重要的作用；改革开放后，20 世纪 80 年代初
中国重启国债发行——"国库券"，以弥补当时出现的巨额财政赤字；从
1987 年开始，面对经济建设过程中发生的种种矛盾，中国政府在国债发
行品种方面进行了多种尝试，发行了 "国家重点建设债券"、"特种国

　　[①]　数据参见中华人民共和国国家统计局编：《中国统计年鉴（2014）》，北京，中国统计出
版社，2014 年，第 1 版，第 50、190 页。

　　[②]　中国证券监督管理委员会编：《中国证券期货统计年鉴（2014）》，中国统计出版社 2014
年版，第 84 页。

债"、"保值公债"和"特种定向债券"等，以筹集国家经济建设资金，促进中国基础设施建设。但1998年之前发行的国债，其直接用途还是弥补财政赤字，属于赤字型国债。为应对亚洲金融危机，中国从1998年开始实施积极财政政策，通过发行长期建设国债的方式，政府主动地增加投资性支出，以扩大有效需求，推动经济增长。这使中国国债政策发生了质的变化，国债的功能由早期的弥补非生产性支出，向主动调节经济、实施财政政策转向，成为宏观调控的有力财政政策工具。为应对国际金融危机和国内经济周期性调整双重因素的影响，中国从2008年底开始实施第二轮积极财政政策，中央政府通过增发国债的方式和代理地方政府发行地方政府债券的方式筹集资金，4万亿元"一揽子"投资计划及时实施，国债政策的宏观调控功能更显稳健和从容。同时，加大了国债在科教文卫、环境保护、农村基础设施建设以及社会保障等领域的投入，国债改善民生的功能开始显现。

60多年来，中国国债的发行和管理工作也经过了一个逐步探索、不断进步的过程。与当时的计划经济体制相联系，新中国成立初期的"人民胜利折实公债"和经济建设公债，主要利用人民群众高昂的爱国热情，采用行政分配的方式完成国债的销售任务，既没有国债的发行市场，也没有国债的流通市场。在当时颁布的几期《公债条例》中大多有类似"公债债券不得当作货币流通，不得向国家银行和公私合营银行抵押"的规定。新中国50年代发行的几次公债虽然通过广泛的政治动员，都完成了筹集资金的目标，但缺乏可持续性。1981年恢复国债发行后，在"国库券"发行的初期仍然采取行政摊派的形式完成销售任务，并且在当时的《国库券条例》中都规定："国库券不得当作货币流通，不得自由买卖"，有长达七年的时间是"有债无市"的，国债发行一度日趋艰难。1988年政府决定放开国债流通转让，国债二级市场开始萌芽。1991年中国开始尝试承购包销方式发行国债，开启市场化发行之先河。此后，国债一级市场的改革不断推进，国债发行的市场化水平不断提高，发展到目前的市场化、电子化招标发行。继1988年国家放开部分城市的国债流通转让试点、国债二级市场正式开启后，1991年国债流通市场又进一步扩大到全国地市级以上400多个城市，场外柜台交易市场初步形成。同年，国债开始在上海证券交易所挂牌交易，交易所国债市场登上历史舞台。1997年，全国银行间债券市场正式启动。至此，中国逐步建立了以场外为主、场内为辅，批发为主、零售为辅的多层次国债市场运行体系。从2002年开始，中国国债市场进入了大规模改革与创新的阶段，主要措施包括促进银行间国债市场和交易所国债市场的统一，完善交易品种和交易机制等。

自 20 世纪 80 年代初恢复发行国债至 2005 年，中国一直采取逐年审批年度发行额的方式管理国债。从 2006 年起，中国参照国际通行做法，开始实行国债余额管理制度，以科学管理国债规模，有效防范财政风险。在国债余额管理制度模式下，全国人大只限定年末不得突破的国债余额上限，具体到每年发行多少国债、期限品种如何安排、何时发行，都由财政部自行灵活决定。[1] 管理制度的创新使得短期国债的发行量迅速增大，整个债市结构发生实质性改变，国债政策的财政功能和金融功能结合得更加紧密，财政政策与货币政策的配合日趋加强，政府经济调控能力有力提升，国债越来越发挥出对经济稳定增长的积极作用。

经过 60 多年来的艰辛、曲折探索，我们已经找到了适合中国国情的国债发行方式，形成了一条具有中国特色的国债市场化发展道路，积累了比较丰富的经验。

第一，国家的独立和强大是国债举借活动正常进行的前提。国债属国家信用，其举借活动能否正常进行要看潜在的债权人对作为债务人的一国政府的信赖程度。独立和强大的国家政权维系着一国最起码的债信，它不仅关系到一国能否借到国债或者能否多借到国债、能否以最低的成本筹集到所需要的债项，[2] 还关系到国债能否发挥其应有的作用。

中国现代意义上的国债[3]最早可追溯至晚清时期的"息借商款"，它是清政府为筹措甲午战争爆发后的军需而发行的，但仅募集到 1102 万银两[4]。其后晚清政府还举办了"昭信股票"和"爱国公债"，也未能按预期计划进行，多中途而废，收效不大。北洋政府时期由于不平等条约的束缚未能解除，外债及赔款担负的加重，加上大小军阀连年混战，财源枯竭，不得不靠借债度日。自 1912 年到 1926 年间，北洋政府以"公债票"形式发行的公债就达 28 种之多，发行总额为 84518 万元，但实募额仅

---

① 贾康、韩晓明：《改革开放新时期的国债发行对财政经济政策的影响、贡献与发展前瞻——写在中国国债恢复发行 30 周年》，载中国国债协会编：《2011 年中国国债市场年报》，北京，中国财政经济出版社，2012 年，第 1 版，第 69 页。

② 廖常勇：《清后期国债的财政制度效应研究》，西南财经大学博士学位论文，2007 年 5 月，第 118 页。

③ 此处主要论述国内国债，下文按当时习惯称为公债。

④ 贾士毅：《民国财政史》第四编"国债"，北京，商务印书馆 1917 年版，第 4 页。

61807万元①，绝大部分被消耗于内战，用之于军、政费用。南京国民政府建立后，连绵不断的战争造成军费上的巨大支出，加上庞大的债务支付，使得政府财政常年入不敷出，巨额的赤字需要靠借债来弥补。以1927～1931年为例，国民政府财政部共发行100600万元的债券，而财政报告书同期的债券收入只有53870万元，政府的实收数只有债券票面值的53.5%，②其中80%以上用于军政费用③，对经济建设的帮助不大。抗日战争全面爆发后，中国经济由于日本帝国主义的猖狂入侵而遭到巨大的损失，引发了严重的财政危机。为克服困难、适应战争的需要，国民政府建立了战时财政经济体制，同时，发行了24次国债，若全以法币为单位，债额总计高达8583332万元，但因战时国债大部分债券的实际销售状况都很差，售卖比例仅占发行量的25%④，大部分公债的销售都很糟糕，更有六七种公债连公债票都没有印发，仅以总预约券的形式向银行抵押，再由银行给财政部垫款，同时以总预约券为准备，增发钞票。将国债押给拥有纸币发行权的国家银行，在实质上已经不是公债发行而是变相的通货膨胀，举债其名，发钞其实，举债与发钞合二为一。⑤所以，国民政府的战时国债政策，虽在一定时间内和一定限度上筹集了经费，在抗战财政中发挥了一定的作用，但就总体而言，是算不上成功的。⑥抗战胜利后，由于执政的国民党依仗其拥有的军力和财力，发动了违背人心的内战，致使军费支出无法控制，国库耗尽，只能依靠增发巨量钞票来弥补财政赤字，结

① 参见如下文献：王宗培：《中国之内国公债》，上海，长城书局，1933年，第1版，第6～7页；千家驹：《旧中国公债史资料》，北京，中华书局，1984年，第1版，第366～369页；汪敬虞：《中国近代经济史1895～1927》（中册），北京，人民出版社，2000年，第1版，第1430～1431页"表64"。此处的公债是指财政部、交通部代表中央政府发行的债券，即国债，未包括地方公债，下同。

② 朱偰：《中国财政问题》，上海，商务印书馆，1934年，第1版，第231～232页；千家驹：《中国的内债》，北平社会调查所1933年印行，第49页。国外学者马格纳统计，1927～1934年南京政府发行债券14.65亿元，实收8.09亿元，占55.2%。杨格对朱偰和马格纳的统计结果进行了修订：政府所得亦只占债券额的64%，最多占76%。参见杨格：《1927～1937年中国财政经济情况》，北京，中国社会科学出版社，1981年，第1版，第561～562页注23。

③ 潘国琪：《国民政府1927～1949年的国内公债研究》，北京，经济科学出版社，2003年，第1版，第120页。

④ 除粮食库券外，战时公债实际销售数为法币3420440463元、美金117257208元、英金852334镑、关金110元，以官方汇价折合法币总额为5833771563元，与发行总额23822000000元之比为0.24489%。参见潘国琪：《国民政府1927～1949年的国内公债研究》，北京，经济科学出版社，2003年，第1版，第187页。

⑤ 王磊：《抗战时期国民政府内债研究》，《中国经济史研究》1993年第4期。

⑥ 赵兴胜：《抗战时期国民政府国内公债政策研究》，《民国研究》第3辑，南京，南京大学出版社，1996年，第1版，第181页。

果导致恶性通货膨胀。此一时期国民政府发行的国内国债，绝大部分不再以法币为本位，而采用黄金、美元、金圆和稻谷来计值。但此时的国民政府已信用尽失，国债政策收效甚微。总之，由于旧中国是一个半殖民地半封建社会，外有帝国主义的经济压迫，内有封建军阀的割据、混战，导致国民经济的残破不堪、财政窘迫，经常要依靠借债来筹措军政费用，国债成为历届政府维护其统治的财政支柱之一。但因政府信用低落，所发国债大多需要关税、盐税等国家税收担保，且需以高利率、大折扣进行推销。即使如此，由于工商凋敝、民不聊生，人民群众无钱赎买，公债的销售十分困难，政府所得实际收入不足，只能以发行新债加以弥补，以至于公债发行愈多，财政愈困难，财政愈困难，则公债愈增多，形成一种恶性循环，最终公债政策不免失败，究其根本原因是旧中国缺乏发行国债的最基本的政治和经济条件。

新中国成立后，中国拥有了独立、强大的国家政权。由于政府信誉度高、人民群众收入逐渐提高，国债的举借活动得以正常进行，国债满足了社会经济发展的需要。20世纪50年代，借自苏联等国的大量优惠贷款以及人民胜利折实公债和国家经济建设公债，为新中国经济建设的迅速发展和国民经济体系的初步建立发挥了积极的作用。改革开放后，中国发行了大量的国债，还举借了一定的外国政府贷款、国际金融组织贷款和部分国外商业性贷款，这些融资有力地促进了能源、交通运输、邮电通信、石油化工、钢铁冶炼、机电制造、农林水利等基础性、骨干性行业和整个社会经济的全面发展，并对市场经济成功实施了反周期调节，稳定了宏观经济，保证了国家建设资金的投入。

第二，坚持从国情出发，按照实事求是的思想路线，积极探索适合中国实际的国债发行方式和国债市场化道路。中国50年代初期"人民胜利折实公债"和经济建设公债的成功发行，就是在陈云同志的亲自指挥下，按照他一贯倡导"不唯上，不唯书，只唯实"[①]的思想方法取得的。新中国成立初期，由于解放战争尚未完全结束，军政费用支出浩大，国家财政经济陷入了严重的困难之中，通货膨胀，币值大跌。在当时的特殊环境下，"人民公债折实公债"的发行和还本付息均以实物作为折算标准，既保护了承购人的利益以顺利推销公债，也保证了新生人民政权的信誉。"一五"时期国家经济建设公债的发行过程，也深深体现出陈云同志这种科学的思想方法和工作方法。一方面，根据实际需要，对公债的发行量作

---

① 陈云：《陈云文选（1949~1956）》，北京，人民出版社，1984年，第1版，第6页。

了充分的估计，并对公债发行过还本付息、债券回收等其他事项，掌握得一清二楚。同时，在公债的发放过程中，陈云同志根据当时的具体情况，经过比较研究，每期都略有调整，包括发放数量、利率、偿本付息的年限，推销对象等等，从而确保发放过程的顺利进行，以更好地将筹集到的资金用于国民经济建设。从新中国成立初期的公债实践和陈云的公债思想中折射出中共实事求是的思想光辉。

改革开放后，在恢复国债发行的初期，由于缺乏经验，没有走市场化道路，而是根据中国的实际情况，仍然采取以政治动员和行政手段为主的方式的推销国债，这是由当时的形势和条件所决定的。但中国随着经济体制改革的不断深化，国库券发行以及国债制度中暴露出来的问题越来越明显。为此，中国于1988年进行了柜台销售的发行尝试，尽管做了种种努力，由于没有国债的二级市场，国债持有人感到变现不方便，影响了国债的信誉，发行困难的问题未能得到有效解决。为解决国债变现难的问题，国家于当年4月和6月两次在61个城市进行了国库券流通转让的试点。试点的成功标志着国债的二级（流通）市场先于一级（发行）市场而初步建立起来。此后，中国的国债市场化发展稳步推进，一级市场和二级市场并重发展，取得了可喜的成就，很多指标都排在世界前列。总之，中国的国债市场化发展走的是一条具有中国特色的道路，即先有国债的二级市场（流通市场），后有一级市场（发行市场），通过"渐进式"的改革，一步一步由易到难，由简单的市场化向市场化深度发展，逐步探索出一条适合中国国情的国债发行市场化发展道路。

第三，立足于为社会经济服务的大局，紧紧围绕中国现代化的战略目标，实现国债与国民经济和社会的协调发展。新中国60多年的历史，是一部中国共产党领导人民探索中华民族伟大复兴的振兴史。从20世纪50年代的工业化，到60年代的"四个现代化"，再到改革开放后"三步走"的战略目标，直到中共十八大提出的"全面建成小康社会"，无一不是为了实现中华民族的伟大复兴。国债作为财税政策的重要组成部分和国家宏观调控的重要工具，是服务于国家现代化战略的基本目标的。前文所述60多年的新中国国债史也充分证明了这一点。同时，新中国成立以来特别是改革开放以来，中国经济的快速增长，为国债的发行和流通创造了坚实基础。经济基础决定一国资本市场发展的深度和广度，中国国债市场30多年的发展历程，依托的是改革开放以来良好的政策环境和中国国民经济快速发展的有利宏观环境。改革开放以来中国从高度集中的计划经济体制逐步向自由市场体制过渡的政策环境，推动着中国国债市场从无到有，从萌芽到发展壮大。1994年中共十四大确立的中国市场经济的改革方向，是中国国债市场化改革能够深入推进的时代背景和前提，1998年以来实施的两轮积极财政政策，又为中国国债市场的发展带来了新的机遇。随着中国经济的不断发展壮大，企业、居民财富积累迅速增加，理财、投资需求蓬勃发展，从而为包括国债市场在内的各类资本市场的快速发展提供了广阔的空间。[①]

第四，坚持以广大人民群众的利益作为国债政策的根本出发点。中国共产党从成立之日起就秉持以民为本的原则，依靠走群众路线，赢得了民族的独立和人民解放。1949年10月中国共产党成为执政党后，坚持自己是人民根本利益代表的宗旨，由此决定了新中国的财经工作和国债政策必须从最广大人民的根本利益出发并考虑问题。陈云同志在新中国成立初期一再提醒财经干部要有政治观点，要有群众观点，指出中央人民"政府不是别的政府，是一个以共产党人为领导的全心全意为人民服务的政府"[②]。新中国成立初期公债的折实发行和经济建设公债最后还本付息的截止日期的修改无不体现了中央人民政府以民为本的出发点。十一届三中全会后，在国债市场的改革和发展过程中，中国政府一直强调不同社会群体的利益，重视大多数人民的福祉，坚持市场的建设只能通过政府部门以政府和投资人及市场参与人之间的双赢为目标。如在20世纪90年代着手建设机构投资人基础时，就兼顾了个人投资者的利益。1994年，中国开始发售面向个人投资者的储蓄债券，使大多数债券都能通过记账的方式在市场上发行[③]，而个人投资者的利益也得到了保障。

第五，注意内债与外债的协调配套，加强内外债的综合管理。如前所述，国债分国内国债（内债）与国外国债（外债），它们都是以国家为主体的一种信用形式，两者各有优劣。外债是国外流入的要素，新技术含量较高，但风险较大，且面临要素流出的制约；而内债风险较小，筹资方便，但无技术含量，两者互为补充，相得益彰，都是为了弥补国内建设资金不足，推动经济高速、健康发展。[④] 纵观新中国国债60多年的历史，

① 王丽丽：《相互促进，相得益彰，共同推动国债市场发展——商业银行在国债恢复发行30周年中的重要作用》，载中国国债协会编：《2011年中国国债市场年报》，北京，中国财政经济出版社，2012年，第1版，第57页。

② 《陈云文集》（第2卷），第172页。转引自迟爱萍：《新中国第一年的中财委研究》，上海，复旦大学出版社，2007年，第1版，第504页。

③ 高坚：《中国债券资本市场》（中文版），北京，经济科学出版社，2009年，第1版，第125页。

④ 隆武华：《论外债与内债的协调配套》，载《财经论丛》1997年第5期。

内外债在各个时期的比例基本是协调的，为国家的经济建设做出了贡献。20 世纪 50 年代，由于新中国成立不久，经济基础十分薄弱，国内资金缺乏，通过举借内外债，充盈了国家财政，使国民经济的恢复与第一个五年计划建设发展获得大量的资金支持。与内债相比，这一时期的外债的作用更加突出，1950～1957 年中国向国外借款而得到的预算收入为 51.62 亿元，而同时期的国内公债总收入为 35.45 亿元①，外债比内债多 45.6%，而且，通过向苏联等友好国家借款，还引进了关键技术、成套设备和专门人才。改革开放以来，中国充分利用国际国内两个市场、两种资源，内外债均呈稳步上升趋势。改革开放初期，中国大量利用外资，包括外国直接投资、利用外国政府贷款和发行外债，外债的作用更大一些。自 1998 年以后，中国开始实施以增加财政资金建设投入、刺激内需为主要特征的积极财政政策，内债发行规模越来越大，导致外债在国债发行总额和余额的比重都呈迅速下降趋势。1981 年外债额占到国债总额的 60.03%、外债余额占国债余额的 78.67%，到 2003 年这两项指标分别下降为 1.95% 和 2.71%。21 世纪以来，中国外汇储备逐渐跃居世界首位，中国从一个资本输入国转变为资本输出国，政府和国家政策性银行发行外债的必要性逐渐减少。近年来（2008 年以后），中国的外债余额在中央财政债务余额中的占比已经很小，不到 1%②，且各项外债风险指标都在合适区间。今后，从中国债券市场国际化的要求出发，应积极稳妥推进在国际市场发行人民币债券（即人民币离岸债券市场③）。因为中国债券市场的对外开放有利于吸收外部资源发展本国经济，更好地发挥债券市场在更大范围、更广领域的资源配置功能。当然，在国际资本市场发行的债券不同于世界银行贷款、外国政府借款，有它的特殊性，会带来一系列的法律问题和市场问题，需引起高度重视。

第六，坚持完善国债管理制度，不断提高科学化精细化水平。中国 60 多年来特别是改革开放 30 多年来的国债史说明，国债管理制度必须不断创新，坚持与时俱进。国债作为一种政策和信用工具，在新中国的历史

---

① 五期经济建设公债收入 35.44 亿元，加上 1951 年的 0.01 亿元国内债务收入。参见《中国财政收支统计》（1950～1983）（北京，中国财政经济出版社，1986 年，第 1 版）第 52 页。

② 参见《2012 年中国统计年鉴》，北京，中国统计出版社，2012 年，第 1 版，第 300 页。

③ 香港是目前主要的人民币离岸债券市场，主要有两个债券品种：一是以人民币发行、以人民币结算的债券。此种债券因相对于整个人民币债券市场（在岸市场）而言其规模较小，俗称"点心债"。二是以人民币发行，以美元或其他外币结算的债券，称为合成债券。目前香港市场仍然以前者为主。参见贾康：《中国政府债券市场发展报告》，北京，经济科学出版社，2012 年，第 1 版，第 176 页。关于香港的人民债券市场规模详见下文。

只有60多年，与有上百年国债发行历史的西方发达国家相比，中国的国债管理经验积累不足。但改革开放30多年来，中国国债管理工作在积极借鉴国际经验的基础上，锐意改革、不断创新、稳健发展，努力促进中国国债管理工作走向世界的前列。如前所述，中国于2006年建立了国债余额管理制度，实现了国债发行规模管理方式的重大变革。国债余额管理制度的建立，既增强了全国人大对政府债务的控制能力，又增加了国债管理的灵活性，财政部可以根据国库存款及金融市场价格走势，合理安排国债发行时间和节奏，有利于形成较为合理的国债品种和期限结构，促进国债顺利发行和国债市场不断完善，并为中国人民银行有效实施公开市场操作提供便利。另如国债发行品种不断丰富、国债期限结构不断优化、国债管理透明度不断增强、国债发行计划提前公布，机构投资者队伍日益精干、国债承销团制度不断完善等，都为中国国债市场的快速发展做出了巨大贡献。

中国在坚持国债市场化改革的同时，还十分重视对国债市场的监管，这是保障中国国债市场健康发展的另一重要因素。在改革开放初期，中国的场外国债交易市场，由于存在管理不规范，清算与交割风险较大，统一性、透明度较差等缺点，其进一步发展就受到了严重的抑制。而后来上海、深圳等地证券交易所的成立则为中国国债场内市场的发展提供了坚实的基础。依托其在管理规范、统一性、透明度高等方面的先天优势而获得稳步发展，后来居上，成为中国国债市场的重要组成部分。[①] 而20世纪90年代中期发生的"国债期货"重大违规事件的发生，则从反面告诉我们：在坚持国债市场化改革的同时，必须加强监管，这是保障资本市场健康发展的必要条件。

第七，维护国债的良好信誉，是国债可持续发展的重要条件。如前所述，国债是利用国家信用而形成的债权债务关系，现代先进国家运用国债政策，莫不先树立债信，政府信誉巩固，人民方能踊跃购债，国债方能顺利推销。新中国成立初期，人民政府不但对20世纪50年代发行的"人民胜利折实公债"和经济建设公债及时进行了还本付息，而且对新中国成立前一些根据地未能按期偿还的公债，也由财政部根据当时当地的物价情况和公债货币面额的实际价值，定出合理比价——用人民币清偿。这与国

---

① 王丽丽：《相互促进，相得益彰，共同推动国债市场发展——商业银行在国债恢复发行30周年中的重要作用》，载中国国债协会编：《2011年中国国债市场年报》，北京，中国财政经济出版社，2012年，第1版，第57页。

民党政府在抗战后，以几乎等于废纸的法币清偿战前积欠的各种公债的做法形成了鲜明的对照，在全国人民心中初步建立了良好的债信，为国债的后续发行创造了条件。改革开放以来，中国逐步建立了比较规范的国债偿付制度，确保到期债券的及时兑付，对维持国债信用、保证债券顺利发行，提高债券的流动性起到至关重要的作用。当然，在这一过程中，也有值得总结的教训。20世纪80年代末，国债的还本付息有了大幅度增长。为缓解偿付压力，财政部和中国人民银行于1990年6月发布《关于暂停不办理单位持有1990年到期国债的兑付的通知》，规定对企事业单位、机关团体、部队和金融机构持有的1981年到1985年向单位发行的国债、1987年向单位发行的国家重点建设债券、1988年向金融机构发行的财政债券等，推迟办理兑付业务。当时政府的考虑是，国有企业和其他单位都是国家所有，因此，向国有单位还本付息，相当于国家的钱从一个口袋进，从另一个口袋出。虽然1981年恢复国债发行以来只发生过这么一次延期偿付的情况，但是这种不规范的做法受到了相当大的非议，此后再也没有发生过。① 总之，政府作为借款人必须保持自己良好的信用，不应享有其他借款人所没有的特权，只有这样，政府才能从资本市场满足筹集资金的需要。

纵观新中国国债60多年的发展历程，它和中国社会的政治经济发展是同步进行的。因为国债市场的发展不可能脱离当时所处的社会经济条件。展望后危机时代的中国国债政策和国债市场，面临更加复杂的国内外宏观经济形势，需要审慎对待。

2007年美国次贷危机爆发后，迅速演变为一场全球性的经济和金融危机，世界经济复苏的道路艰难曲折。到目前为止，金融危机已经从核心国家私人部门资产负债表的危机，演变为政府部门改革不力、公共财政难以维系的国家信用危机——主权债务危机。欧洲主权债务危机标志着全球金融危机进入一个新的阶段。虽然主权债务危机早已有之，20世纪80年代的拉美债务危机、90年代的阿根廷金融危机、俄罗斯金融危机，都是典型的主权债务危机。但与以往不同的是，本轮发生债务危机的美国和欧洲国家都属于成熟的发达国家，即人们传统观念中的"富国"②。目前，英国、加拿大、法国、德国、意大利、日本、美国，以及20国集团中的

---

① 高坚：《中国债券资本市场》（中文版），北京，经济科学出版社，2009年，第1版，第357页。

② 戴金平等：《国家主权债务危机：国家信用神话的破产》，厦门，厦门大学出版社，2012年，第1版，"总序"第4页。

澳大利亚和韩国，正面临债务居高不下的问题。根据美国国会预算局2012年1月31日公布的最新报告预测，在2012年9月底结束的2012财年，美国联邦政府财政赤字将达到1.1万亿美元，占国内生产总值的比例为7%，比2011财年下降2个百分点，但是仍高于1947~2008年间的水平；根据英国预算责任办公室（Office for Budget Responsibility，OBR）的政府贷款模型显示，英国2011~2012年的结构性赤字比预算高出120亿英镑，上升25%。而其他欧盟成员国2011年的财政赤字也超过国际公认3%的警戒线水平，其中法国2011年财政赤字占国内生产总值的比例达到5.7%；截至2011年底，日本国债余额已达到919万亿日元，其财政赤字占国内生产总值的10%左右，全国债务规模达到年度GDP的200%。① 全球发达经济体之所以会出现目前这种愈演愈烈的债务问题，它是危机国长期以来的债务依赖型、政府赤字型经济发展模式使然，更是2008年金融和经济危机后大规模的财政扩张和救助的必然结果。主权债务危机的爆发和蔓延严重损害了世界金融信用。主权信用作为顶级信用，一直以来是世界经济和国际金融顺利发展的信用基础。主权信用缺失使国际金融体系陷入混乱。资本大规模逃离欧洲，评级机构不断调低债务国信用级别，使欧洲债务危机陷入恶性循环。可以说，2010年爆发的主权债务危机在规模、持续时间、覆盖范围、影响程度等方面都堪称历史之最，开展国债规模的全球化研究已经迫在眉睫。

由于债务危机具有很强的传染性，在经济全球化的今天，任何一个国家都不能在金融危机面前独善其身。本次全球公共债务危机的这种传染性不仅表现在通过金融系统中资金链而引发的连锁反应，而且表现在通过危机背景下共同的经济救助模式而引发的共同应对方式，已经发生的公共债务危机将会引发全球范围更广泛的公共债务危机。目前最需要警惕的是，主权债务危机由发达国家向发展中国家尤其是新兴市场国家的扩散。因为发展中国家由于其自身经济系统较发达国家相对脆弱，更容易受到攻击，也更易被发达国家危机所传染。发展中国家在长期的经济发展过程中也不同程度地采用了凯恩斯主义的经济干预政策，增加公共开支来促进经济发展，并以此获得了经济的高速增长。并且，发展中国家也在不断地融入经济全球化体系之中，在国际分工中占据一席之地。然而，由于发展中国家技术水平相对较弱，它们处于价值链的底端，经济结构单一。单一的经济

---

① 戴金平等：《国家主权债务危机：国家信用神话的破产》，厦门，厦门大学出版社，2012年，第1版，第23~24页。

结构导致了发展中国家经济运行的脆弱，更容易受到国际市场波动的影响。另外，发展中国家由于缺乏资金，不得不大量依靠外部资金。一旦有风吹草动造成外部资金撤出，发展中国家就会不可避免地遭遇危机。以印度和巴西为例，其经济表面上看起来风光无限，增长速度非常快，但是宏观管理方面仍然蕴含着巨大的矛盾，经常账户长期以来一直是逆差。印度的经常账户逆差过去十年不断上升，其贸易逆差 2010 年达到 GDP 的 57%，财政情况也让人担忧。巴西 2002~2007 年消灭了经常账户的逆差，但 2008 年、2009 年再现逆差，2010 年勉强平衡。巴西虽然在卢拉总统的带领下出现过短暂的财政盈余，但现在又回到了财政赤字的境地。① 作为发展中国家，历史的经验告诉我们，长期依赖财政赤字和贸易逆差是难以维系的，经济危机迟早都会出现。

因此，在经济全球化的背景下，各国都无法独善其身，无论是经济发展水平较高的发达国家，还是处于迅速增长阶段的新兴发展中国家，或是经济脆弱的欠发达国家，无一不是处于整个多米诺骨牌链的环节之中，一个倒下之后，势必会以燎原之势迅速扩张。这种多米诺骨牌效应无限放大了风险，仅仅是金融市场的恐慌便足以使得数以亿计的资产消失殆尽。金融市场作为一个危机传导极为迅速的特殊的市场，一旦出现很小的漏洞，其扩张的势头便无法把握。此次债务危机的全球性爆发不得不说是金融市场蝴蝶效应和多米诺骨牌效应的推波助澜。② 债务危机的蝴蝶效应和多米诺骨牌效应既说明了在全球化的世界经济中，任何一个国家发生危机的巨大外部性，也说明了及时采取全球性协调措施、控制连锁反应的必要性和重要性。

需要引起我们警觉的不仅于此。2008 年全球金融危机爆发后，为了提振经济，防止经济过度衰退，世界主要经济体采取了一系列的救助措施，措施之一就是全球性的量化宽松货币政策。

量化宽松货币政策是一种非传统的货币政策操作，是在常规货币政策传导机制丧失功能之后的一种不得已的选择，旨在修复常规货币政策传导机制，使货币经济摆脱流动性陷阱。量化宽松货币政策以零基准利率、央行资产负债表规模急速扩张、直接购买长期债券及不良资产为特征，反映了中央银行面对这场前所未有的金融危机的激进态度。量化宽松货币政策

---

① 李稻葵：《金融危机改变世界：新"三个世界"格局下中国的使命》，《新华文摘》2012 年第 21 期。

② 戴金平等：《国家主权债务危机：国家信用神话的破产》，厦门，厦门大学出版社，2012 年，第 1 版，第 29 页。

在有效摆脱了货币危机的同时，却迟迟不能达到修复传统货币政策传导机制的目标，更不能实现对经济的根本性刺激作用，但却带来了全球性的大宗商品价格的快速上扬和新兴国家的资产泡沫以及遍及美国、欧洲和日本的主权债务危机。尽管对量化宽松货币政策的成效存在争议，但无论是美国，还是欧洲和日本，在财政政策空间受债务规模约束越来越狭小的状况下，继续量化宽松货币政策操作是唯一出路。① 这便最终出现了美国的QE3 和欧洲央行无限制购买主权债务危机国债务的法案，而日本央行在新任首相安倍晋三的压力下，也再次实施了货币宽松政策，宣布扩大资产购买规模 10 万亿日元。各国央行的姿态表明：金融危机的阴霾不散，量化宽松货币政策不会消失。

美国、欧洲和日本等国的量化宽松货币政策导致全球流动性泛滥，给中国巨额的外汇储备安全带来了极大的风险。目前，中国的外汇储备居世界第一，截至 2012 年末，中国外汇储备余额为 3.31 万亿美元，其中美元比重约占 60%～70%，② 体现为以美国国债为主的美元资产。近年来，在中国外汇储备多元化的改革当中，有相当一部分资源转向了欧元资产，约占比 26% 左右，其余有 5% 的英镑和 3% 的日元。③ 同时，发达国家的量化宽松货币政策还会加大国际生产要素对价格上涨压力并伴随全球资本流动的随意性和无序性，进而带给新兴国家输入型通胀，增加中国外贸企业成本，同时增加了人民币升值压力。

持续发酵的欧债危机和挥之不去的美债危机机对于中国来讲，既是风险，也是机遇。因此，趋利避害，把握机遇，便能够避免这场危机给中国带来冲击，化外在压力为动力，尽快实现经济增长模式从投资与出口驱动向消费驱动的转型。在增长模式的结构调整过程中，利率的市场化与人民币国际化发挥着关键作用，而利率的市场化与人民币国际化都与中国国债市场的改革与发展紧密相关。

根据发达国家的经验，中国的金融体系将由目前的"间接融资"为主的体系继续向"直接融资"体系转变，利率管制会逐步放松，金融市场自由度也会更高。2012 年 6 月 7 日中国人民银行在决定下调金融机构人民币存贷款基准利率的同时，还宣布将金融机构存款利率浮动区间的上

① 戴金平等：《国家主权债务危机：国家信用神话的破产》，厦门，厦门大学出版社，2012年，第 1 版，"总序"第 3 页。

② 周子勋：《保值增值已成外汇储备管理第一要务》，http：//finance. sina. com. cn/stock/t/20130205/020614500376. shtml。

③ 载《中国证券报》，2010 年 9 月 5 日。

限调整为基准利率的 1.1 倍，将金融机构贷款利率浮动区间的下限调整为基准利率的 0.8 倍。这标志着利率市场化改革向前迈进重要的一步。2013年 7 月 20 日，中国人民银行决定全面放开金融机构贷款利率管制，贷款利率实现市场化。而国债市场的繁荣发展在发现资金价格，构建金融产品定价基准方面具有重要意义。如在中国间接融资体系逐步向直接融资体系转变的过程中，商业银行越来越多的信贷资产将被转化为债券等非信贷资产。而国债收益率曲线则为商业银行在信用债券等金融产品定价方面提供了重要参考，是中国直接融资市场健康、快速发展的重要基础设施。① 未来随着中国金融体制市场化改革的进一步推进，利率行政管制还会继续放松，市场化水平还会进一步提高，从而国债收益率曲线作为金融市场定价基准的基础性地位还将进一步加强，所以有必要加强国债收益率曲线的宣传和应用。

改革开放 30 多年来，中国的经济与整体实力有了巨大变化，国际地位逐步提升。目前中国是世界第二经济大国、第一贸易大国、美国最大的债权国，这些都成为中国推进人民币国际化的基础和现实条件。自 2008年国际金融危机爆发以来，中国政府明显加快了人民币国际化的步伐。在推进人民币跨境贸易结算的同时，中国政府也在大力建设香港人民币离岸中心。

在现代开放经济下，对国外发行国债能够充分利用国际资本资源，调节资本流动性，抑制投资的过热，促进人民币国际化。开拓国债的海外市场只是手段，其真正的目的在于推动货币国际化。

为加快推进中国海外债券市场建设，需要着力做好人民币离岸债券市场发展。这一步中国早已启动，2007 年 6 月 8 日，中国人民银行和国家发改委联合颁布《境内金融机构赴香港特别行政区发行人民币债券管理暂行办法》，国家开发银行作为第一家在离岸人民币市场发行债券的中资银行，于当年发行了市值 50 亿元的人民币债券（开发银行发行的债券可视为准国债）。但发展初期融资活动并不活跃，债券年发行量稳定在 100亿元左右。2008 年又因受到全球金融危机影响，致使其信用风险和信用利差备受关注。直到 2009 年人民币国际化问题被提上议程后，香港的人民币债券市场才逐步恢复。2011 年以来，伴随着人民币"走出去"步伐

---

① 王丽丽：《相互促进，相得益彰，共同推动国债市场发展——商业银行在国债恢复发行30 周年中的重要作用》，载中国国债协会编：《2011 年中国国债市场年报》，北京，中国财政经济出版社，2012 年，第 1 版，第 59 页。

的加快和回流机制的逐渐完善，香港人民币债券发行量显著上升。2011年发行总额达1079亿元，同比增长199.7%。其中财政部发行200亿元，企业发行866亿元。① 截至2011年底，香港人民币存款已达5885.29亿元，较2010年增长86.87%，而2012年末的人民币存款余额近7000亿元，人民币在香港已成为继港币和美元之后的第三大货币。快速增长的存款余额在资金供给方面为香港人民币债券市场的进一步发展提供了保证。2012年5月，国家发改委发布了《关于境内非金融机构赴香港特别行政区发行人民币债券有关事项的通知》，在支持境内机构赴香港发行人民币债券的同时，对发行条件、审批流程、资金用途等相关事项进行了规范，有力推动了香港人民币债券市场的发展。② 财政部在香港发行的人民币国债，从2009年的60亿元逐步扩大到2013年的230亿元③，发行规模不断扩大。

债券市场对外开放有利于吸收外部资源发展本国经济，更好地发挥债券市场在更大范围、更广领域的资源配置功能。债券市场的对外开放还可以扩大中国在国际资本市场上的信誉和影响，提升中国的国际经济地位和金融地位。伦敦时间2014年10月9日，英国政府表示将发行首批人民币债券，成为中国之外第一个发行人民币计价国债的国家，这一事件对推动人民币国际化进程具有标志性意义。

随着中国适度发展人民币离岸债券市场政策的确立，未来有必要推动全球人民币国债统一发行，协调发展本土市场和离岸市场，增强人民币债市的可控性和稳健性，因为，推动本币国际化的根本在于在岸金融市场特别是债券市场的强大。本土债券市场薄弱，与离岸市场发展不协调，最终会拖累本币国际化的步伐。④ 因此，在人民币国际化进程中，我们应吸取发达国家的经验和教训，加大中国债券市场的发展力度，提高市场的流动性，以扩大金融市场整体规模。

未来几年中国国债市场的建设仍必须坚持市场化改革取向，不断提高国债发行效率，要建立完善国债收益率曲线；着力发展国债流通市场，健

① 杨农主编：《中国债券市场发展报告2011》，北京，中国金融出版社，2012年，第1版，第33页。

② 吕世蕴：《香港人民币债券市场发展》，载《2012年中国国债市场年报》，北京，中国财政经济出版社，2013年，第1版，第43页。

③ 新华网：《财政部30亿元人民币零售国债在港发售》，http://news.xinhuanet.com/fortune/2014-11/21/c_1113355669.htm。

④ 吕世蕴：《香港人民币债券市场发展》，载《2012年中国国债市场年报》，北京，中国财政经济出版社，2013年，第1版，第48页。

全二级市场运行机制；新修订的《预算法》于 2015 年 1 月 1 日起施行，地方政府已获适度举债权，这就要求妥善处理地方政府公债与国债的关系。地方公债与中央国债应该是相互联系、相互补充的，但有时也会出现矛盾，因为一定时期内社会闲置资金是有限的，如果不从制度上明确两者的协调关系，有可能在债券发行时出现抢时间、抢市场、相互攀比利率等矛盾。从国际经验看，在债券发行规模、发行时间、发行方式等方面，应优先保证中央国债的顺利发行。在整体设计的全国债务规模盘子中，首先要确保国债，兼顾地方债；时间上要先国债、后地方债。目前建立、健全地方债相关制度的任务仍比较艰巨，财政部应加强与中国人民银行、证监会等部门以及地方财政部门、国债承销团成员、信用评级机构等有关方面的沟通与交流，充分了解监管部门、发行人和市场参与者的需求，认真研究找到各方利益平衡点，推进相关工作顺利开展，促进中国国债市场平稳、协调发展。

参 考 文 献

一、资料汇编

1. 财政部财政科学研究所、财政部国债金融司合编：《中国革命根据地债券文物集》，北京，中国档案出版社，1999 年，第 1 版。

2. 财政部财政科学研究所编：《十年来财政资料汇编》（第 2 辑），北京，财政出版社，1959 年，第 1 版。

3. 财政部综合计划司编：《中国财政收支统计（1950～1983）》，北京，中国财政经济出版社，1986 年，第 1 版。

4. 财政部综合计划司编：《中华人民共和国财政史料》（第 1 辑 财政管理体制），北京，中国财政经济出版社，1982 年，第 1 版。

5. 陈如龙主编：《中华人民共和国财政大事记（1949～1985 年）》，北京，中国财政经济出版社，1989 年，第 1 版。

6. 当代中国研究所编：《中华人民共和国史编年（1949 年卷）》，北京，当代中国出版社，2004 年，第 1 版。

7. 房维中、桂世镛主编：《中华人民共和国国民经济和社会发展计划大事辑要（1949～1985）》，北京，红旗出版社，1987 年，第 1 版。

8. 房维中主编：《中华人民共和国经济大事记（1949～1980 年）》，北京，中国社会科学出版社 1984 年版。

9. 国家税务总局办公厅编：《全国税务工作会议主要领导者讲话汇编（1949～1994）》，北京，中国税务出版社，1995 年，第 1 版。

10. 华北解放区财政经济史资料选编编辑组编：《华北解放区财政经济史资料选编》（第 1 辑、第 2 辑），北京，中国财政经济出版社，1996 年，第 1 版。

11. 千家驹：《旧中国公债史资料》，北京，中华书局，1984 年，第 1 版。

12. 上海证券交易所：《上海证券交易所统计年鉴 2010》，上海，上海人民出版社，2011 年，第 1 版。

13. 世界经济年鉴编辑委员会编：《世界经济年鉴 2010/2011》，沈阳，辽宁教育出版社，2011 年版。

14. 中国国债协会：历年《中国国债市场年报》，北京，中国财政经济出版社。

15. 中国人民银行国库司编：《国家债券制度汇编（1949～1988年)》，北京，中国财政经济出版社，1989 年，第 1 版。

16. 中国人民银行金融研究所、财政部财政科学研究所合编：《中国革命根据地货币》（下册），文物出版社，1982 年，第 1 版。

17. 中国社会科学院、中央档案馆编：《1949～1952 中华人民共和国经济档案资料选编》（综合卷），北京，中国城市经济社会出版社，1990年，第 1 版；（财政卷），北京，经济管理出版社，1995 年，第 1 版；（金融卷），北京，中国物资出版社，1996 年，第 1 版。

18. 中国证券监督管理委员会编：《中国证券期货统计年鉴 2011》，上海，学林出版社，2011 年，第 1 版。

19. 中华人民共和国财政部：历年《中国财政年鉴》，北京，中国财政杂志社。

20. 中华人民共和国国家统计局：历年《中国统计年鉴》，北京，中国统计出版社。

21. 中央财经领导小组办公室编：《中国经济发展五十年大事记(1949.10～1999.10)》，北京，人民出版社、中共中央党校出版社，1999年，第 1 版。

22. 中央档案馆编：《中共中央文件选集》（第 18 册、第 19 册），北京，中共中央党校出版社，1992 年，第 1 版。

23. 中央文献研究室：《建国以来重要文献选编》（第 1 册），北京，中央文献出版社，1992 年，第 1 版。

24. 朱佳木主编：《陈云与他的事业——陈云诞辰 90 周年全国研讨会论文集》（上、下卷），北京，中央文献出版社，1996 年，第 1 版。

二、文集、选集

1.《薄一波文选》，北京，人民出版社，1992 年，第 1 版。

2.《陈云文集》（第 1 卷、第 2 卷），北京，中央文献出版社，2005年，第 1 版。

3.《陈云文选》（第 2 卷），北京，人民出版社，1995 年，第 2 版。

4.《邓小平文选》（第 1 卷），北京，人民出版社，1989 年，第 1 版。

5.《李富春选集》，北京，中国计划出版社，1992 年，第 1 版。

6. 《李先念论财政金融贸易（1950～1991)》（上卷），北京，中国财政经济出版社，1992年，第1版。

7. 《刘少奇论新中国经济建设》，中央文献出版社，1993年，第1版。

8. 《马克恩恩格斯选集》（第2卷），北京，人民出版社，1995年，第2版。

9. 《马克思恩格斯全集》（第21卷、第23卷），北京，人民出版社，1965年、1972年，第1版。

10. 《马寅初全集》（第14卷），北京，浙江人民出版社，1999年，第1版。

11. 《毛泽东文集》（第5卷），北京，人民出版社，1996年，第1版；第6卷，人民出版社，1999年，第1版。

12. 《毛泽东选集》（第3卷），北京，人民出版社，1991年，第2版。

13. 《毛泽东著作选读》（下册），北京，人民出版社，1986年，第1版。

14. 《周恩来论新中国经济建设》，北京，中央文献出版社，1993年，第1版。

15. 《周恩来选集》（下卷），北京，人民出版社，1984年，第1版。

三、专著

1. Anibal A. Cavaco – Silva：*Economic Effects of Public Debt*，St. Martin's Press，1977.

2. James M. Buchanan：*Public Principles of Public Debt：A Defense and Restatement*，Liberty Fund Inc，1999.

3. 〔美〕布坎南：《自由，市场和国家》，北京，北京经济学院出版社，1988年，第1版。

4. 〔美〕布坎南、瓦格纳：《赤字中的民主》，北京，北京经济学院出版社，1988年，第1版。

5. 〔美〕哈维·S·罗森：《财政学》（第7版），北京，中国人民大学出版社，2006年，中文第1版。

6. 〔美〕凯恩斯：《就业、利息和货币通论》，北京，商务印书馆，1987年，第1版。

7. 〔美〕罗伯特·海尔布朗纳、彼得·伯恩斯坦：《国债与赤字》，北京，中国经济出版社，1993年，第1版。

8. 〔美〕萨缪尔森：《经济学》（下册），北京，商务印书馆1979年，第1版。

9. 〔英〕李嘉图著，郭大力、王亚南译：《政治经济学及赋税原理》，北京，商务印书馆，1962年，第1版。

10. 〔英〕亚当·斯密著，郭大力、王亚南译：《国民财富的性质和原因的研究》，北京，商务印书馆，1972年，第1版。

11. 《社会主义财政学》编写组：《社会主义财政学》，北京，中国财政经济出版社，1987年，第2版。

12. 安国俊：《国债管理研究》，北京，经济科学出版社，2007年，第1版。

13. 财政部财政科学研究所：《抗日根据地的财政经济》，北京，中国财政经济出版社，1987年，第1版。

14. 财政部国家债务管理司等：《中国国债战略问题研究》，北京，经济科学出版社，1991年，第1版。

15. 蔡昌等：《中国财税研究——前沿·政策·案例（2011～2012）》，上海，立信会计出版社，2011年，第1版。

16. 陈共编：《财政学》，北京，中国人民大学出版社，2004年，第4版。

17. 陈时兴：《中国转型期国债的金融分析》，北京，中国社会科学出版社，2001年，第1版。

18. 陈元等主编：《美债与欧债：拖累全球经济的孪生兄弟》，北京，中国经济出版社，2011年，第1版。

19. 迟爱萍：《新中国第一年的中财委研究》，上海，复旦大学出版社，2007年，第1版。

20. 戴金平等：《主权债务危机：国家信用神话的破产》，厦门，厦门大学出版社，2012年，第1版。

21. 邓子基编著：《两种社会制度下的国家公债》，上海，上海人民出版社，1955年，第1版。

22. 邓子基等：《公债经济学》，北京，中国财政经济出版社，1990年，第1版。

23. 董辅礽主编：《中华人民共和国经济史》（上卷），北京，经济科学出版社，1999年，第1版。

24. 董志凯主编：《1949～1952年中国经济分析》，北京，中国社会科学出版社，1996年，第1版。

25. 樊丽明等：《中国地方政府债务管理研究》，北京，经济科学出版社，2006年，第1版。

26. 冯光华：《中国债券市场发展问题研究》，北京，中国金融出版社，2008年，第1版。

27. 冯建身：《公共债务》，北京，中国财政经济出版社，2000年，第1版。

28. 冯田夫等：《中国财政通史（革命根据地卷)》，北京，中国财政经济出版社，2006年，第1版。

29. 傅道忠等：《中国财政政策的民生取向研究》，南昌，江西人民出版社，2011年，第1版。

30. 高坚：《国债市场》，北京，经济科学出版社，1997年，第1版。

31. 高坚：《中国国债——国债的理论和实务》，北京，经济科学出版社，1995年，第1版。

32. 高坚：《中国债券资本市场》（中文版)，北京，经济科学出版社，2009年，第1版。

33. 高培勇：《公债经济学导论》，北京，湖南人民出版社，1989年，第1版。

34. 高培勇：《共和国财税60年》，北京，人民出版社，2009年，第1版。

35. 高培勇：《国债运行机制研究》，北京，商务印书馆，1995年，第1版。

36. 高培勇等：《公共债务管理》，北京，经济科学出版社，2004年，第1版。

37. 龚仰树：《国内国债：经济分析与政策选择》，上海，上海财经大学出版社，1998年，第1版。

38. 龚意农主编：《淮南抗日根据地财经史》，合肥，安徽人民出版社，1991年，第1版。

39. 国家外汇管理局《中国外债报告》编委会：《中国外债报告(2006~2010)》，北京，中国财政经济出版社，2012年，第1版。

40. 何志刚：《中国债券市场微观结构研究》，北京，中国经济出版社，2011年，第1版。

41. 胡关金等：《公债经济论》，杭州，杭州大学出版社，1991年，第1版。

42. 胡乐亭等：《公共财政学》，北京，中国财政经济出版社，1999

年，第1版。

43. 胡善恒：《公债论》，上海，上海商务印书馆，1936年版。

44. 贾康：《中国政府债券市场发展报告》，北京，经济科学出版社，2012年，第1版。

45. 贾康：《转轨时代的执着探索：贾康财经文萃》，北京，中国财政经济出版社，2003年，第1版。

46. 贾康等：《建设创新型国家的财税政策与体制变革》，北京，中国社会科学出版社，2011年，第1版。

47. 贾康等：《中国财政通史（当代卷）》，北京，中国财政经济出版社，2006年，第1版。

48. 类承曜：《国债的理论分析》，北京，中国人民大学出版社，2002年，第1版。

49. 李俊生：《公债管理》，北京，中国财政经济出版社，1994年，第1版。

50. 李士梅：《公债经济学》，北京，经济科学出版社，2006年，第1版。

51. 李新：《中国国债市场机制及效率研究》，北京，中国人民大学出版社，2002年，第1版。

52. 廖晓军：《财税改革纵论：财税改革论文及调研报告文集2010》，北京，经济科学出版社，2010年，第1版。

53. 廖晓军：《财税改革纵论：财税改革论文及调研报告文集2011》，经济科学出版社，2011年，第1版。

54. 刘华：《公债的经济效应研究》，北京，中国社会科学出版社，2004年，第1版。

55. 刘克崮、贾康：《中国财税改革三十年亲历与回顾》，北京，经济科学出版社，2008年，第1版。

56. 刘立峰等：《国债政策的可持续性和财政风险研究》，北京，中国计划出版社，2002年，第1版。

57. 刘溶沧等：《现代财政政策论纲》，北京，经济管理出版社，1999年，第1版。

58. 刘溶沧等：《中国财政理论前沿》，北京，社会科学文献出版社，2000年，第1版。

59. 刘溶沧等：《中国财政理论前沿Ⅱ》，北京，社会科学文献出版社，2001年，第1版。

60. 刘尚希：《公共风险视角下的公共财政》，北京，经济科学出版社，2010 年，第 1 版。

61. 刘新华等：《中国证券市场规范发展与政府行为》，北京，中国金融出版社，2003 年，第 1 版。

62. 刘跃光等主编：《华中抗日根据地鄂豫边区财政经济史》，武汉，武汉大学出版社，1987 年，第 1 版。

63. 刘佐：《中国税制五十年（1949～1999 年)》，北京，中国税务出版社，2000 年，第 1 版。

64. 隆武华：《外债两重性——引擎？桎梏?》，北京，中国财政经济出版社，2001 年，第 1 版。

65. 隆武华：《资本时代——中国资本市场的战略思考》，北京，中国财政经济出版社，2011 年，第 1 版。

66. 卢文莹：《中国公债学说精要》，上海，复旦大学出版社，2004 年，第 1 版。

67. 马洪、高尚全主编：《中国通货膨胀研究》，北京，改革出版社，1990 年，第 1 版。

68. 马建春：《债券市场的协调发展——美国、德国、日本的考察与借鉴》，北京，经济科学出版社，2005 年，第 1 版。

69. 马骏等：《公共预算：比较研究》，北京，中央编译出版社，2010 年，第 1 版。

70. 马庆泉等：《中国证券史·第二卷（1999～2007 年)》，北京，中国金融出版社，2009 年，第 1 版。

71. 马庆泉等：《中国证券史·第一卷（1978～1998 年)》，北京，中国金融出版社，2009 年，第 1 版。

72. 上海社会科学院经济研究所编：《上海资本主义工商业的社会主义改造》，上海，上海人民出版社，1980 年，第 1 版。

73. 尚明主编：《新中国金融 50 年》，北京，中国财政经济出版社，2000 年，第 1 版。

74. 时建龙：《国债市场论》，上海，上海人民出版社，1998 年，第 1 版。

75. 宋新中主编：《当代中国财政史》，北京，中国财政经济出版社，1997 年，第 1 版。

76. 苏星：《新中国经济史》，北京，中共中央党校出版社，1999 年，第 1 版。

77. 孙健：《中国经济通史》（下卷），北京，中国人民大学出版社，2000 年，第 1 版。

78. 谭玲主编：《市场监管法律问题研究》，广州，中山大学出版社，2006 年，第 1 版。

79. 唐滔默：《中国革命根据地财政史（1927～1937）》，北京，中国财政经济出版社，1987 年，第 1 版。

80. 王传纶：《当代西方财政经济理论》，北京，商务印书馆，1988 年，第 1 版。

81. 王国华：《外债与社会经济发展》，北京，经济科学出版社，2003 年，第 1 版。

82. 王洛林等：《2012 年世界经济形势分析与预测》，北京，社会科学文献出版社，2012 年，第 1 版。

83. 王美涵：《中国财政风险实证研究》，北京，中国财政经济出版社，1999 年，第 1 版。

84. 王泰平主编：《中华人民共和国外交史》（第 2 卷），北京，世界知识出版社，1998 年，第 1 版。

85. 王宇等：《证券法律制度研究》，沈阳，东北大学出版社，2003 年，第 1 版。

86. 魏宏运主编：《晋察冀抗日根据地财政经济史稿》，北京，档案出版社，1990 年，第 1 版。

87. 吴承明、董志凯主编：《中华人民共和国经济史（1949～1952 年）》，北京，中国财政经济出版社，1999 年，第 1 版。

88. 吴厚德：《财政学》，广州，中山大学出版社，1999 年，第 1 版。

89. 吴晓灵主编：《中国金融政策报告（2011）》，北京，中国金融出版社，2011 年，第 1 版。

90. 武力主编：《中华人民共和国经济史 1949～1999》（下册），北京，中国经济出版社，1999 年，第 1 版。

91. 武振荣：《国债经济运行研究》，北京，经济科学出版社，2009 年，第 1 版。

92. 夏锦良：《公债经济学》，北京，中国财政经济出版社，1991 年，第 1 版。

93. 项怀诚：《中国积极的财政政策》，北京，中国财政经济出版社，2001 年，第 1 版。

94. 项怀诚主编：《中国财政 50 年》，北京，中国财政经济出版社，

1999 年，第 1 版。

95. 肖宇：《中国国债市场——发展、比较与前瞻》，北京，社会科学文献出版社，1999 年，第 1 版。

96. 谢旭人：《中国财政改革三十年》，北京，中国财政经济出版社，2008 年，第 1 版。

97. 徐明等：《证券市场组织与行为的法律规范》，北京，商务印书馆，2002 年，第 1 版。

98. 许廷星：《财政学原理》，重庆，重庆大学出版社，1986 年，第 1 版。

99. 许毅：《迈向新世纪的经济与财政》，北京，经济科学出版社 1998 年版。

100. 杨大楷：《国债论》，上海，上海三联书店，1995 年，第 1 版。

101. 杨大楷：《国债综合管理》，北京，上海财经大学出版社，2000 年，第 1 版。

102. 杨大楷等：《国债利率管理》，上海，上海财经大学出版社，1999 年，第 1 版。

103. 杨大楷等：《利率结构与国债发行》，北京，科学出版社，1997 年，第 1 版。

104. 杨农主编：《中国债券市场发展报告 2011》，北京，中国金融出版社，2012 年，第 1 版。

105. 杨希天等编著：《中国金融通史 第六卷（1949～1996 年)》，北京，中国金融出版社，2002 年，第 1 版。

106. 叶永刚等：《中国与全球金融风险报告（2011）》下册，北京，人民出版社，2011 年，第 1 版。

107. 叶振鹏等：《公共财政论》，北京，经济科学出版社，1999 年，第 1 版。

108. 于颖等：《中国拒绝债务危机》，北京，中国经济出版社，1999 年，第 1 版。

109. 余天心等：《中国实施积极财政政策的理论、实践与影响力》，北京，经济科学出版社，2002 年，第 1 版。

110. 袁东：《公共债务与经济增长》，北京，中国发展出版社，2000 年，第 1 版。

111. 袁东：《国债、金融创新与利率市场化》，北京，中国财政经济出版社，1997 年，第 1 版。

112. 袁东：《国债市场相关问题分析》，北京，经济管理出版社，1995年，第1版。

113. 张加伦：《新中国国债论丛》，北京，中国财政经济出版社，1992年，第1版。

114. 张玮等：《中国债务问题研究》，北京，中国金融出版社，1995年，第1版。

115. 张幼文等：《金融危机后的世界：重大主题与发展趋势》，北京，人民出版社，2011年，第1版。

116. 赵德馨主编：《中华人民共和国经济史》，郑州，河南人民出版社，1989年，第1版。

117. 赵梦涵：《新中国财政税收史论纲（1927～2001）》，北京，经济科学出版社，2002年，第1版。

118. 赵志耘：《公债经济效应论》，北京，中国财政经济出版社，1997年，第1版。

119. 中共中央文献研究室编：《毛泽东传（1949～1976）》（上），北京，中央文献出版社，2003年，第1版。

120. 中国社会科学院财政与贸易研究所：《科学发展观：引领中国财政政策新思路》，北京，中国财政经济出版社，2004年，第1版。

121. 中国银行间市场交易商协会：《中国银行间债券市场信用评级行业年度报告》，北京，中国金融出版社，2010年，第1版。

122. 中央国债登记结算有限责任公司：《债券市场》，北京，中国金融出版社，2008年，第1版。

123. 中央国债登记结算有限责任公司债券研究会：《债券市场前沿问题研究》，北京，中国市场出版社，2007年，第1版。

124. 中央国债登记结算有限责任公司债券研究会：《债券市场热点问题研究》，北京，中国市场出版社，2008年，第1版。

125. 中央国债登记结算有限责任公司债券研究会：《债券市场实务研究文集》，北京，中国市场出版社，2008年，第1版。

126. 周成跃、周子康：《当代国债风险问题研究概况述评》，北京，中国财政经济出版社，2004年，第1版。

127. 朱建华主编：《东北解放区财政经济史稿》，哈尔滨，黑龙江人民出版社，1987年，第1版。

128. 朱玉湘主编：《山东革命根据地财政史》，济南，山东人民出版社，1989年，第1版。

129. 左春台等：《中国社会主义财政简史》，北京，中国财政经济出版社，1988 年，第 1 版。

四、论文

1. 《2011 年第 35 号：全国地方政府性债务审计结果》，国家审计署网：www. audit. gov. cn/n1992130/n1992150/n1992500/2752208. html。

2. 《财政部：中国国债偿还能力较强》，财经网：http：//www. caijing. com. cn/2011 − 08 − 17/110815053. html。

3. 《国家发改委初步确定 2009 年长期建设国债投资方向》，http：//www. docin. com/p − 588943447. html。

4. 《国债投资：拉动经济功不可没》，人民网：http：//www. people. com. cn/GB/jinji/36/20020220/670478. html。

5. 《任正晓副局长在部分省区市国有粮食企业经营管理工作座谈会上的讲话》，国家粮食局：www. chinagrain. gov. cn/n16/n1062/n1182/4272064. html。

6. 《外汇局：2010 年末中国外债余额为 5489 亿美元》，中新网：ht-tp：//www. chinanews. com/cj/2011/03 − 31/2944180. shtml。

7. 《养老金入市困难重重 空账 1.3 万亿财政难补缺陷》，新华网：ht-tp：//news. xinhuanet. com/fortune/2012 − 02/03/c_ 122651177. htm。

8. 《中华苏维埃共和国临时中央政府执行委员会训令执字第十三号——为发行革命公债短期公债卷事》，《红色中华》第 24 期（1932 年 6 月 23 日）。

9. 伯钊：《怎样发动群众热烈的来购买"革命公债"》，《红色中华》第 24 期（1932 年 6 月 23 日）。

10. 财政部财政科学研究所：《中国地方政府债务风险和对策》，《经济研究参考》2010 年第 14 期。

11. 财政部财政科学研究所课题组：《中国财政改革 30 年：回顾与展望》，《经济研究参考》2009 年第 2 期。

12. 陈岱松：《论美英证券监管体制之新发展》，《河北法学》2006 年第 1 期。

13. 陈共：《如何认识中国财政收入规模》，《中国改革》2011 年第 3 期。

14. 陈夕：《156 项工程与中国工业的现代化》，《党的文献》1999 年第 5 期。

15. 程瑞华：《从国债发行看——财政政策由积极转向中性》，《金融时报》2004 年 6 月 18 日。

16. 崔鹏：《10.7 万亿地方债，风险有多大?》，《人民日报》2011 年 7 月 8 日。

17. 戴园晨：《促进国债市场化，提高国债流动性》，《财政与税务》2000 年第 5 期。

18. 戴园晨：《活跃国债市场，拓展增发空间》，《金融研究》2000 年第 1 期。

19. 戴园晨：《论中国国债的市场化构建》，《财政与税务》2001 年第 2 期。

20. 范崇源：《规范中国国债立法的初步探讨》，《经济师》2004 年第 1 期。

21. 高坚：《建立高效率低成本的国债发行市场》，《财政研究》1994 年第 7 期。

22. 高坚：《中国国债发行市场的建立与发展》，《当代中国史研究》1996 年第 2 期。

23. 高培勇：《国债管理与宏观经济调控》，《经济理论与经济管理》1993 年第 4 期。

24. 龚建文：《建国初期抑制通货膨胀的措施和经验》，《中国经济史研究》1990 年第 3 期。

25. 郭玲、张志超：《中国国债的发行机制研究》，《当代财经》2004 年第 3 期。

26. 郭树清：《中国资本市场没有理由不成为世界一流》，新浪财经：http：//finance. sina. com. cn/stock/y/20120629/101912436501. shtml。

27. 国家计委宏观经济研究院投资所课题组：《国债使用方向与国债政策可持续性》，《经济研究参考》2002 年第 60 期。

28. 国家开发银行：《2010 年年度报告 财务概要》，www. cdb. com. cn/web/NewsInfo. asp? NewsId = 3703。

29. 韩志国：《从计划经济转向市场经济》，《光明日报》1999 年 10 月 1 日。

30. 何代欣、王谦、叶子荣：《国债、国债规模及其管理：研究综述》，《中国行政管理》2008 年第 12 期。

31. 何志刚：《论国债的微观经济功能》，《外国经济与管理》2002 年第 11 期。

32. 呼显岗：《地方政府债务风险的特点、成因和对策》，《财政研究》2004 年第 8 期。

33. 贾康、赵全厚：《国债适度规模与中国国债的现实规模》，《经济研究》2000 年第 10 期。

34. 贾康、赵云旗：《论抗日战争初期的财政政策与方针》，《预算管理与会计》2005 年第 8 期。

35. 姜波：《保增长和调结构不能兼得怎么办》，《中国经济观察》2011 年第 3 册。

36. 蒋云翔：《资产管理公司政策性业务亏损超万亿 将财务重组》，《21世纪经济报道》：finance. sina. com. cn/china/hgjj/20080827/01145239425. shtml。

37. 寇铁军、张海星：《地方政府债务风险评价及预警系统研究》，《财政研究》2003 年第 2 期。

38. 李德：《中国债券市场的改革与发展》，《经济要参》2006 年第 5 期。

39. 李静瑕：《银监会年报：银行去年实现税后利润 8991 亿元》，《每日经济新闻》：money. cnstock. com/invest/swjh/201103/1232190. htm。

40. 李扬：《国债规模：在财政与金融之间寻求平衡》，《财贸经济》2003 年第 1 期。

41. 李扬：《中国国债市场的发展和国债管理政策》，《教学与研究》1997 年第 8 期。

42. 李毅中：《应对危机 要抓技改》，《人民日报》2008 年 12 月 29 日。

43. 李增添：《1954 年至 1958 年国家经济建设公债发行述论》，《北京党史》2007 年第 5 期。

44. 李志辉：《中国国债市场发展若干问题研究》，《南开经济研究》1998 年第 5 期。

45. 林细细、龚六堂：《中国债务的福利损失》，《经济研究》2007 年第 1 期。

46. 刘溶沧、马拴友：《赤字、国债与经济增长关系的实证分析——兼评积极财政政策是否有挤出效应》，《经济研究》2001 年第 2 期。

47. 刘少波、黄文清：《中国地方政府隐性债务状况研究》，《财政研究》2008 年第 9 期。

48. 刘铁峰：《中国债券市场法规建设情况浅析》，《证券市场导报》2009 年 4 月号。

49. 刘晓莲：《完善国债发行市场 增强宏观调控能力》，《财经问题研究》1996 年第 10 期。

50. 刘迎秋：《论中国现阶段赤字率和债务率及其警戒线》，《经济研究》2001 年第 8 期。

51. 罗云毅：《财政赤字率和债务率：〈马约〉标准与国际安全线》，《经济研究参考》2003 年第 3 期。

52. 马斌、管汝平：《中国国债挤出效应分析》，《投资研究》1999 年第 9 期。

53. 马拴友：《中国公共部门债务和赤字的可持续性分析——兼评积极财政政策的不可持续性及其冲击》，《经济研究》2001 年第 8 期。

54. 马拴友、于红霞、陈启清：《国债与宏观经济的动态分析》，《经济研究》2006 年第 4 期。

55. 潘国琪：《陈云公债思想探析》，《毛泽东思想研究》2003 年第 2 期。

56. 潘国琪：《近代中国国内公债史研究》，《浙江大学学报》2003 年第 5 期。

57. 潘国琪：《试论中国共产党领导的革命根据地公债》，《中国财经信息资料》2002 年第 7 期。

58. 潘国琪：《新中国国债五十年的回顾与展望》，《杭州师范学院学报》1999 年第 5 期。

59. 潘国旗：《北洋时期国内公债总额及其作用评析》，《近代史研究》2007 年第 1 期。

60. 潘国旗：《国民政府 1945～1949 年的国内公债论略》，《财政研究》2003 年第 12 期。

61. 潘国旗：《后危机时代的全球主权债务问题与中国国债政策的取向》，《经济研究参考》2012 年第 52 期。

62. 潘国旗：《近代浙江省公债的发行及启示》，《浙江社会科学》2008 年第 3 期。

63. 潘国旗：《抗战时期革命根据地公债述论》，《抗日战争研究》2006 年第 1 期。

64. 彭志远：《现阶段中国政府债务"警戒线"的反思及债务风险的防范》，《管理世界》2002 年第 11 期。

65. 孙业礼：《陈云与共和国第一期公债》，《党的文献》1996 年第 2 期。

66. 万立明：《"一五"时期的国家经济建设公债发行——以上海为中心的考察》，《上海行政学院学报》2006 年第 7 期。

67. 王琳：《论国债风险》，《经济学家》2001 年第 1 期。

68. 王艳：《美国债务危机的演进、影响及前景展望》，《国际经济合作》2011 年第 10 期。

69. 吴承禧：《统一国家财经工作的重大意义》，《经济周报》第 10 卷 1950 年 10 期。

70. 夏杰长：《论政府债务融资空间的拓展》，《财政与税务》2001 年第 4 期。

71. 夏智华：《影响中国国债市场发育的几个因素》，《经济学动态》1994 年第 4 期。

72. 向东：《中国政府债券立法迫在眉睫》，《国家行政学院学报》2007 年第 3 期。

73. 谢启才：《人民胜利折实公债初探》，《中国钱币》2008 年第 2 期。

74. 熊维平：《对中国国债规模与结构适应性的探讨》，《经济问题探索》2001 年第 4 期。

75. 徐清安：《中国国债流通市场存在的问题及对策分析》，《经济评论》2000 年 5 期。

76. 薛暮桥、吴凯泰：《新中国成立前后稳定物价的斗争》，《经济研究》1985 年第 2 期。

77. 阎坤：《国债发行、运作与经济增长的国际比较及中国的实践》，《世界经济》1999 年第 11 期。

78. 杨大楷、李昆：《新中国国债市场的建立与完善》，《财经研究》1999 年第 11 期。

79. 杨萍：《国外地方政府债券市场的发展经验》，《经济社会体制比较》2004 年第 1 期。

80. 杨义群：《中国国债发行成本优化问题研究》，《财政与税务》2001 年第 1 期。

81. 杨荫溥：《全国金融会议的收获》，《经济周报》（第 11 卷）1950 年 8 期。

82. 易平：《论国债政策与公开市场业务的配合》，《财政与税务》2000 年第 2 期。

83. 余国峰：《国债的经济效应分析》，《经济学动态》1997 年第

6 期。

84. 袁东：《论中国国债市场的发展与前景》，《中国财经问题》1994年第 2 期。

85. 张加伦口述：《国债是一项事业》，载王俊义、王东主编：《口述历史》（第 3 辑），北京，中国社会科学出版社，2005 年，第 1 版。

86. 张琪：《国债监督方面的法律问题及对策》，《中央财经大学学报》2001 年第 5 期。

87. 赵毅：《国债规模与国债市场金融功能的发挥》，《南开经济研究》2005 年第 2 期。

88. 中国农业发展银行：《2010 年年度报告 资金筹措与管理》，www. adbc. com. cn/report/2010report/ch/10. htm。

89. 中国银行间市场交易商协会：《中国债券市场 2011 年第二季度分析报告》，中国银行间市场交易商协会网站（www. nafmii. org. cn）。

90. 中央结算公司：《中债数据库：统计月报》，中国债券信息网（www. chinabond. com. cn）。

91. 周有光：《论人民胜利折实公债》，《经济周报》第 9 卷，1949 年23 卷。

92. 周泽民：《论公债的性质和作用》，《财政研究》1982 年第 3 期。

附录一 新中国国债大事记

1949 年

10 月 1 日 中华人民共和国成立。同时成立了中央人民政府财政部。财政部受政务院的领导及中共中央财政经济委员会（简称中财委）的指导，主管全国的财政、税收和公债等事宜。

10 月 19 日 毛泽东主持召开中央人民政府第三次会议，任命陈云为政务院副总理、政务院财政经济委员会主任（此后，中央财政经济委员会的名称改为政务院财政经济委员会，但仍简称为中财委）。

12 月 2 日 中央人民政府委员会举行第四次会议，集中研究财政问题。财政部长薄一波作了《关于 1950 年度全国财政收支概算草案编成的报告》。陈云就物价和发行公债问题做了报告。会议通过了《关于发行人民胜利折实公债的决定》，计划于 1950 年内发行两期折实公债，分五年偿还。

12 月 16 日 政务院召开第十六次政务会议，通过了《1950 年第一期人民胜利折实公债条例》，决定发行 1950 年人民胜利折实公债，公债以实物为计算标准，其单位定名为"分"，总额为 2 亿分，第一期发行 1 亿分，于 1950 年 1 月 5 日开始发行。

12 月 30 日 财政部发布了《委托人民银行发行人民胜利折实公债的通告》。中国人民银行根据中央人民政府的决定，于 1949 年底制定了详细的《代理财政部发行公债办法》，并迅速下发到各分支机构贯彻执行 。

1950 年

2 月 13 日 中财委召开全国财政会议，陈云主持会议并做了《关于财政工作统一的决定》的报告。

3 月 15 日 中财委发出《关于抛售物资、催收公债、回笼货币、稳定物价的指示》。

4 月 人民胜利折实公债发行工作接近尾声，中国人民银行发出《结束代理发行 1950 年第一期人民胜利折实公债工作应行注意事项》，从报告及报表、债款、债券、临时收据、债券样本、费用等七个方面，对各地方所要编制并向总行上报的各种统计报表等工作做出详细规定。

5 月 人民胜利折实公债第一期销售任务超额完成，达到原定两期发行总额的 70.4%，第二期折实公债停止发行。

1951 年

1 月 29 日 财政部发出《关于制定第一期人民胜利折实公债还本付息办法的公告》，并附《第一期人民胜利折实公债还本付息办法》、《抽签计算表及说明》、《抽签说明》三个文件。此后，在各级党政机关领导及各级人民银行的努力下，人民胜利折实公债的还本付息工作顺利进行。

1953 年

2 月 12 日 中央人民政府委员会第二十三次会议召开，财政部部长薄一波向大会所作《关于 1953 年国家预算的报告》，在当年的预算收入项下有公债一项，提出在适当的时机发行。

6 月至 8 月 中共中央召开全国财政经济工作会议，着重讨论贯彻执行过渡时期的总路线，提出中国第一个五年建设计划。

11 月 30 日 中国人民政治协商会议全国委员会常务委员会举行第五十一次扩大会议，政务院副总理兼财政部部长邓小平在会上作《关于发行 1954 年国家经济建设公债问题的报告》，就发行这次公债的必要性做了说明。会议通过了邓小平所做的报告和《1954 年国家经济建设公债条例（草案）》及《中央人民政府政务院关于发行 1954 年国家经济建设公债的指示（草稿）》。

12 月 9 日 中央人民政府委员会第二十九次会议正式通过并公布了《1954 年国家经济建设公债条例》，政务院发出《关于发行 1954 年国家经济建设公债的指示》。这期建设公债发行总额为人民币 6 万亿元（旧币），分八年偿还。条例还规定本期公债的发行及还本付息事宜由中国人民银行及所属机构办理。

1954 年

12 月 16 日 国务院全体会议第三次会议通过《1955 年国家经济建设公债条例》，提出本期公债发行总额为人民币 6 万亿元（旧币），分十年偿还。

12 月 21 日 国务院发出《关于发行 1955 年国家经济建设公债的指

示》，对推销公债的有关问题作了指示。

12 月 26 日 全国人大常务委员会第三次会议通过并公布《1955 年国家经济建设公债条例》。本期及此后两期经济建设公债的发行及还本付息事宜皆由财政部委托中国人民银行办理。

1955 年

2 月 21 日 国务院发布《关于发行新的人民币和收回现行的人民币的命令》。确定 1955 年 3 月 1 日起发行新的人民币，新币 1 元等于旧币 1 万元。此后，1954 年、1955 年两期公债在偿还本息时，按 1 万元折合新币 1 元的比价付给新人民币。

3 月 5 日 1955 年 3 月是折实公债最后一次还本付息，中国人民银行特发出《关于 1950 年第一期人民胜利折实公债第五次还本付息应注意事项并另发修订处理手续部分的指示》，进一步完善了国家债务工作。

8 月 10 日 1954 年国家经济建设公债第一次还本抽签大会在北京举行。

11 月 10 日 第一届全国人大常委会第二十六次会议通过《1956 年国家经济建设公债条例》，决定发行 1956 年经济建设公债 6 亿元，分十年偿还。

11 月 26 日 中国人民银行发出《关于 1954 年经建公债 1955 年度还本付息工作的指示》，强调还本付息工作的重大政治意义。

1956 年

1 月 4 日 国务院发出《关于发行 1956 年国家经济建设公债的指示》。

7 月 9 日 中国人民银行发出《关于国家经济建设公债 1956 年还本付息工作的指示》，对 1954 年经济建设公债第二次及 1955 年经济建设公债第一次的还本付息工作进行了部署。

12 月 29 日 第一届全国人大常委会第五十二次会议通过《1957 年经济建设公债条例》，决定发行 1957 年经济建设公债 6 亿元，分十年偿还。

1957 年

1 月 5 日 财政部公布《1956 年和 1957 年国家经济建设公债还本付息办法》。

7 月 19 日 针对 1954 年、1955 年经济建设公债兑付中出现的排队拥挤等情况，国务院转发了《关于预办 1954～1957 年国家公债还本付息办法》，规定在自愿的前提下，每年 9 月 30 日公债还本付息开始前，有计划地组织集体单位或个人办理预办公债还本付息手续。

11 月 6 日 第一届全国人大常委会第八十三次会议通过《1958 年国家经济建设公债条例》，决定发行 1958 年经济建设公债 6.3 亿元，分十年偿还。

12 月 2 日 国务院发出《关于发行 1958 年国家经济建设公债的指示》，对推销公债的有关问题作了指示。

1958 年

4 月 2 日 中共中央颁布《关于发行地方公债的决定》，允许各省、市、自治区、直辖市在确有必要的时候，发行地方经济建设公债。

5 月 29 日 国务院决定，从 1959 年起停止发行国家经济建设公债。

6 月 5 日 第一届全国人民代表大会常务委员会第九十七次会议正式通过《中华人民共和国地方经济建设公债条例》。

7 月 4 日 财政部、中国人民银行发布《关于由人民银行继续收兑全国解放前苏区、解放区发行的公债的联合通知》。

1959 年

1 月 27 日 中国人民银行发布《关于公债工作上几个问题的通知》，并附"苏区发行公债的兑付比价表"和"边区发行公债的兑付比价表"。

2 月 20 日 财政部发布《1958 年国家经济建设公债还本付息办法》。

1960 年

6 月 14 日 财政部、中国人民银行发布《关于国家经济建设公债1960 年度还本付息的通知》。

1962 年

6 月 2 日 针对广东省财政厅、中国人民银行广东分行致函询问如何处理一些债权人因种种原因、延误兑换的公债遗留问题，财政部和中国人民银行总行复函广东省财政厅及中国人民银行广东省分行：继续兑付1950 年胜利折实公债、东北公债和全国解放前苏区、边区公债的本息，自文到之日起改由国家经济建设公债还本付息基金中支付。

8 月 28 日 财政部、中国人民银行发布《关于改变公债还本付息办法中有关延长 9 个月兑付期的联合通知》。

1963 年

3 月 14 日　财政部、中国人民银行正式向全国发出《关于继续收兑全国解放前苏区、边区公债和 1950 年人民胜利折实公债、东北地区发行的公债的通知》。

1969 年

5 月 11 日　《人民日报》宣布：中国成为世界上第一个既无内债又无外债的国家。

1980 年

1 月 7 日　中国人民银行、财政部发布《关于苏边区公债与折实公债计息办法的补充规定》，决定：为了照顾群众的利益，苏边区公债与折实公债已超过还本付息日期的利息，可算到提取日为止。

1981 年

1 月　国务院常务会议通过《中华人民共和国国库券条例》（年度条例）。《条例》规定从 1981 年开始，发行中华人民共和国国库券。1981 年国库券主要向国营企业、集体所有制企业、企业主管部门和地方政府分配发行；机关、团体、部队、事业单位和农村富裕的社队可适当认购；个人自愿购买的，可由所在单位统一办理。国库券从 7 月 1 日起计息，年利率为 4%；还本付息自发行后第六年起办理，一次抽签，按发行额分五年做五次偿还，每次偿还总额的 20%。国库券不得当作货币流通，不得自由买卖。

2 月　中央国库券推销委员会成立，具体负责协调各有关部门推销国库券的工作。

1982 年

1 月　国务院颁布《中华人民共和国 1982 年国库券条例》。《条例》规定，国库券发行对象是：国营企业、集体所有制企业、企业主管部门和地方政府；机关、团体、部队、事业单位和农村富裕社队；城乡人民、个人。国库券的利率，单位购买的，年利率为 4%；个人购买的，年利率为 8%。单位购买的，发给国库券收据，可以记名，可以挂失；个人购买的，发给国库券。

9 月 国务院颁布《中华人民共和国 1983 年国库券条例》。

是年 国库券发行收入列入每年的中央财政预算。

1983 年

9 月 国务院颁布《中华人民共和国 1984 年国库券条例》。

1984 年

11 月 国务院颁布《中华人民共和国 1985 年国库券条例》。《条例》规定，从 1985 年开始，提高国库券的利率，单位购买的，年利率为 5%，个人购买的，年利率为 9%；缩短偿还期限，本金的偿还期定为五年，在发行后第六年一次偿还本息；国库券可以在银行抵押贷款，个人购买的，可以在银行贴现；个人购买 1000 元以上的开给收据，可以记名和挂失。

1985 年

11 月 国务院颁布《中华人民共和国 1986 年国库券条例》。《条例》规定，国库券的利率，单位购买的，年利率为 6%，个人购买的，年利率为 10%。

1987 年

2 月 国务院颁布《中华人民共和国 1987 年国库券条例》。

4 月 财政部、中国人民银行、国家计委等部门联合下发关于发行国家重点建设债券的规定。本债券由银行代理国家财政发行，债券到期由财政部还本付息，债券期限为 3 年，单位购买的年利率为 6%，个人购买的年利率为 10.5%，免征个人所得税。本债券对单位发行采取分配任务的办法，对个人采取自愿认购的办法。

1988 年

1 月 国务院颁布《中华人民共和国 1988 年国库券条例》。《条例》规定，国库券本金的偿还期为三年，在发行后第四年一次偿还本息；国库券可以转让，但不得作为货币流通。

3 月 财政部颁布《关于邮电部、建设银行代销国库券的暂行办法》，委托邮电部和建设银行办理柜台销售国库券业务，销售对象为城乡人民群众和各种基金组织。中国开始采用国债市场化发行方式。

4 月、6 月 国家先后分两批在 61 个城市进行国债流通转让试点，国债二级市场（即柜台交易市场）初步形成。

4 月 财政部发行国家建设债券，由城乡居民、基金会组织以及金融机构认购，期限为两年，对个人和单位实行统一利率，年利率为 9.5%，到期一次还本付息。

5 月 财政部面向各专业银行、综合性银行以及其他金融机构发行财政债券，期限分别为五年和两年，年利率分别为 7.5% 和 8%，到期一次还本付息。

1989 年

3 月 国务院颁布《中华人民共和国 1989 年国库券条例》。《条例》规定，国库券的发行对象为公民个人和个体工商户，年利率为 14%。

是月 国务院颁布《中华人民共和国 1989 年特种国债条例》，决定发行特种国债，期限为五年，年利率为 15%。

6 月 国务院发布通知，决定对所有单位持有的 1981～1984 年发行的国库券，按应付本息到期日计算，一律推迟三年偿付本息。

7 月 财政部通过柜台销售方式首次发行保值国债，期限为三年，年利率为 14.14%。

1990 年

5 月 国务院颁布《中华人民共和国 1990 年国库券条例》。《条例》规定，购买国库券的利息收入享受免税待遇。

8 月 国务院发布通知，决定发行 1990 年转换债，将企事业单位、机关、团体、部队持有的当年到期的国债转换为等额的新债。1990 年转换债从当年 7 月 1 日开始计息，期限为五年，年利率为 8%，不计复利。

10 月 财政部、中国人民银行联合下发通知，决定对 1988 年发行的、1990 年到期的财政债券延期三年偿还。

11 月 上海证券交易所成立，标志着交易所国债市场的建立。

12 月 深圳证券交易所成立，进一步推动了国库券地区间交易的发展。

12 月 全国证券交易自动报价系统（STAQ）正式开通。

1991 年

1 月 国务院发布通知，决定发行 1991 年转换债，将企事业单位、机关、团体、部队持有的当年到期的国债转换为等额的新债。1991年转换债从当年7月1日开始计息，期限为五年，年利率为8%，不计复利。

3月 国务院颁布《中华人民共和国1991年国库券条例》。《条例》规定，国库券的年利率为10%；国库券可以在国家指定的交易场所办理转让，但不得作为货币流通。

3月 财政部、中国人民银行联合下发《关于全面开放国债转让市场的通知》，决定在全国地市级以上的城市和地区所在的县级市（西藏除外）全面开放国债转让市场。至1991年底，以柜台交易为主的国债二级市场基本形成。

4月 财政部首次组织国债发行的承购包销，有70家证券中介机构参加了承购包销团。这标志着国债发行从行政分配过渡到具有市场化因素的方式，国债一级市场初步建立。

7月 STAQ系统宣布试办国债回购交易。

8月1日 为了加强对国债业的行业管理，中国国债协会成立，标志着中国国债行业自律性管理的开始。

8月28日 为了加强对证券业的行业管理，中国证券业协会成立，标志着中国证券行业自律性管理的开始。

9月 STAQ完成中国第一笔回购交易。

11~12月 财政部国家债务管理司与中央电视台经济部联合举办"全国财政债券业务知识竞赛"活动，中央电视台进行实况转播，中国国债协会协办此次活动。

1992年

3月 国务院颁布《中华人民共和国国库券条例》。（注：此后国务院未重新颁布年度国库券条例，该《条例》沿用至今）

4月 武汉证券交易所成立，成为全国最大的国债现货交易市场。

6月 国务院发布通知，决定发行1992年转换债，将企事业单位、机关、团体、部队持有的当年到期的国债转换为等额的新债。1992年转换债从当年7月1日开始计息，期限为五年，年利率为8%，不计复利。

12月 上海证券交易所向证券自营商推出国债期货交易，这标志着中国金融期货的开端。

1993年

7月 财政部决定对1992年发行的三年期和五年期国库券及1993年

发行的三年期、五年期国库券,参照中国人民银行《关于实行人民币储蓄存款保值的有关规定》,从 1993 年 7 月 11 日起实行保值,保值贴补率按兑付时中国人民银行公布的保值贴补率计算。

12 月 财政部、中国人民银行、证监会联合印发《中华人民共和国国债一级自营商管理办法》和《国债一级自营商资格审查与确认实施办法》,推出国债一级自营商制度,首批 19 家信誉良好、资金实力较强的金融机构获准成为国债一级自营商。

1994 年

1 月、2 月 财政部首次在交易所发行记账式国债,期限分别为半年和一年。(注:这是财政部首次发行半年期和一年期的短期国债)

3 月 八届全国人民代表大会第二次会议通过《中华人民共和国预算法》。《预算法》规定,财政预算出现赤字不允许再向中央银行借款或透支,完全依靠发行国债予以弥补。年度国债发行额首次突破千亿元。

4 月 财政部首次发行三年期凭证式国债,年利率为 13.96%,计息日为交款日。由中国工商银行、中国农业银行、中国银行、中国人民建设银行和交通银行承购包销。

4 月 财政部首次向社会养老保险基金和待业保险基金定向发行五年期特种定向债券,年利率为 15.86%。

1995 年

5 月 由于国债期货市场屡次发生由严重违规交易引起的风波,国务院决定在全国范围内暂停国债期货交易试点。

是年 一部分国债开始采用招标发行的方式,即通过招标方式向有资格的承销商发标,投标者中标后,视同投资购买,可按一定价格向社会再行出售。

1996 年

1 月、6 月 财政部首次发行贴现国债和附息国债,国债期限品种及利息计付方式初步实现多样化。

3 月、6 月、10 月 财政部分别首次发行三个月期限的短期国债和十年期、七年期的长期国债。

4 月 中国人民银行首次启用公开市场业务,向 14 家商业银行总行买进 2.9 亿元国债。

12 月 财政部、中国人民银行将北京证券交易中心改组,成立中央国债登记结算有限责任公司,负责国债清算、结算、托管业务。

是年 记账式国债发行全面采用招标方式,财政部对于不同品种的国债分别实行价格招标和收益率招标。

1997 年

1 月 财政部决定对 1994 年发行的三年期凭证式国债,凡从购买日到 1997 年 7 月 31 日(含 7 月 31 日)以前满三年的,实行保值贴补。

4 月 财政部颁布《中华人民共和国国债托管管理暂行办法》,依据《暂行办法》,财政部授权中央国债登记结算有限责任公司主持建立和运营全国国债托管系统。

6 月 商业银行退出上海和深圳证券交易所债券市场,在中国外汇交易中心基础上建立了银行间债券市场。

8 月 财政部决定增发 1997 年三年期凭证式国债 400 亿元,发行截止日期从原定的 1997 年 10 月 20 日延长至 1997 年 12 月 31 日。

是年 国债发行方式发生重大变化,占国债规模 80% 以上的凭证式国债采用承购包销和柜台销售方式,其余 20% 左右的记账式国债采用价格招标及收益率招标方式。

1998 年

2 月 财政部决定对 1995 年发行的凭证式(一期)国库券,凡从购买日到 1998 年 7 月 31 日(含 7 月 31 日)以前满三年的,实行保值贴补;对 1995 年发行的凭证式(二期)国库券,凡从购买日到 1998 年 12 月 16 日(含 12 月 16 日)以前满三年的,实行保值贴补。

5 月 财政部向除国有独资商业银行以外的其他商业银行和城市合作银行发行七年期专项国债,年利率为 6.8%。

7 月 国务院决定对财政部门国债中介机构进行清理整顿,凡是符合规定条件的机构转制为证券公司。财政国债中介机构清理整顿工作于 2001 年底完成。

8 月 财政部面向中国工商银行、中国农业银行、中国银行和中国建设银行定向发行 2700 亿元特别国债,专项用于补充四家国有商业银行资本金。特别国债为记账式附息国债,期限为 30 年,年利率为 7.2%。

9 月、12 月 为配合积极财政政策的实施,财政部分两批面向中国工商银行、中国农业银行、中国银行、中国建设银行定向增发 1000 亿元十年期记账式附息国债，年利率为 5.5% 。

11 月 财政部面向资本数额在 10 亿元以上的商业保险公司发行定向债券，期限为五年，年利率为 5.68% 。

是年 财政部停止发行实物券，代之以凭证式和记账式国债。

1999 年

8 月 中国人民银行颁布《基金管理公司进入银行间同业市场管理规定》和《证券公司进入银行间同业市场管理规定》，允许基金公司和部分证券公司进入银行间债券市场。

8 月 财政部首次同时面向银行间债券市场和交易所市场发行记账式国债，期限为 8 年，年利率为 3.28% 。

9 月 财政部首次面向四大国有银行发行 600 亿元十年期浮动利率国债。

是年 中央国债登记结算有限责任公司编制和发布了中国第一条债券收益率曲线——中债国债收益率曲线。

2000 年

1 月 财政部组建银行间债券市场国债承销团。承销团甲类成员 44 家，乙类成员 22 家。

二季度 财政部开始在银行间债券市场按季提前公布国债发行时间表。

2001 年

3 月 中国证券登记结算有限责任公司成立。

6 月、7 月 财政部先后在银行间和交易所市场探索发行 15 年期和 20 年期长期固定利率国债。

7 月 国债净价交易在银行间债券市场实行。净价交易是指在现券买卖时，以不含有自然增长应计利息的价格报价并成交的交易方式。

2002 年

1 月 中国人民银行和财政部共同颁布《商业银行柜台记账式国债交易管理办法》。

2 月、3 月 凭证式国债承销团和交易所市场国债承销团相继组建。

3 月 国债净价交易方式在交易所债券市场实行。

5 月 财政部在银行间市场首次发行 260 亿元 30 年期国债。

6 月 国债柜台交易试点工作启动。工、农、中、建四家商业银行在北京、上海和浙江的 1090 个骨干网点参加试点。

12 月 财政部成功地跨市场发行一期额度为 600 亿元的七年期记账式国债，首次实现记账式国债跨市场双向转托管。

2003 年

1 月 财政部首次按年公布部分国债发行计划时间表。

1 月 财政部、证监会对银行间、交易所市场国债承销团的成员资格进行了甲、乙类细化并被赋予不同的权利和义务。

2 月 财政部首次发行 7 年期关键期限国债。

7 月 财政部会同中国人民银行开展凭证式国债发行十周年系列宣传活动，活动内容包括有奖知识竞赛和有奖征文，中国国债协会协办了此次活动。

12 月 财政部颁布《国债市场转托管业务管理办法》。

2004 年

2 月 《国务院关于推进资本市场改革开放和稳定发展的若干意见》发布实施。

4 月 财政部、中国人民银行、证监会联合发出通知，将在交易所和银行间两市场开展国债买断式回购交易业务。《通知》指出，银行间市场成员和交易所市场的机构投资者均可以开展该项业务，两个市场同为指定的交易场所。

4 月 国债发行引入新的招标方式——多种价格（混合式）招标方式。

6 月 财政部首次采用电子记账方式发行凭证式国债。

7 月 中国人民银行下发《关于批准招商银行等六家金融机构为银行间债券市场做市商的通知》，要求将银行间债券市场"双边报价商"统一改称为"做市商"，这是央行首次在银行间债券市场正式启用做市商的名称。

11 月 中央债券综合业务系统接入中国人民银行支付系统，实现国债"券款对付"（简称 DVP）。DVP 结算是指交易达成后，在双方指定的结算日，债券和资金同步地进行相对交付，并互为交割条件的一种结算方式。

2005 年

5 月　中国人民银行发布《全国银行间债券市场债券远期交易管理规定》，自 2005 年 6 月 15 日起施行。

12 月　十届全国人大常委会第四十次委员长会议通过全国人大常委会预算工作委员会关于实行国债余额管理的意见，自 2006 年起，中国参照国际通行做法，采取国债余额管理方式管理国债发行活动。

是年　记账式国债全部跨市场发行。同时，试点柜台国债发行额度限制取消。

2006 年

3 月　财政部、中国人民银行联合下发《关于印发〈储蓄国债（电子式）代销试点管理办法（试行）〉的通知》和《关于开展储蓄国债（电子式）代销试点商业银行资格申报工作的通知》。

4 月　财政部开始公布季度国债发行表。

5 月　财政部、中国人民银行确认储蓄国债（电子式）代销试点商业银行资格，确定中国工商银行等七家商业银行为储蓄国债（电子式）首批代销试点商业银行，开办储蓄国债代销试点业务。

7 月　财政部、中国人民银行、证监会联合发布《国债承销团成员资格审批办法》。

7 月　财政部、中国人民银行首次推出 150 亿元三年期储蓄国债（电子式）。

9 月　财政部、中国人民银行联合发布通知，公布 2006～2008 年凭证式国债承销团成员名单。其中，国家邮政局邮政储蓄局和全国社会保障基金理事会为特别成员。

10 月　财政部、中国人民银行、证监会在长沙主办"财政部记账式国债承销团和凭证式国债承销团组建会议"。财政部与两个国债承销团成员单位的代表签署国债承销主协议。

是年　财政部开始定期滚动发行三个月、六个月的短期国债，以及定期滚动发行一年期、三年期、七年期和十年期等关键期限记账式国债。

是年末　中央国债余额 35015.28 亿元，控制在年度预算限额 35381.68 亿元以内。

2007 年

2 月 财政部、中国人民银行联合发布《关于所有关键期限国债开展记账式国债柜台交易试点业务的通知》，决定从 2007 年开始，将记账式国债柜台交易券种扩大到所有新发行的关键期限国债。

5 月 上海证券交易所发布《关于新老国债质押式回购并轨运行的通知》，定于 2007 年 6 月 8 日新老国债质押式回购并轨运行。

7 月 上海证券交易所固定收益证券综合电子平台正式上线试运行，首只上市券种为 2007 年记账式（11 期）国债。

8~12 月 按照十届全国人大常委会第 28 次会议审议通过的《国务院关于提请审议财政部发行特别国债购买外汇及调整 2007 年末国债余额限额的议案》，财政部发行 8 期特别国债，规模为 1.55 万亿元。

是年末 中央财政国债余额 52074.65 亿元，控制在年度预算限额 53365.53 亿元以内。

2008 年

1 月 财政部、中国人民银行和中国证监会在福州举办"2007 年度国债发行工作总结暨表彰大会"，对 2007 年度优秀国债承销团成员进行表彰。

4 月 财政部、中国人民银行确定中信银行等四家商业银行为储蓄国债（电子式）代销试点商业银行，开办储蓄国债代销试点业务。

11 月 国务院常务会议确定实行积极的财政政策，次年，国债发行规模开始大幅度增加。

12 月 深圳证券交易所发布《深圳证券交易所综合协议交易平台业务实施细则》，决定自 2009 年 1 月 12 日起，启动综合协议交易平台。

是年末 中央财政国债余额 53271.54 亿元，控制在年度预算限额 55185.85 亿元以内。

2009 年

1 月 财政部、中国人民银行联合发布通知，公布 2009~2011 年凭证式国债承销团成员名单，共计 40 家商业银行。其中甲类成员为 16 家金融机构，乙类成员为 44 家金融机构，全国社会保障基金理事会为特别承销机构。

1 月 财政部在深圳召开"2009~2011 年国债承销团组建会议"，通报 2009～2011 年国债承销团组建情况，与国债承销团成员代表签署国债承销主协议，并对 2008 年度优秀国债承销团成员进行表彰。

1 月 证监会、银监会联合发布《关于开展上市商业银行在证券交易所参与债券交易试点有关问题的通知》。

3 月 财政部发布通知，将记账式国债规范分类为记账式贴现国债和记账式附息国债两类，实行分类管理。

4 月起 财政部在原有一年、三年、七年、十年期品种关键期限国债的基础上，增加 5 年期品种。

6 月 财政部、中国人民银行印发《储蓄国债（电子式）管理办法（试行）》。

6 月、8 月、11 月、12 月 财政部、中国人民银行发布通知，共确定中国工商银行等 40 家商业银行为储蓄国债（电子式）试点商业银行，开办储蓄国债（电子式）相关业务。至此，凭证式国债承销团成员全部加入储蓄国债（电子式）的销售行列。

8 月起 财政部增加发行一年期储蓄国债。

9 月 财政部在香港发行 60 亿元人民币国债。

11 月 财政部首次发行 50 年期国债，把中国单期国债的最长期限延长至 50 年。

是年 财政部首次代理发行 2000 亿元地方政府债券。

是年末 中央财政国债余额 60237.68 亿元，控制在年度预算额 62708.35 亿元以内。

2010 年

1 月 财政部、中国人民银行和证监会在广州举办"2009 年国债发行工作总结表彰大会"，对 2009 年度优秀国债承销团成员进行表彰。

6～11 月 财政部代理发行 2000 亿元地方政府债券，并对地方债招标方式做出改进，实行合并命名、合并招标、合并上市的发行方式，招标对象从仅面向承销团甲类成员扩大到面向全体承销团成员。

9 月 证监会、中国人民银行、银监会联合发布《关于上市商业银行在证券交易所参与债券交易试点有关问题的通知》。

是年 财政部、中国人民银行颁布《凭证式国债承销团成员考评办法（试行）》。

是年末 中央财政国债余额 67526.91 亿元，控制在年度预算限额 71208.35 亿元以内。

2011 年

1 月 "2010 年度国债发行工作总结暨表彰大会"在北京召开，对 2010 年度优秀国债承销团成员进行表彰。

4 月 中国人民银行、财政部联合发布中国人民银行、财政部公告 [2011] 第 6 号，就新发关键期限国债做市有关事宜提出具体要求，以进一步改善市场价格发现机制，有利于完善国债收益率曲线。

4 月 财政部首次按季度公布凭证式国债承销团成员考核排名，凭证式国债承销团成员考评制度进一步健全。

10 月 财政部印发《2011 年地方政府自行发债试点办法》，并就此发布通知。经国务院批准，2011 年上海市、浙江省、广东省、深圳市开展地方政府自行发债试点。

12 月 财政部、中国人民银行联合发布通知，公布 2012～2014 年凭证式国债承销团成员名单，授予 38 家机构储蓄国债承销团成员资格。

12 月 财政部、中国人民银行、证监会联合发布通知，公布 2012～2014 年记账式国债承销团成员名单，授予 17 家机构记账式国债承销团甲类成员资格，38 家机构记账式国债承销团乙类成员资格。

12 月 财政部、中国人民银行、证监会在海口召开"2012～2014 年国债承销团组建暨 2011 年国债发行工作总结表彰会议"，对 2011 年度优秀国债承销团成员进行表彰，通报 2012～2014 年国债承销团组建情况，并与国债承销团成员代表签署国债承销主协议。

是年 财政部储蓄国债（电子式）当年全部采用代销方式发行，实施自由抓取额度分配方式促进承销团成员良性竞争。

是年 财政部加大国债续发行运用力度，全年运用续发行六次，效果良好。

是年末 中央财政国债余额 72044.51 亿元，控制在年度预算限额 77708.35 亿元以内。

2012 年

2 月 财政部公布 2011 年记账式国债现货交易量排名。

2 月 中国金融期货交易所宣布正式启动国债期货仿真交易，首批参与仿真交易的包括国泰君安期货、海通期货、东证期货、广发期货等近十家机构。

6 月 财政部与香港交易所就人民币国债在港上市交易事宜签订合作

备忘录，今后由财政部发行的人民币国债将可在港交所的证券市场上市及交易。

11 月 财政部发布通知，根据《国务院关于第六批取消和调整行政审批项目的决定》取消和调整了涉及财政部的七项行政审批项目，财政部不再审批国债承销团成员资格。

是年末 中央财政国债余额 77565.7 亿元，控制在年度预算限额82708.35 亿元以内。

<h2 style="text-align:center">2013 年</h2>

2 月 财政部、中国人民银行发布《储蓄国债（电子式）管理办法》。

3 月 财政部、中国人民银行和证监会日前联合发布通知，决定开展国债预发行试点，允许以即将发行的记账式国债为标的进行债券买卖。

6 月 财政部在香港顺利发行 130 亿元人民币国债。

7 月 证监会批准中国金融期货交易所开展国债期货交易。

8 月 中国金融期货交易所发布《五年期国债期货合约》及相关规则，标志上市五年期国债期货合约的业务规则全部完成。

9 月 时隔 18 年，国债期货重返国内资本市场。

9 月 上海证券交易所正式发布国债预发行试点交易及登记结算业务办法。

10 月 国债预发行交易在上海证券交易所正式推出，上交所由此成为国内首个推出国债预发行交易的市场。

是年末 中央财政国债余额 85836.05 亿元，控制在年度预算限额91208 亿元以内。

<h2 style="text-align:center">2014 年</h2>

3 月 中国人民银行发布公告称，商业银行柜台债券业务品种可以在记账式国债基础上增加国家开发银行债券、政策性银行债券和中国铁路总公司等政府支持机构债券。

6 月 财政部、中国人民银行、证监会共同发布《关于关键期限国债开展预发行试点的通知》，决定将国债预发行券种由七年期记账式国债扩大至全部关键期限记账式国债（一、三、五、七、十年期）。

9 月 国开行在伦敦发行人民币债券。本次发行成为首单登陆伦敦市场的中国准主权人民币债券，进一步丰富了伦敦市场的人民币投资品种，这也是中国人民银行扩大人民币跨境使用的最新举措。

10 月 国务院办公厅对外发布《国务院关于加强地方政府性债务管理的意见》，这是国务院首次发文全面规范地方政府性债务管理，明确地方政府对其举借的债务负有偿还责任，中央政府实行不救助原则。此后，财政部官方网站公布了《地方政府存量债务纳入预算管理清理甄别办法》。

11 月 财政部在网站首次发布中国关键期限国债收益率曲线，标志着在构建完整的国债收益率曲线、寻找利率市场化等方面再进一步，该曲线的完善对于构筑中国利率市场化环境下的基准利率体系具有重要作用。

财政部、中国人民银行、证监会发布《国债承销团组建工作管理暂行办法》。

说明：本附录根据以下资料整理：中国人民银行国库司编：《国家债券制度汇编（1949～1988 年)》，北京，中国财政经济出版社，1989 年，第 1 版；中国国债协会编：《2011 年中国国债市场年报》，北京，中国财政经济出版社，2012 年，第 1 版；项怀诚主编：《中国财政通史·大事记》，刘翠微、史卫编，北京，中国财政经济出版社，2006 年，第 1 版；高培勇主编：《共和国财税 60 年》，北京，人民出版社，2009 年，第 1 版；中国债券信息网。

附录二 新中国成立初期（1950～1958年）国债发行情况

发行年份	公债名称	发行规模		期限（年）	利率（%）	面额	发行对象	偿付方式
		计划	实际					
1950	人民胜利折实公债	1亿分（按当时各地粮食平均价格0.06元/斤计算，约合1.74亿元*）	1.48亿分（按当时各地加权平均粮食价格0.06元/斤计算，约合2.58亿元*）	5	5	1分、10分、100分、500分	主要是大中小城市的工商业者，城乡殷实富户和富有的退职文武官吏	分五年作五次偿还，自1951年起，每年3月30日抽签还本一次，第一次抽还总额的10%、第二次抽还总额的15%、第三次抽还总额的20%、第四次抽还总额的25%，其余的30%于第五年还清
1954	国家经济建设公债	6万亿元（旧币）	8.36万亿元（旧币）	8	4	1万元、2万元、5万元、10万元、50万元	工人、店员、政府机关团体部队干部人员以及文化教育工作人员，私营工商业者（包括股东及资方理人）、公私合营企业的私方及其他城市居民和农民	分八年作八次偿还，自1955年9月30日起，每年抽签还本一次，第一次、第二次各抽还总额的5%，第三次、第四次各抽还总额的10%，第五次、第六次各抽还总额的15%，第七次、第八次各抽还总额的20%

续表

发行年份	公债名称	发行规模		期限（年）	利率（%）	面额	发行对象	偿付方式
		计划	实际					
1955	国家经济建设公债	6亿元	6.19亿元	10	4	1万元、2万元、5万元、10万元、50万元、100万元	同上	分十年作十次偿还，自1957年起，每年9月30日抽签还本一次，第1~4次各抽还总额的5%，第5~7次各抽还总额的10%，第8~9次各抽还总额的15%，其余的20%于第十次还清
1956	国家经济建设公债	6亿元	6.07亿元	10	4	1元、2元、5元、50元、100元	同上	同上
1957	国家经济建设公债	6亿元	6.84亿元	10	4	同上	同上	同上
1958	国家经济建设公债	6.3亿元	7.98亿元	10	4	同上	同上	同上

说明：＊该数据来源于中央国债登记结算有限责任公司网站http://wiki.chinabond.com.cn。

资料来源：

1. 基本资料引自历次公债发行条例，具体见中国人民银行国库司编：《国家债券制度汇编（1949~1988年）》，北京，中国财政经济出版社，1989年，第1版；《国家债券国库券（1950~1991）》（北京，中国财政经济出版社，1986年，第1版）第52、104页有关数字计算得出。

2. 发行规模数字根据财政部综合计划司编《中国财政收支统计（1950~1988年）》北京，中国财政经济出版社，1989年，第1版，第1版。

附录三 改革开放后国债发行情况

1981～1999年国债发行情况

发行年份	类别	计息日	票面利率（%）		百元发行价格（元）	期限（年）	备注
			单位	个人			
1981	无记名国债	7.1	4	4	100	5～9	单位购买的于1988年以前到期部分，最长计息期九年（截至1990年6月30日），年利率4%，于1990年7月1日全部到期。个人购买部分到期一次还本付息，最长计息期九年（截至1990年6月30日），年利率4%，于1990年7月1日全部到期。
	无记名国债	7.1	4		100	11	单位购买的于1989年以前到期部分，推迟三年偿还，于1992年7月1日到期，计息期11年，年利率4%。
	无记名国债	7.1	4、8		100	12	单位购买的于1990年以前到期部分，转为1990年转换债，转换债期限五年，年利率8%，该部分债券于1993年7月1日提前偿还，计息期共计12年，利息分段计付：前三年（1981.7.1～1990.6.30）年利率4%，后三年（1990.7.1～1993.6.30）年利率8%。

续表

发行年份	类别	计息日	票面利率（%）		百元发行价格（元）	期限（年）	备注
			单位	个人			
1982	无记名国债	7.1		8	100	5~9	个人购买部分最长计息期为九年（截至1991年6月30日），于1991年7月1日全部到期。
	无记名国债	7.1	4		100	5~9	单位购买的于1988年以前到期的40%部分，最长计息期九年（截至1991年6月30日），于1991年7月1日全部到期。
	无记名国债	7.1	4		100	10	单位购买的于1989年到期的20%部分，推迟三年偿还，于1992年7月1日到期，计息期十年，年利率4%。
	无记名国债	7.1	4、8		100	11	单位购买的于1990年到期的20%部分，转为1990年转换债，转换债期限五年，该部分债券于1993年7月1日提前偿还，计息期共计11年，利息分段计付：（1982.7.1~1990.6.30）年利率4%，（1990.7.1~1993.6.30）年利率8%。
	无记名国债	7.1	4、8		100	11	单位购买的于1991年到期的20%部分，转为1991年转换债，转换债期限五年，该部分债券于1993年7月1日提前偿还，利息分段计付：（1982.7.1~1991.6.30）年利率4%，（1991.7.1~1993.6.30）年利率8%。
1983	无记名国债	7.1		8	100	5~9	个人购买部分最长计息期为九年（截至1992年6月30日），于1992年7月1日全部到期。

发行年份	类别	计息日	票面利率（%）单位	票面利率（%）个人	百元发行价格（元）	期限（年）	备注
1983	无记名国债	7.1	4		100	5～9	单位购买于1988年以前到期的20%部分，最长计息期九年（截至1992年6月30日），于1992年7月1日全部到期。
	无记名国债	7.1	4		100	9	单位购买于1989年的20%部分，推迟三年偿还，于1992年7月1日到期，计息期九年，年利率4%。
	无记名国债	7.1	4、8		100	10	单位购买的于1990年到期的20%部分，转为1990年转换债，转换债期限五年，年利率8%，该部分债券于1993年7月1日提前偿还，计息期分段计十年，利息期分段计付：前七年（1983.7.1～1990.6.30）年利率4%，后三年（1990.6.30～1993.6.30）年利率8%。
	无记名国债	7.1	4、8		100	10	单位购买的于1991年到期的20%部分，转为1991年转换债，转换债期限五年，年利率8%，该部分债券于1993年7月1日提前偿还，计息期分段计十年，利息期分段计付：前八年（1983.7.1～1991.7.1）年利率4%，后二年（1991.7.1～1993.6.30）年利率8%。
	无记名国债	7.1	4、8		100	10	单位购买于1992年到期的20%部分，转为1992年转换债，转换债期限五年，年利率8%，该部分债券于1993年7月1日提前偿还，计息期分段计十年，利息期分段计付：前九年（1983.7.1～1992.6.30）年利率4%，后一年（1992.6.30～1993.6.30）年利率8%。

发行年份	类别	计息日	票面利率（%）单位	票面利率（%）个人	百元发行价格（元）	期限（年）	备注
1984	无记名国债	7.1		8	100	5~9	个人购买部分最长计息期为九年（截至1993年6月30日），于1993年7月1日全部到期。
	无记名国债	7.1	4		100	8	单位购买的于1989年到期的20%部分，推迟三年偿还，于1992年7月1日到期，计息期八年，年利率4%。
	无记名国债	7.1	4、8		100	9	单位购买的于1990年到期的20%部分，转为1990年转换债，转换债期限五年，转换债券于1993年7月1日提前偿还，计息期共计九年，利息分段计付：（1984.7.1～1990.6.30）年利率4%，后三年（1990.7.1～1993.6.30）年利率8%。
	无记名国债	7.1	4、8		100	9	单位购买的于1991年到期的20%部分，转为1991年转换债，转换债期限五年，转换债券于1993年7月1日提前偿还，计息期共计九年，利息分段计付：（1984.7.1～1991.6.30）年利率4%，后二年（1991.7.1～1993.6.30）年利率8%。
	无记名国债	7.1	4、8		100	9	单位购买的于1992年到期的20%部分，转为1992年转换债，转换债期限五年，转换债券于1993年7月1日提前偿还，计息期共计九年，利息分段计付：（1984.7.1～1992.6.30）年利率4%，后一年（1992.7.1～1993.6.30）年利率8%。
	无记名国债	7.1	4		100	9	单位购买的于1993年到期的20%部分，计息期九年，利率4%，于1993年7月1日全部到期。

发行年份	类别	计息日	票面利率（%）单位	票面利率（%）个人	百元发行价格（元）	期限（年）	备注
1985	无记名国债	7.1		9	100	5	到期一次还本付息。
	无记名国债	7.1	5、8		100	10	单位购买的于1990年到期后转为1990年转换债，转换债期限五年，年利率8%，该债券于1995年7月1日到期偿还，计息期分段计付：前五年（1985.7.1～1990.6.30）年利率5%，后五年（1990.7.1～1995.6.30）年利率8%。
1986	无记名国债	7.1		10	100	5	到期一次还本付息。
	无记名国债	7.1	6、8		100	10	单位购买的于1991年到期后转为1991年转换债，转换债期限五年，年利率8%，该债券于1996年7月1日到期偿还，计息期分段计付：前五年（1986.7.1～1991.6.30）年利率6%，后五年（1991.7.1～1996.6.30）年利率8%。
	无记名国债	7.1		10	100	5	到期一次还本付息。
	无记名国债	7.1	6、8		100	10	单位购买的于1992年到期后转为1992年转换债，转换债期限五年，年利率8%，该债券于1997年7月1日到期偿还，计息期分段计付：前五年（1987.7.1～1992.6.30）年利率6%，后五年（1992.7.1～1997.6.30）年利率8%。
1987	国家重点建设债券	交款日		10.5	100	3	到期一次还本付息。
	国家重点建设债券	7.1	6、8		100	8	单位购买的于1990年到期后转为1990年转换债，转换债期限五年，年利率8%，该债券于1995年7月1日到期偿还，计息期分段计付：前三年（1987.7.1～1990.6.30）年利率6%，后五年（1990.7.1～1995.6.30）年利率8%。

续表

发行年份	类别	计息日	票面利率（%）单位	票面利率（%）个人	百元发行价格（元）	期限（年）	备注
1988	无记名国债	7.1		10	100	3	到期一次还本付息。
	无记名国债	7.1	6、8		100	8	单位购买的于1991年到期后转为1991年转换债，该债券于1996年7月1日到期偿还，利息分段计付：前三年（1988.7.1~1991.6.30）年利率6%，后五年（1991.7.1~1996.6.30）年利率8%。
	财政债券（五年期）	7.15	7.5		100	5	到期一次还本付息。
	财政债券（二年期）	7.15	8		100	7	该债券在1990年到期后延期偿还，推迟期为五年，于1995年7月15日到期偿还，计息期共七年，年利率8%。
1989	国家建设债券	交款日	9.5	9.5	100	2	到期一次还本付息。
	无记名国债	7.1	14		100	3	到期一次还本付息。
	保值公债	9.1	14.14		100	3	到期一次还本付息，到期保值贴补率为。
	特种国债	交款日	15		100	5	到期一次还本付息。
1990	无记名国债	7.1	14		100	3	到期一次还本付息。
	财政债券	8.15	10		100	5	到期一次还本付息。
	特种国债	交款日	10		100	5	到期一次还本付息。
1991	无记名国债	7.1	10		100	3	到期一次还本付息。
	财政债券	10.15	9		100	5	到期一次还本付息。
	特种国债	交款日	9		100	5	到期一次还本付息。

发行年份	类　别	计息日	票面利率（%）		百元发行价格（元）	期限（年）	备　注
			单位	个人			
1992	无记名国债（一期）	4.1		10.5	100	5	从1993年7月11日起保值，每百元利息为60元整。
	无记名国债（二期）	7.1		9.5	100	3	从1993年7月11日起保值，每百元利息为65.74元。
	财政债券	10.15		9	100	5	到期一次本付息。
1993	无记名国债（一期）	3.1		15.86	100	5	从1993年7月11日起保值，到期保值补率为零。
	无记名国债（二期）	3.1		13.96	100	3	从1993年7月11日起保值，每百元利息为71.99元。
	非实物国债	7.1		15.86	100	5	按年支付利息。
	财政债券	10.15		14	100	5	到期一次还本付息。
1994	记账式国债	1.25		9.8	100	0.5	不计入年度规模。
	记账式国债	2.7		11.98	100	1	到期一次本付息。
	无记名国债	4.1		13	100	2	到期一次本付息。
	凭证式国债	交款日		13.96	100	3	到期一次本付息，到期保值贴补率为零。
	特种定向债券	4.1		15.86	100	5	到期一次本付息，到期保值贴补率为零。
1995	无记名国债	3.1		14.5	100	3	到期一次还本付息。
	凭证式国债（一期）	交款日		14	100	3	到期一次本付息。
	凭证式国债（二期）	交款日		14	100	3	到期一次本付息。
	记账式国债	8.26		11.98	100	1	到期一次本付息。
	特种定向债券	7.1		15.86	100	5	到期一次本付息，到期保值贴补率为零。

发行年份	类别	计息日	票面利率（%）		百元发行价格（元）	期限（年）	备注
			单位	个人			
1996	无记名国债（一期）	3.10		14.5	100	3	到期一次还本付息。
	无记名国债（二期）	8.6		10.96	100	3	到期一次还本付息。
	凭证式国债	交款日		13.06	100	5	到期一次还本付息。
	记账式国债（一期）	1.12			89.2	1	贴现。
	记账式国债（二期）	2.12			95	0.5	贴现，不计入年度规模。
	记账式国债（三期）	3.15			97.58	1/4	贴现，不计入年度规模。
	记账式国债（四期）	4.2			89.25	1	贴现。
	记账式国债（五期）	6.14		11.83	100	10	按年支付利息。
	记账式国债（六期）	11.1		8.56	100	7	按年支付利息。
	特种定向债券	9.3		8.8	100	5	按年支付利息。
1997	无记名国债（一期）	5.1		9.18	100	3	到期一次还本付息。
	凭证式国债	购买日		8.64	100	2	
	凭证式国债	购买日		9.18	100	3	到期一次还本付息。
	凭证式国债	购买日		10.17	100	5	
	记账式国债（一期）	1.22			82.39	2	贴现。
	记账式国债（二期）	9.5		9.78	100	10	按年支付利息。
	特种定向债券	9.22		8.8	100	5	按年支付利息。

发行年份	类　别	计息日	票面利率（%）单位	个人	百元发行价格（元）	期限（年）	备注
	凭证式国债	购买日		7. 11 5. 85	100	3	到期一次还本付息。2月20日（含本日）至7月2日（含本日）为：三年期7.11%；五年期7.86%。
	凭证式国债	购买日		7. 86 6. 42	100	5	7月3日（含本日）11月30日（含本日）三年期国债利率为5.85%；五年期国债利率6.42%。
1998	记账式国债	12. 23		5. 01	100	7	按年支付利息。
	专项国债（记账一期）	5. 18		6. 8	100	7	按年支付利息。
	附息国债（一期）	9. 4		5. 5	100	10	按年支付利息。
	附息国债（二期）	12. 25		5. 2	100	10	按年支付利息。
	定向债券	11. 4		5. 68	100	5	按年支付利息。
	特种定向债券	11. 20		5. 85	100	5	按年支付利息。
1999	凭证式国债（一期）	购买日		4. 72	100	3	到期一次还本付息。
	凭证式国债（一期）	购买日		5. 13	100	5	
	凭证式国债（二期）	购买日		3. 02	100	3	
	凭证式国债（二期）	购买日		3. 25	100	5	
	凭证式国债（三期）	购买日		2. 78	100	3	
	凭证式国债（三期）	购买日		2. 97	100	5	

发行年份	类别	计息日	票面利率（%）		百元发行价格（元）	期限（年）	备注
			单位	个人			
1999	记账式国债（一期）	2.26		4.88	100	7	按年支付利息。
	记账式国债（二期）	4.29		4.72	100	10	按年支付利息。
	记账式国债（三期）	6.18		3.2	100	7	按年支付利息。
	记账式国债（四期）	7.13		2.72	100	3	按年支付利息。
	记账式国债（五期）	8.20		3.28	100	8	按年支付利息。
	记账式国债（六期）	9.3		Δ+0.3	100	10	浮动利率，按年支付利息。
	记账式国债（七期）	9.23		2.6	100	2	按年支付利息。
	记账式国债（八期）	9.23		3.3	100	10	按年支付利息。
	记账式国债（九期）	10.25		3.31	100	5	按年支付利息。
	记账式国债（十期）	11.10		Δ+0.6	100	7	浮动利率，按年支付利息。
	记账式国债（十一期）	11.25		3.32	100	5	按年支付利息。
	记账式国债（十二期）	12.17		2.92	100	3	按年支付利息。
	定向国债（一期）	8.13		Δ+0.5		7	浮动利率，按年支付利息。
	定向国债（二期）	10.15		3.5		5	按年支付利息。

说明：Δ＝本付息期起息日当日一年期银行存款利率。

资料来源：中国国债协会编：《2010年中国国债市场年报》，北京，中国财政经济出版社，2011年，第1版。

2000 年国债发行情况

品种	面值（亿元）	期限（年）	百元发行价格（元）	票面利率（%）	发行时间	发行对象
实际发行	4657.00					
一、凭证式	1900.00					
一期	100.00	2	100.000	2.55	3.1～4.20	全社会
	350.00	3	100.000	2.89		
	50.00	5	100.000	3.14		
二期	120.00	2	100.000	2.55	5.1～6.30	
	300.00	3	100.000	2.89		
	180.00	5	100.000	3.14		
三期	480.00	3	100.000	2.89	9.15～12.15	
	320.00	5	100.000	3.14		
二、记账式	2519.50					
一期	200.00	7	100.000	Δ＋0.65	2.24	银行间
二期	280.00	10	100.000	Δ＋0.55	4.18	银行间
三期	200.00	2	100.000	2.44	5.18	银行间
四期	140.00	10	100.000	Δ＋0.62	5.23	交易所
五期	200.00	5	100.000	3.00	6.21	银行间
六期	125.50	7	100.000	3.50	8.17	银行间
七期	200.00	10	100.000	Δ＋0.47	9.21	银行间
八期	102.00	5	100.000	3.40	10.20	银行间
九期	500.00	10	100.000	Δ＋0.30	10.31	国有独资银行
十期	120.00	7	100.000	Δ＋0.38	11.14	交易所
十一期	200.00	1	100.000	2.35	11.24	银行间
十二期	252.00	7	100.000	Δ＋0.60	12.20	银行间
三、定向国债	237.50					
一期	37.50	5	100.000	3.50	8.8	两金
二期	200.00	2	100.000	2.42	12.2	社保基金

说明：Δ＝本付息期起息日当日一年期银行存款利率。

资料来源：中国国债协会编：《2010 年中国国债市场年报》，北京，中国财政经济出版社，2011 年，第 1 版，第 125 页。

2001 年国债发行情况

品种	面值（亿元）	期限（年）	百元发行价格（元）	票面利率（%）	发行时间	发行对象
实际发行	4883.50					
一、凭证式	1800.00					
一期	480.00	3	100.000	2.89	3.1~4.30	全社会
	120.00	5	100.000	3.14		
一期续发	200.00	5	100.000	3.14	4.10~4.30	
二期	350.00	3	100.000	2.89	5.15~7.14	
	150.00	5	100.000	3.14		
三期	350.00	3	100.000	2.89	9.14~11.13	
	150.00	5	100.000	3.14		
二、记账式	3083.50					
一期	200.00	10	100.000	Δ+0.57	3.21	银行间
二期	200.00	3	100.000	2.88	4.18	银行间
三期	120.00	7	100.000	3.27	4.22	交易所
四期	120.00	15	100.000	4.69	6.4	交易所
五期	180.00	7	100.000	3.71	6.20	银行间
六期	200.00	5	100.000	3.36	7.11	银行间
七期	240.00	20	100.000	4.26	7.29	交易所
八期	200.00	2	100.000	2.46	8.3	银行间
九期	200.00	10	100.000	Δ+0.52	8.30	银行间
十期	200.00	10	100.000	2.95	9.22	交易所
十一期	160.00	20	100.000	3.85	10.22	银行间
十二期	200.00	10	100.000	3.05	10.28	交易所
十三期	200.00	5	100.000	2.86	11.26	银行间
十四期	200.00	7		2.90	12.10	银行间
十五期	200.00	7	100.000	3.00	12.16	交易所
十六期	263.50	3	100.000	2.51	12.19	银行间

说明：Δ＝本付息期起息日当日一年期银行存款利率。

资料来源：中国国债协会编：《2010 年中国国债市场年报》，北京，中国财政经济出版社，2011 年，第 1 版，第 126 页。

2002 年国债发行情况

品种	面值 （亿元）	期限 （年）	百元发行 价格（元）	票面利率 （％）	发行时间	发行对象
实际发行	5934.40					
一、凭证式	1473.00					
一期	420.00	3	100.000	2.42	3.10~5.9	全社会
	180.00	5	100.000	2.74		
	150.00	3	100.000	2.07		
二期	150.00	5	100.000	2.29	7.16~8.15	
	167.50	3	100.000	2.12		
	167.50	5	100.000	2.36		
三期	123.00	3	100.000	2.22	9.1~9.30	
	115.00	5	100.000	2.48		
四期	123.00	3	100.000	2.42	11.1~ 11.30	
	115.00	5	100.000	2.74		
二、记账式	4461.40					
一期	200.00	10	100.000	2.70	3.18	银行间
二期	360.00	5	100.000	2.22	4.10	银行间
三期	200.00	10	100.000	2.54	4.18	交易所
四期	260.00	2	100.000	1.90	5.10	银行间
五期	260.00	30	100.000	2.90	5.24	银行间
六期	255.00	7	100.000	2.00	6.6	银行间
	205.00	7	100.000	2.00		银行柜台
七期	260.00	3	100.000	1.90	6.20	银行间
八期	265.00	1	98.130	贴现	7.12	银行间
九期	173.30	10	100.000	2.70	7.19	银行间
十期	200.00	7	100.000	2.39	8.16	交易所
十一期	200.00	7	100.000	2.64	8.23	银行间
十二期	191.00	3	100.000	2.30	9.18	银行间
十三期	240.00	15	100.000	2.60	9.20	交易所
十四期	224.00	5	100.000	2.65	10.24	交易所
十五期	340.00	7	100.000	2.93	12.6	银行间、交易所
	260.00	7	100.000	2.93		银行柜台
十六期	368.10	2	99.880	2.30	12.16	银行间

资料来源：中国国债协会编：《2010 年中国国债市场年报》，北京，中国财政经济出版社，2011 年，第 1 版，第 127 页。

2003 年国债发行情况

品种	面值（亿元）	期限（年）	百元发行价格（元）	票面利率（%）	发行时间	发行对象
实际发行	6283.40					
一、凭证式	2504.60					
一期	300.00	3	100.000	2.32	2.20~3.31	全社会
	300.00	5	100.000	2.63		
二期	450.00	3	100.000	2.32	4.1~7.31	
	450.00	5	100.000	2.63		
三期	250.00	3	100.000	2.32	9.1~11.30	
	250.00	5	100.000	2.63		
四期	203.40	1	100.000	1.98	11.20~12.20	
	301.20	2	100.000	2.25		
二、记账式	3778.80					
一期①	700.00	7	100.000	2.66	2.19	跨市场
二期	260.00	10	100.000	2.80	4.9	银行间
三期	260.00	20	102.140	3.40	4.17	证交所
四期	260.00	5	100.000	2.45	4.24	银行间
五期②	260.00	3	100.340	2.32	6.23	银行间
六期	260.00	5	100.000	2.53	7.25	银行间
七期	460.00	7	100.000	2.66	8.20	跨市场
八期	163.80	10	98.00	3.02	9.17	证交所
九期	220.00	15	100.000	4.18	10.24	银行间
十期	220.00	2	100.000	2.77	11.10	银行间
十一期	360.00	7	100.000	3.50	11.19	跨市场
十二期	255.00	1	97.510	贴现	12.11	银行间
十三期	100.00	3 个月	99.410	贴现	12.29	银行间

说明：

① 记账式一期国债于 5 月 22 日续发行 350 亿元（面值），加权平均承销价格为每百元面值 100.92 元。

② 记账式五期国债缴款日为 9 月 23 日，承销价格为含息全价。

资料来源：中国国债协会编：《2010 年中国国债市场年报》，北京，中国财政经济出版社，2011 年，第 1 版，第 128 页。

2004 年国债发行情况

品种	面值（亿元）	期限（年）	百元发行价格（元）	票面利率（%）	发行时间	发行对象
实际发行	6924.30					
一、凭证式	2510.40					
一期	315.00	3	100.000	2.52	3.1~3.31	全社会
	135.00	5	100.000	2.83		
二期	679.40	3	100.000	2.52	4.1~5.31	全社会
	286.10	5	100.000	2.83		
三期（电子）	237.00	2	100.000	2.40	6.10~6.25	个人
四期	350.00	3	100.000	2.65	7.1~8.31	社会
	150.00	5	100.000	3.00		
五期（电子）	157.90	2	100.000	2.40	9.6~9.17	个人
六期①	140.00	3	100.000	2.65、3.37	10.1~11.30	社会
	60.00	5	100.000	3.00、3.81		
二、记账式	4413.90					
一期	381.60	1	97.700	贴现	2.19	跨市场
二期	267.60	3	100.000	3.20	4.9	银行间
三期	304.60	5	100.000	4.42	4.17	跨市场
四期	367.50	7	100.000	4.89	4.24	跨市场（柜台）
五期	332.30	2	93.760	贴现	6.23	跨市场
2001 年五期续发	270.00	3 年 11 个月	98.660	3.71	7.25	银行间
2004 年三期续发	337.00	4 年 9 个月	101.530	4.42	8.20	跨市场
六期	242.40	10	100.000	4.86	9.17	银行间
七期	372.90	7	100.000	4.71	10.24	跨市场（柜台）
2004 年五期续发	303.00	1 年 9 个月	94.590	贴现	11.10	跨市场
八期	336.10	5	100.000	4.30	11.19	跨市场
九期	253.20	3 个月	99.414	贴现	12.11	银行间
十期	389.10	7	100.000	4.86		跨市场（柜台）
十一期	256.60	2	100.000	2.98	12.29	跨市场

说明：①由于中国人民银行 10 月 29 日上调金融机构存贷款利率，2004 年凭证式（六期）国债的票面利率调整如下：10 月 29 日（含当日）后购买的本期国债，其持有到期票面利率三年期上调至 3.37%，五年期上调至 3.81%；10 月 29 日（不含当日）前购买的本期国债，其持有到期票面利率仍按原规定执行，即三年期 2.65%，五年期 3.00%。

资料来源：中国国债协会编：《2010 年中国国债市场年报》，北京，中国财政经济出版社，2011 年，第 1 版，第 129 页。

2005 年国债发行情况

品种	面值（亿元）	期限（年）	百元发行价格（元）	票面利率（%）	发行时间	发行对象
实际发行	7042.00					
一、凭证式	2000.00					
一期	245.00	3	100.000	3.37	3.1～3.31	全社会
	105.00	5	100.000	3.81		
二期	245.00	3	100.000	3.37	4.10～4.30	
	105.00	5	100.000	3.81		
三期	350.00	3	100.000	3.37	5.1～6.30	
	150.00	5	100.000	3.81		
四期	210.00	3	100.000	3.24	8.1～9.30	
	90.00	5	100.000	3.60		
五期	350.00	3	100.000	3.24	10.15～11.30	
	150.00	5	100.000	3.60		
二、记账式	5042.00					
一期	300.00	10	100.000	4.44	2.28	跨市场
二期	300.00	1	97.930	贴现	3.15	跨市场
三期	333.90	5	100.000	3.30	4.26	跨市场
四期	339.20	20	100.000	4.11	5.15	跨市场
五期	337.80	7	100.000	3.37	5.25	跨市场（柜台）
六期	353.80	1	98.619	贴现	6.15	跨市场
七期	350.80	2	100.000	1.58	7.15	跨市场
八期	324.50	3	100.000	1.93	8.15	跨市场
九期	319.40	7	100.000	2.83	8.25	跨市场（柜台）
十期	331.70	1	98.870	贴现	9.15	跨市场
十一期	333.50	5	100.000	2.14	10.20	跨市场
十二期	344.10	15	100.000	3.65	11.15	跨市场
十三期	328.40	7	100.000	3.01	11.25	跨市场（柜台）
十四期	333.90	2	100.000	1.75	12.15	跨市场
十五期	411.00	1/4	99.662	贴现	12.26	跨市场

资料来源：中国国债协会编：《2010 年中国国债市场年报》，北京，中国财政经济出版社，2011 年，第 1 版，第 130 页。

2006 年国债发行情况

品种	面值（亿元）	期限（年）	百元发行价格（元）	票面利率（%）	发行时间	发行对象
实际发行	8883.30					
一、凭证式	1950.00					
一期	420.00	3	100.000	3.14	3.1～3.31	全社会
	180.00	5	100.000	3.49		
二期	280.00	3	100.000	3.14	4.1～4.30	
	120.00	5	100.000	3.49		
三期	280.00	3	100.000	3.14	6.1～6.30	
	120.00	5	100.000	3.49		
四期	280.00	3	100.000	3.39	9.1～9.30	
	120.00	5	100.000	3.81		
五期	105.00	3	100.000	3.39	11.10～11.30	
	45.00	5	100.000	3.81		
二、记账式	6533.30					
一期	330.00	7	100.000	2.51	2.27	跨市场（含柜台）
二期	330.00	1/4	99.665	贴现	3.16	跨市场
三期	340.00	10	100.000	2.80	3.27	跨市场
四期	309.60	3	100.000	2.12	4.17	跨市场
五期	308.00	5	100.000	2.40	5.16	跨市场
六期	305.60	7	100.000	2.62	5.25	跨市场（含柜台）
七期	300.00	1/4	99.597	贴现	6.6	跨市场
八期	325.70	1	100.000	1.92	6.15	跨市场
九期	310.90	20	100.000	3.70	6.26	跨市场
十期	319.80	3	100.000	2.34	7.17	跨市场
十一期	300.00	1/2	98.941	贴现	7.25	跨市场
十二期	300.00	5	100.000	2.72	8.15	跨市场
十三期	331.10	7	100.000	2.89	8.31	跨市场（含柜台）
十四期	300.00	1/4	99.558	贴现	9.5	跨市场
十五期	306.10	1	100.000	1.96	9.15	跨市场
十六期	300.00	10	100.000	2.92	9.26	跨市场

品种	面值（亿元）	期限（年）	百元发行价格（元）	票面利率（%）	发行时间	发行对象
十七期	310.60	3	100.000	2.29	10.16	跨市场
十八期	300.00	5	100.000	2.48	10.25	跨市场
十九期	300.00	15	100.000	3.27	11.15	跨市场
二十期	345.90	7	100.000	2.91	11.27	跨市场（含柜台）
二十一期	260.00	3个月	99.492	贴现	12.14	跨市场
三、储蓄国债（电子式）	400.00					
一期	150.00	3	100.000	3.14	7.1~7.15	个人
二期	250.00	3	100.000	3.39	10.16~10.31	个人

资料来源：中国国债协会编：《2010年中国国债市场年报》，北京，中国财政经济出版社，2011年，第1版，第131页。

2007年国债发行情况

品种	面值（亿元）	期限（年）	百元发行价格（元）	票面利率（%）	发行时间	发行对象
实际发行	23483.44					
一、凭证式	1600.00					
一期①	210.00	3	100.000	3.39、3.66	3.1~3.17/	
	90.00	5	100.000	3.81、4.08	3.18~3.31	
二期	350.00	3	100.000	3.660	4.1~4.30	
	150.00	5	100.000	4.080		
三期②	210.00	3	100.000	3.66、4.11	5.10~5.18/	全社会
	90.00	5	100.000	4.08、4.62	5.19~5.31	
四期③	160.00	3	100.000	5.2、5.47	9.6~9.14/	
	40.00	5	100.000	5.74、6.01	9.15~9.30	
五期	240.00	3	100.000	5.740	12.5~12.20	
	60.00	5	100.000	6.340		
二、记账式	6347.20					
一期	300.00	7	100.000	2.93	2.6	银行间、交易所（柜台）

品种	面值（亿元）	期限（年）	百元发行价格（元）	票面利率（%）	发行时间	发行对象
二期	260.00	1	100.000	2.10	3.15	银行间、交易所（柜台）
三期	300.00	10	100.000	3.40	3.22	银行间、交易所（柜台）
四期	306.00	3	100.000	2.77	4.16	银行间、交易所（柜台）
五期	300.00	5	100.000	3.18	4.23	银行间、交易所
六期	300.00	30	100.000	4.27	5.17	银行间、交易所
七期	337.80	7	100.000	3.74	5.24	银行间、交易所（柜台）
八期	300.00	1/4	99.440	贴现	6.7	银行间、交易所
九期	301.50	1	100.000	2.61	6.14	银行间、交易所（柜台）
十期	350.70	10	100.000	4.40	6.25	银行间、交易所（柜台）
十一期	383.80	3	100.000	3.53	7.16	银行间、交易所（柜台）
十二期	280.00	1/2	98.653	贴现	7.26	银行间、交易所
十三期	280.00	20	100.000	4.52	8.16	银行间、交易所
十四期	326.90	7	100.000	3.90	8.23	银行间、交易所（柜台）
十五期	280.00	1/4	99.411	贴现	9.6	银行间、交易所
十六期	280.00	1	100.000	2.95	9.13	银行间、交易所（柜台）
十一期续发	295.80	3	100.900	3.53	10.15	银行间、交易所（柜台）
十七期	280.00	5	100.000	4.00	10.22	银行间、交易所
十八期	324.70	7	100.000	4.35	11.26	银行间、交易所（柜台）
十九期	300.00	1/4	99.203	贴现	12.6	银行间、交易所
二十期	260.00	1	100.000	3.660	12.13	银行间、交易所（柜台）

品种	面值（亿元）	期限（年）	百元发行价格（元）	票面利率（%）	发行时间	发行对象
三、特别国债	15502.28					
一期	6000.00	10	100.000	4.30	8.29	银行间
二期	319.70	15	100.000	4.68	9.18	银行间（柜台）
三期	350.90	10	100.000	4.46	9.24	银行间（柜台）
四期	363.20	15	100.000	4.55	9.29	银行间（柜台）
五期	349.70	10	100.000	4.49	11.5	银行间（柜台）
六期	355.60	15	100.000	4.69	11.19	银行间（柜台）
七期	7500.00	15	100.000	4.45	12.11	银行间
八期	263.18	10	100.000	4.41	12.17	银行间（柜台）
四、储蓄国债（电子式）	33.96					
一期	33.96	2	100.000	3.42	6.11~6.30	个人

说明：

① 由于中国人民银行3月18日上调金融机构存贷款利率，2007年凭证式（一期）国债的票面利率调整如下：3月18日（含当日）后购买的本期国债，其持有到期票面利率三年期上调至3.66%，五年期上调至4.08%；3月18日（不含当日）前购买的本期国债，其持有到期票面利率仍按原规定执行，即三年期3.39%，五年期3.81%。

② 由于中国人民银行5月19日上调金融机构存贷款利率，2007年凭证式（三期）国债的票面利率调整如下：5月19日（含当日）后购买的本期国债，其持有到期票面利率三年期上调至4.11%，五年期上调至4.62%；5月19日（不含当日）前购买的本期国债，其持有到期票面利率仍按原规定执行，即三年期3.66%，五年期4.08%。

③ 由于中国人民银行9月15日上调金融机构存贷款利率，2007年凭证式（四期）国债的票面利率调整如下：9月15日（含当日）后购买的本期国债，其持有到期票面利率三年期上调至5.47%，五年期上调至6.01%；9月15日（不含当日）前购买的本期国债，其持有到期票面利率仍按原规定执行，即三年期5.2%，五年期5.74%。

资料来源：中国国债协会编：《2010年中国国债市场年报》，北京，中国财政经济出版社，2011年，第1版，第132~133页。

2008 年国债发行情况

品种	面值（亿元）	期限（年）	百元发行价格（元）	票面利率（%）	发行时间	发行对象
实际发行	23483.44					
一、凭证式	1300.00					
一期	240.00	3	100.000	5.74	3.1~3.17/	
	60.00	5	100.000	6.34	3.18~3.31	全社会
二期	320.00	3	100.000	5.74	4.1~4.30	
	80.00	5	100.000	6.34		

品种	面值 （亿元）	期限 （年）	百元发行 价格（元）	票面利率 （%）	发行时间	发行对象
三期	140.00	3	100.000	5.74	5.10～5.18/ 5.19～5.31	
	60.00	5	100.000	6.34		
四期	140.00	3	100.000	5.74	9.6～9.14/ 9.15～9.30	全社会
	60.00	5	100.000	6.34		
五期①	140.00	3	100.000	5.53、5.17	12.5～ 12.20	
	60.00	5	100.000	5.98、5.53		
二、储蓄国债 （电子式）	593.21					
一期	243.21	3	100.000	5.74	5.16～5.31	个人
二期	150.00	3	100.000	5.74	9.16～9.30	个人
三期	200.00	3	100.000	5.17	11.25～12.4	个人
三、记账式	6665.00					
一期	289.70	7	100.000	3.95	2.13	银行间、交易所 （柜台）
二期	280.00	15	100.000	4.16	2.28	银行间、交易所
三期	279.40	10	100.000	4.07	3.20	银行间、交易所 （柜台）
四期	260.70	3	100.000	3.56	4.14	银行间、交易所 （柜台）
五期	280.00	5	100.000	3.69	4.21	银行间、交易所
六期	280.00	30	100.000	4.50	5.8	银行间、交易所
七期	271.50	7	100.000	4.01	5.19	银行间、交易所 （柜台）
八期	280.00	1/4	99.222	贴现	5.26	银行间、交易所
九期	271.10	1	100.000	3.42	6.10	银行间、交易所 （柜台）
十期	266.50	10	100.000	4.41	6.23	银行间、交易所 （柜台）
十一期	245.90	3	100.000	3.92	7.14	银行间、交易所 （柜台）
十二期	260.00	1/2	98.348	贴现	7.24	银行间、交易所
十三期	240.00	20	100.000	4.94	8.11	银行间、交易所

品种	面值（亿元）	期限（年）	百元发行价格（元）	票面利率（%）	发行时间	发行对象
十四期	266.00	7	100.000	4.23	8.18	银行间、交易所（柜台）
十五期	200.00	1/4	99.216	贴现	8.25	银行间、交易所
十六期	259.90	1	100.000	3.34	9.8	银行间、交易所（柜台）
十七期	260.00	5	100.000	3.69	9.16	银行间、交易所
十八期	243.60	10	100.000	3.68	9.22	银行间、交易所（柜台）
十九期	233.80	3	100.000	2.64	10.13	银行间、交易所（柜台）
二十期	240.00	30	100.000	3.91	10.23	银行间、交易所
二十一期	240.00	1/4	99.515	贴现	11.13	银行间、交易所
二十二期	225.00	7	100.000	2.71	11.24	银行间、交易所（柜台）
二十三期	240.00	15	100.000	3.62	11.26	银行间、交易所
二十四期	238.20	1	100	1.28	12.8	银行间、证交所（柜台）
二十五期	253.70	10	100	2.90	12.15	银行间、证交所（柜台）
二十六期	260.00	5	100	1.77	12.18	银行间、交易所

说明：①由于中国人民银行 10 月 30 日下调金融机构存贷款利率，2008 年凭证式（五期）国债的票面利率调整如下：10 月 30 日（含当日）后购买的本期国债，其持有到期票面利率三年期下调至 5.17%，五年期下调至 5.53%；10 月 30 日（不含当日）前购买的本期国债，其持有到期票面利率仍按原规定执行，即三年期 5.53%，五年期 5.98%。

资料来源：中国国债协会编：《2010 年中国国债市场年报》，北京，中国财政经济出版社，2011 年，第 1 版，第 134~135 页。

2009 年国债发行情况

品种	面值（亿元）	期限	百元发行价格（元）	票面利率（%）	发行时间	发行对象
实际发行	16229.21					
一、凭证式	2000.00					
一期	210.00	3 年	100.000	3.73	3.16~3.25	全社会
	90.00	5 年	100.000	4.00		

品种	面值（亿元）	期限	百元发行价格（元）	票面利率（%）	发行时间	发行对象
二期	400.00	3 年	100.000	3.73	5.11~5.25	全社会
	100.00	5 年	100.000	4.00		
三期	400.00	3 年	100.000	3.73	6.15~6.30	
	100.00	5 年	100.000	4.00		
四期	200.00	1 年	100.000	2.60	8.17~8.31	
	200.00	3 年	100.000	3.73		
五期	150.00	1 年	100.000	2.60	10.15~10.31	
	150.00	3 年	100.000	3.73		
二、储蓄国债（电子式）	1511.11					
一期	258.98	3 年	100.000	3.73	4.10~4.19	个人
二期	52.13	5 年	100.000	4.00	4.10~4.19	个人
三期	400.00	3 年	100.000	3.73	7.15~7.31	个人
四期	100.00	5 年	100.000	4.00	7.15~7.31	个人
五期	200.00	1 年	100.000	2.60	9.15~9.29	个人
六期	200.00	3 年	100.000	3.73	9.15~9.29	个人
七期	150.00	1 年	100.000	2.60	11.20~12.6	个人
八期	150.00	3 年	100.000	3.73	11.20~12.6	个人
三、记账式附息	8831.70					
一期	269.30	7 年	100.000	2.76	2.12	银行间、交易所（柜台）
二期	220.00	20 年	100.000	3.86	2.19	银行间、交易所
三期	260.00	10 年	100.000	3.05	3.12	银行间、交易所（柜台）
四期	273.10	5 年	100.000	2.29	4.2	银行间、交易所（柜台）
五期	220.00	30 年	100.000	4.02	4.9	银行间、交易所
六期	252.10	7 年	100.000	2.82	4.16	银行间、交易所（柜台）
七期	277.60	10 年	100.000	3.02	5.7	银行间、交易所（柜台）
八期	285.90	1 年	100.000	0.89	5.14	银行间、交易所（柜台）

品种	面值（亿元）	期限	百元发行价格（元）	票面利率（%）	发行时间	发行对象
九期	273.00	3年	100.000	1.55	5.21	银行间、交易所（柜台）
十期	295.00	5年	100.000	2.26	6.4	银行间、交易所（柜台）
十一期	280.00	15年	100.000	3.69	6.11	银行间、交易所
十二期	282.70	10年	100.000	3.09	6.18	银行间、交易所（柜台）
十三期	280.00	7年	100.000	2.82	6.25	银行间、交易所（柜台）
四期续①	291.20	5年	100.000	2.29	7.6	银行间、交易所（柜台）
十四期	275.20	1年	100.000	1.06	7.9	银行间、交易所（柜台）
十五期	280.00	3年	100.000	2.22	7.16	银行间、交易所（柜台）
十六期	283.00	10年	100.000	3.48	7.23	银行间、交易所（柜台）
十七期	260.00	7年	100.000	3.15	7.30	银行间、交易所（柜台）
十八期	275.80	5年	100.000	2.97	8.6	银行间、交易所（柜台）
十九期	267.30	7年	100.000	3.17	8.20	银行间、交易所（柜台）
二十期	260.00	20年	100.000	4.00	8.27	银行间、交易所
二十一期	285.40	1年	100.000	1.46	9.3	银行间、交易所（柜台）
二十二期	268.60	3年	100.000	2.18	9.10	银行间、交易所（柜台）
二十三期	266.40	10年	100.000	3.44	9.17	银行间、交易所（柜台）
二十四期	268.00	5年	100.000	2.90	9.24	银行间、交易所（柜台）

品种	面值（亿元）	期限	百元发行价格（元）	票面利率（%）	发行时间	发行对象
二十五期	240.00	30 年	100.000	4.18	10.15	银行间、交易所
二十六期	274.90	7 年	100.000	3.40	10.22	银行间、交易所（柜台）
二十七期	272.40	10 年	100.000	3.68	11.5	银行间、交易所（柜台）
二十八期	273.40	1 年	100.000	1.44	11.12	银行间、交易所（柜台）
二十九期	276.30	3 年	100.000	2.42	11.19	银行间、交易所（柜台）
三十期	200.00	50 年	100.000	4.30	11.30	银行间、交易所
三十一期	273.90	5 年	100.000	2.90	12.3	银行间、交易所（柜台）
三十二期	271.20	7 年	100.000	3.22	12.17	银行间、交易所（柜台）
四、记账式贴现	3886.40					
一期	150.00	91 天	99.795	贴现	4.13	银行间、交易所
二期	200.00	273 天	99.314	贴现	4.13	银行间、交易所
三期	150.00	91 天	99.789	贴现	4.27	银行间、交易所
四期	150.00	182 天	99.552	贴现	4.27	银行间、交易所
五期	150.00	91 天	99.793	贴现	5.11	银行间、交易所
六期	150.00	91 天	99.799	贴现	5.25	银行间、交易所
七期	150.00	182 天	99.582	贴现	5.25	银行间、交易所
八期	150.00	91 天	99.801	贴现	6.8	银行间、交易所
九期	200.00	273 天	99.349	贴现	6.8	银行间、交易所
十期	150.00	91 天	99.797	贴现	6.22	银行间、交易所
十一期	150.00	182 天	99.581	贴现	6.22	银行间、交易所
十二期	124.80	91 天	99.720	贴现	7.13	银行间、交易所
十三期	126.50	273 天	99.077	贴现	7.13	银行间、交易所
十四期	185.10	182 天	99.217	贴现	7.20	银行间、交易所
十五期	100.00	91 天	99.674	贴现	8.10	银行间、交易所
十六期	150.00	273 天	99.796	贴现	8.10	银行间、交易所

品种	面值 （亿元）	期限	百元发行 价格（元）	票面利率 （%）	发行时间	发行对象
十七期	150.00	182 天	99.313	贴现	8.24	银行间、交易所
十八期	100.00	91 天	99.710	贴现	9.7	银行间、交易所
十九期	150.00	273 天	99.992	贴现	9.7	银行间、交易所
二十期	150.00	182 天	99.344	贴现	9.21	银行间、交易所
二十一期	150.00	91 天	99.697	贴现	10.12	银行间、交易所
二十二期	150.00	182 天	99.337	贴现	10.26	银行间、交易所
二十三期	150.00	91 天	99.702	贴现	11.9	银行间、交易所
二十四期	150.00	273 天	99.979	贴现	11.23	银行间、交易所
二十五期	150.00	91 天	99.708	贴现	12.7	银行间、交易所
二十六期	150.00	182 天	99.355	贴现	12.21	银行间、交易所

说明：①本期国债实际续发行面值金额为291.2亿元，其中计划续发行280亿元，根据有关规定甲类成员追加认购11.2亿元。本期国债续发行采用多种价格（混合式）招标方式，标的为价格，经投标确定的续发行价格为99.69元，折合年收益率为2.50%。本期国债续发行部分从7月10日起与原发行部分273.1亿元合并上市交易。

资料来源：中国国债协会编：《2010年中国国债市场年报》，北京，中国财政经济出版社，2011年，第1版，第136~138页。

2010 年国债发行情况

品种	面值 （亿元）	期限	百元发行 价格（元）	票面利率 （%）	发行时间	发行对象
实际发行	17778.17					
一、储蓄国债 （凭证式）	1900.00					
一期	250.00	1 年	100.000	2.60	3.1~3.17/ 3.18~3.31	
	250.00	3 年	100.000	3.73		
二期	200.00	1 年	100.000	2.60	4.1~4.30	
	200.00	3 年	100.000	3.73		
三期	200.00	1 年	100.000	2.60	5.10~5.18/ 5.19~5.31	全社会
	200.00	3 年	100.000	3.73		
四期	200.00	1 年	100.000	2.60	9.6~9.14/ 9.15~9.30	
	200.00	3 年	100.000	3.73		
五期	40.00	1 年	100.000	2.85	12.5~12.20	
	100.00	3 年	100.000	4.25		
	60.00	5 年	100.000	4.60		

品种	面值（亿元）	期限	百元发行价格（元）	票面利率（%）	发行时间	发行对象
二、储蓄国债（电子式）	1296.27					
一期	200.00	1 年	100.000	2.60	4.10~4.25	个人
二期	200.00	3 年	100.000	3.73		
三期	200.00	1 年	100.000	2.60	6.12~6.26	个人
四期	100.00	3 年	100.000	3.73		
五期	120.00	1 年	100.000	2.60	8.16~8.29	个人
六期	80.00	3 年	100.000	3.73		
七期	43.66	1 年	100.000	2.60	10.15~10.19	个人
八期	52.61	3 年	100.000	3.73		
九期	60.00	1 年	100.000	2.85	11.15~11.28	个人
十期	150.00	3 年	100.000	4.25		
十一期	90.00	5 年	100.000	4.60		
三、记账式附息	11472.50					
一期	260.00	2 年	100.000	2.01	1.28	银行间、交易所
二期	260.00	10 年	100.000	3.43	2.4	银行间、交易所（柜台）
三期	240.00	30 年	100.000	4.08	3.1	银行间、交易所
四期	260.00	1 年	100.000	1.44	3.4	银行间、交易所（柜台）
五期	260.00	7 年	100.000	2.92	3.11	银行间、交易所（柜台）
六期	260.00	3 年	100.000	2.23	3.18	银行间、交易所（柜台）
七期	260.00	10 年	100.000	3.36	3.25	银行间、交易所（柜台）
八期	280.40	5 年	100.000	2.70	4.8	银行间、交易所（柜台）
九期	280.00	20 年	100.000	3.96	4.15	银行间、交易所
十期	305.20	7 年	100.000	3.01	4.22	银行间、交易所（柜台）

品种	面值 （亿元）	期限	百元发行 价格（元）	票面利率 （％）	发行时间	发行对象
十一期	266.70	1 年	100.000	1.49	4.29	银行间、交易所 （柜台）
十二期	296.00	10 年	100.000	3.25	5.13	银行间、交易所 （柜台）
十三期	280.00	5 年	100.000	2.38	5.20	银行间、交易所 （柜台）
十四期	280.00	50 年	100.000	4.03	5.24	银行间、交易所
十五期	283.10	7 年	100.000	2.83	5.27	银行间、交易所 （柜台）
十六期	280.00	3 年	100.000	2.33	6.3	银行间、交易所 （柜台）
十七期	280.00	5 年	100.000	2.53	6.10	银行间、交易所 （柜台）
十八期	280.00	30 年	100.000	4.03	6.21	银行间、交易所
十九期	280.10	10 年	100.000	3.41	6.24	银行间、交易所 （柜台）
二十期	299.70	5 年	100.000	2.52	7.8	银行间、交易所 （柜台）
二十一期	300.10	1 年	100.000	1.87	7.15	银行间、交易所 （柜台）
二十二期	281.90	7 年	100.000	2.76	7.22	银行间、交易所 （柜台）
二十三期	280.00	30 年	100.000	3.96	7.29	银行间、交易所
二十四期	304.40	10 年	100.000	3.28	8.5	银行间、交易所 （柜台）
二十五期	280.00	3 年	100.000	2.30	8.12	银行间、交易所 （柜台）
二十六期	280.00	30 年	100.000	3.96	8.16	银行间、交易所
二十七期	280.00	7 年	100.000	2.81	8.19	银行间、交易所 （柜台）
二十八期	282.20	5 年	100.000	2.58	8.26	银行间、交易所 （柜台）

品种	面值（亿元）	期限	百元发行价格（元）	票面利率（%）	发行时间	发行对象
二十九期	280.00	20 年	100.000	3.82	9.2	银行间、交易所
三十期	205.40	1 年	100.000	1.87	9.9	银行间、交易所（柜台）
三十一期	282.60	10 年	100.000	3.29	9.16	银行间、交易所（柜台）
三十二期	287.10	7 年	100.000	3.10	10.14	银行间、交易所（柜台）
三十三期	280.00	5 年	100.000	2.91	10.21	银行间、交易所（柜台）
三十四期	299.90	10 年	100.000	3.67	10.28	银行间、交易所（柜台）
三十五期	280.00	3 年	100.000	2.68	11.4	银行间、交易所（柜台）
三十六期	282.10	1 年	100.000	2.15	11.11	银行间、交易所（柜台）
三十七期	280.00	50 年	100.000	4.40	11.18	银行间、交易所
三十八期	306.40	7 年	100.000	3.83	11.25	银行间、交易所（柜台）
三十九期	321.40	5 年	100.000	3.64	12.2	银行间、交易所（柜台）
四十期	280.00	30 年	100.000	4.23	12.9	银行间、交易所
四十一期	307.80	10 年	100.000	3.77	12.16	银行间、交易所（柜台）
四、记账式贴现	3109.40			折合年收益率（%）		
一期	142.50	91 天	99.690	1.28	4.12	银行间、交易所
二期	158.10	273 天	98.868	1.54	4.12	银行间、交易所
三期	150.00	182 天	99.283	1.46	4.19	银行间、交易所
四期	150.00	182 天	99.246	1.54	5.17	银行间、交易所
五期	173.70	273 天	98.738	1.72	5.17	银行间、交易所
六期	114.50	91 天	99.548	1.91	6.14	银行间、交易所
七期	177.50	273 天	98.511	2.05	6.14	银行间、交易所

品种	面值（亿元）	期限	百元发行价格（元）	票面利率（%）	发行时间	发行对象
八期	200.00	182 天	99.059	1.93	7.12	银行间、交易所
九期	200.00	182 天	99.121	1.80	7.26	银行间、交易所
十期	100.00	273 天	98.620	1.88	8.9	银行间、交易所
十一期	200.00	182 天	99.108	1.82	8.23	银行间、交易所
十二期	100.00	91 天	99.600	1.65	9.13	银行间、交易所
十三期	200.00	182 天	99.074	1.89	9.20	银行间、交易所
十四期	280.00	91 天	99.542	1.89	10.25	银行间、交易所
十五期	280.00	91 天	99.544	1.88	11.1	银行间、交易所
十六期	100.00	182 天	99.005	2.04	11.15	银行间、交易所
十七期	115.50	91 天	99.337	2.74	11.29	银行间、交易所
十八期	100.00	273 天	97.931	2.85	12.13	银行间、交易所
十九期	167.60	91 天	99.111	3.68	12.27	银行间、交易所

资料来源：中国国债协会编：《2010 年中国国债市场年报》，中国财政经济出版社，2011 年，第 1 版，第 139~140 页。

2011 年国债发行情况

品种	面值（亿元）	期限	百元发行价格（元）	票面利率（%）	发行时间	发行对象
实际发行	15446.50					
一、储蓄国债（凭证式）	1900.00					
一期	120.00	1 年	100.000	3.45	3.1~3.21	全社会
	300.00	3 年	100.000	5.18		
	180.00	5 年	100.000	5.75		
二期	60.00	1 年	100.000	3.70	6.10~6.23	
	150.00	3 年	100.000	5.43		
	90.00	5 年	100.000	6.00		
三期	60.00	1 年	100.000	3.85	8.10~8.23	
	150.00	3 年	100.000	5.58		
	90.00	5 年	100.000	6.15		
四期	20.00	1 年	100.000	3.85	11.10~11.23	
	100.00	3 年	100.000	5.58		
	80.00	5 年	100.000	6.15		

品种	面值（亿元）	期限	百元发行价格（元）	票面利率（%）	发行时间	发行对象
二、储蓄国债（电子式）	1600.00					
一期	100.00	1 年	100.000	3.70	4.15～4.28	个人
二期	250.00	3 年	100.000	5.43		
三期	150.00	5 年	100.000	6.00		
四期	60.00	1 年	100.000	3.70	5.10～5.23	个人
五期	150.00	3 年	100.000	5.43		
六期	90.00	5 年	100.000	6.00		
七期				因加息停止发行（详见财政部公告 2011 第 38 号）		
八期						
九期						
十期	40.00	1 年	100.000	3.85	7.25～7.31	个人
十一期	100.00	3 年	100.000	5.58		
十二期	60.00	5 年	100.000	6.15		
十三期	60.00	1 年	100.000	3.85	9.10～9.23	个人
十四期	150.00	3 年	100.000	5.58		
十五期	90.00	5 年	100.000	6.15		
十六期	30.00	1 年	100.000	3.85	10.15～10.27	个人
十七期	150.00	3 年	100.000	5.58		
十八期	120.00	5 年	100.000	6.15		
三、记账式附息	11832.60					
一期	300.00	1 年	100.000	2.81	1.13	银行间、交易所（柜台）
二期	300.00	10 年	100.000	3.94	1.20	银行间、交易所（柜台）
三期	300.00	7 年	100.000	3.83	1.27	银行间、交易所（柜台）
四期	300.00	5 年	100.000	3.60	2.17	银行间、交易所（柜台）
五期	280.00	30 年	100.000	4.31	2.24	银行间、交易所
六期	300.00	7 年	100.000	3.75	3.3	银行间、交易所（柜台）

品种	面值（亿元）	期限	百元发行价格（元）	票面利率（%）	发行时间	发行对象
七期	280.00	3 年	100.000	3.22	3.10	银行间、交易所（柜台）
八期	300.00	10 年	100.000	3.83	3.17	银行间、交易所（柜台）
九期	300.00	1 年	100.000	2.80	3.24	银行间、交易所（柜台）
续四期	339.70	5 年	101.430	3.60	4.14	银行间、交易所（柜台）
续一期	200.00	1 年	100.781	2.81	4.18	银行间、交易所（柜台）
续七期	300.00	3 年	100.540	3.22	4.21	银行间、交易所（柜台）
十期	300.00	20 年	100.000	4.15	4.28	银行间、交易所
十一期	301.80	1 年	100.000	2.77	5.5	银行间、交易所（柜台）
续三期	325.20	7 年	102.520	3.83	5.12	银行间、交易所（柜台）
续一期	117.10	1 年	100.805	2.81	5.16	银行间、交易所（柜台）
续二期	320.60	10 年	102.420	3.94	5.19	银行间、交易所（柜台）
十二期	300.00	50 年	100.000	4.48	5.26	银行间、交易所
十三期	300.00	3 年	100.000	3.26	6.2	银行间、交易所（柜台）
十四期	300.00	5 年	100.000	3.44	6.9	银行间、交易所（柜台）
十五期	309.00	10 年	100.000	3.99	6.16	银行间、交易所（柜台）
续九期	133.50	1 年	99.821	2.80	6.20	银行间、交易所（柜台）
十六期	300.00	30 年	100.000	4.50	6.23	银行间、交易所
十七期	300.00	7 年	100.000	3.70	7.7	银行间、交易所（柜台）

品种	面值（亿元）	期限	百元发行价格（元）	票面利率（%）	发行时间	发行对象
十八期	300.00	1 年	100.000	3.48	7.14	银行间、交易所（柜台）
续十五期	310.30	10 年	99.890	3.99	7.21	银行间、交易所（柜台）
续十期	280.00	20 年	96.800	4.15	7.28	银行间、交易所
续十四期	300.00	5 年	98.440	3.44	8.4	银行间、交易所
续十六期	280.00	30 年	100.230	4.50	8.11	银行间、交易所
十九期	300.00	10 年	100.000	3.93	8.18	银行间、交易所（柜台）
续十七期	300.00	7 年	99.500	3.70	8.25	银行间、交易所（柜台）
续十三期	300.00	3 年	99.260	3.26	9.8	银行间、交易所（柜台）
二十期	325.10	1 年	100.000	3.90	9.15	银行间、交易所（柜台）
续十九期	330.50	10 年	99.250	3.93	9.22	银行间、交易所（柜台）
二十一期	305.20	7 年	100.000	3.65	10.13	银行间、交易所（柜台）
二十二期	293.00	5 年	100.000	3.55	10.20	银行间、交易所（柜台）
二十三期	280.00	50 年	100.000	4.33	11.10	银行间、交易所
二十四期	280.50	10 年	100.000	3.57	11.17	银行间、交易所（柜台）
续二十一期	281.10	7 年	101.370	3.65	11.24	银行间、交易所（柜台）
二十五期	280.00	3 年	100.000	2.82	12.8	银行间、交易所（柜台）
续二十四期	280.00	10 年	101.300	3.57	12.15	银行间、交易所（柜台）
四、记账式贴现	613.90			折合年收益率（%）		

品种	面值（亿元）	期限	百元发行价格（元）	票面利率（%）	发行时间	发行对象
一期	100.00	91 天	99.383	2.55	4.18	银行间、交易所
二期	96.30	182 天	98.589	2.91	5.16	银行间、交易所
三期	117.60	182 天	98.211	3.70	7.11	银行间、交易所
四期	150.00	273 天	97.200	3.89	8.8	银行间、交易所
五期	150.00	182 天	98.099	3.94	9.19	银行间、交易所

资料来源：中国国债协会网站：http：//1.202.200.81/xchange/2011guozhaifaxing.mht。

2012 年 1～6 月国债发行情况

品种	面值（亿元）	期限	百元发行价格（元）	票面利率（%）	发行时间	发行对象
实际发行	6929.10					
一、储蓄国债（凭证式）	300.00					
一期	210.00	3 年	100.000	5.58	4.10～4.23	全社会
	90.00	5 年	100.000	6.15		
二、储蓄国债（电子式）	800.00					
一期	350.00	3 年	100.000	5.58	3.10～3.23	个人
二期	150.00	5 年	100.000	6.15		
三期	210.00	3 年	100.000	5.58	5.10～5.23	个人
四期	90.00	5 年	100.000	6.15		
五期					因降息取消发行（详见财政部公告 2012 第 30 号）	
六期						
三、记账式附息	5379.10					
一期	280.00	1 年	100.000	2.78	1.12	银行间、交易所（柜台）
二期	280.00	1 年	100.000	2.87	2.8	银行间、交易所（柜台）
三期	280.00	5 年	100.000	3.14	2.16	银行间、交易所（柜台）

品种	面值 （亿元）	期限	百元发行 价格（元）	票面利率 （%）	发行时间	发行对象
四期	280.00	10 年	100.000	3.51	2.23	银行间、交易所 （柜台）
五期	280.00	7 年	100.000	3.41	3.8	银行间、交易所 （柜台）
续四期	280.00	10 年	100.000	3.51	3.22	银行间、交易所 （柜台）
续五期	327.00	7 年	100.000	3.41	4.12	银行间、交易所 （柜台）
第二次续四期	326.10	10 年	100.000	3.51	4.19	银行间、交易所 （柜台）
六期	280.00	20 年	100.000	4.03	4.23	银行间、交易所
七期	300.00	3 年	100.000	2.91	4.26	银行间、交易所 （柜台）
第二次续五期	339.70	7 年	100.000	3.41	5.10	银行间、交易所 （柜台）
八期	280.00	50 年	100.000	4.25	5.17	银行间、交易所
九期	344.40	10 年	100.000	3.36	5.24	银行间、交易所 （柜台）
续三期	300.00	5 年	100.000	3.14	5.31	银行间、交易所 （柜台）
十期	320.90	7 年	100.000	3.14	6.7	银行间、交易所 （柜台）
十一期	269.40	1 年	100.000	2.15	6.14	银行间、交易所 （柜台）
续九期	331.60	10 年	100.000	3.36	6.21	银行间、交易所 （柜台）
十二期	280.00	30 年	100.000	4.07	6.28	银行间、交易所
四、记账式贴现	450.00			折合年收 益率（%）		
一期	150.00	273 天	97.913	2.87	4.16	银行间、交易所
二期	150.00	273 天	97.953	2.81	5.7	银行间、交易所
三期	150.00	273 天	98.342	2.27	6.18	银行间、交易所

资料来源：中国国债协会网站：http://www.ndac.org.cn/cn。

后　记

国债，或称国家公债，是以中央政府为债务主体、利用国家信用而形成的一种特殊的债权债务关系，国内外学者对国债的相关方面都有大量研究。

我对国债的研究始于 1998 年，是年，我进入浙江大学攻读博士学位，导师金普森先生给我定的论文方向即为中国近现代公债史，最终的题目确定为"国民政府 1927～1949 年的国内公债研究"，主要探讨国民政府时期的中央公债（国债），2002 年论文完成并顺利通过答辩。为了对近代中国的公债史进行更深入的研究，2003 年我进入财政部财政科学研究所博士后流动站，合作导师为著名经济学家许毅教授。博士后的两年时间，我的研究工作主要包括两个方面，一是协助许老编写《从百年屈辱到民族复兴》——中国近代外债史研究系列丛书，二是撰写我的博士后出站报告——《近代中国国内公债研究（1840～1926）》。在许老的指导下，两项任务都圆满完成。在这期间，我结识了许老的助手——柳文博士并结下了亲如兄弟的友谊。我们在共同协助许老编纂《从百年屈辱到民族复兴》第四卷《新中国外债与中国特色的社会主义》的过程中，开始关注新中国的国债（内债）问题，并初步搜集了相关的资料。但由于当时我们都有急于完成的其他课题，尚无法在这一研究领域花太多的时间和精力，许老期望看到我们"在中国公债史研究领域取得更大成绩"的愿望一时难以实现。不幸的是，许老因病于 2010 年 11 月 7 日逝世，没有看到我们的研究成果，这成为我们永远的遗憾。

新中国国债最早可追溯至 1950 年发行的人民胜利折实公债，后来中央政府在 20 世纪 50 年代多次发行国家经济建设公债，对"一五"时期及其后的经济建设起到了巨大的作用。改革开放后，1981 年我国恢复国债发行，特别是 1998 年实施积极财政政策以来，无论是国债发行规模还是国债余额都有了突飞猛进的发展。国债在当今已经突破了筹资工具的单一角色，成为中央政府调控宏观经济的重要方式，在中国社会经济发展中的作用与日俱增。

所以，无论从理论探讨，还是实践总结，新中国国债都需要深入研究，而且，许老的殷切期望我们也始终牢记在心。

2011年11月，在许老逝世一周年追思会上，我和柳文博士决定全力投入新中国国债的研究，初步拟订了写作提纲。

在进行充分调研和广泛搜集资料的基础上，经过不懈的努力，我们在2013年8月完成了书稿主体部分的写作，并以《新中国国债研究——历史·现状·展望》为题申报国家社科基金后期资助项目，在经济科学出版社的大力支持下，是年底得以立项。根据评审专家的意见，我们着手对初稿进行梳理和调整，经过一年多的反复修改和完善，最终形成目前的研究成果。同时，根据中共十八大后中国经济进入新常态的大背景，更新了书稿正文和附录中的有关内容和数据，于2015年6月呈国家社科规划办审定并通过。

在研究之初，我们即根据各自的学业专长，进行了适当的分工：潘国旗负责绪论、第一章、第二章、第七章第一节和结语的撰写，柳文负责第三章、第四章、第五章、第六章和第七章第二节、第三节及第八章的撰写，最后由潘国旗统稿。

需要说明的是，本书同时是2009年浙江省社科规划项目"新中国国债研究"（09CGLS002YB）的最终研究成果。如没有该项目的前期资助，就没有今天的书稿，在此我对浙江规划办表示诚挚的谢意。

由于新中国国债研究具有广泛性和复杂性，加之我们水平有限，书中难免存在一些不足与舛误，敬请专家、学者和读者批评指正，以便在今后的研究中加以完善。

潘国旗

2016年4月于杭州朗郡庭园·君澜阁

图书在版编目（CIP）数据

新中国国债研究／潘国旗，柳文著 . —北京：经济科学
出版社，2016.5
ISBN 978 - 7 - 5141 - 6900 - 3

Ⅰ.①新… Ⅱ.①潘…②柳… Ⅲ.①国债 - 研究 -
中国 Ⅳ.①F812.5

中国版本图书馆 CIP 数据核字（2016）第 089265 号

责任编辑：段 钢 卢元孝
责任校对：王肖楠
责任印制：邱 天

新中国国债研究
潘国旗 柳 文 著
经济科学出版社出版、发行 新华书店经销
社址：北京市海淀区阜成路甲 28 号 邮编：100142
总编部电话：010 - 88191217 发行部电话：010 - 88191522
网址：www. esp. com. cn
电子邮件：esp@ esp. com. cn
天猫网店：经济科学出版社旗舰店
网址：http://jjkxcbs. tmall. com
北京万友印刷有限公司印装
710 × 1000 16 开 19.25 印张 360000 字
2016 年 7 月第 1 版 2016 年 7 月第 1 次印刷
印数：0001 - 3000 册
ISBN 978 - 7 - 5141 - 6900 - 3 定价：46.00 元
（图书出现印装问题，本社负责调换。电话：**010 - 88191502**）
（版权所有 侵权必究 举报电话：**010 - 88191586**
电子邮箱：**dbts@ esp. com. cn**）